增加值贸易对国际经济周期
联动性的影响研究

邵宇佳◎著

中国商务出版社

图书在版编目（CIP）数据

增加值贸易对国际经济周期联动性的影响研究/邵宇佳著. —北京：中国商务出版社，2021.4（2023.1重印）

ISBN 978-7-5103-3764-2

Ⅰ. ①增… Ⅱ. ①邵… Ⅲ. ①世界经济—经济周期—研究 Ⅳ. ①F113.7

中国版本图书馆 CIP 数据核字（2021）第 061081 号

增加值贸易对国际经济周期联动性的影响研究

ZENGJIAZHI MAOYI DUI GUOJI JINGJI ZHOUQI

LIANDONGXING DE YINGXIANG YANJIU

邵宇佳　著

出　　版：中国商务出版社

地　　址：北京市东城区安定门外大街东后巷 28 号　　邮　　编：100710

责任部门：职业教育事业部（010-64218072　295402859@ qq. com ）

责任编辑：周　青

总 发 行：中国商务出版社发行部（010-64208388　64515150）

网　　址：http://www. cctpress. com

邮　　箱：cctp@ cctpress. com

排　　版：北京嘉年华文图文制作有限公司

印　　刷：三河市明华印务有限公司

开　　本：710 毫米×1000 毫米　1/16

印　　张：15.5　　　　　　　　字　　数：243 千字

版　　次：2021 年 7 月第 1 版　　印　　次：2023 年 1 月第 2 次印刷

书　　号：ISBN 978-7-5103-3764-2

定　　价：48.00

凡所购本版图书有印装质量问题，请与本社总编室联系。（电话：010-64212247）

序　一

在过去的三十多年间，全球化的不断深入致使世界各国之间的经济周期联动性快速增强。但是近几年贸易保护主义开始抬头，尤其是2020年新冠肺炎疫情的暴发更是加速了逆全球化思潮的崛起，贸易保护行为和产业链回流频频发生，世界经济脱钩初现端倪。经济全球化通常可以使全世界都能分享一国经济增长带来的丰硕成果，但贸易保护主义乃至经济脱钩使得经济体间贸易和投资往来减少，进而阻碍经济的协同发展。那么，如何回避或减少贸易保护主义给未来经济发展带来的影响，或以某种方式继续分享一国经济发展带来的好处，都是至关重要的议题。更重要的是，面对当前错综复杂的国际经济环境，中国形成以国内大循环为主体、国内国际双循环相互促进的新发展格局，这就要求积极规避国际经济冲击通过外循环向内循环传导的风险。

针对以上问题，邵宇佳在本书中给出了明确的应对建议，并对此进行了充分的理论论证和实证检验。他撰写此书的逻辑起始于两种现象：其一是现实现象，即国际经济周期联动性伴随着全球价值链分工模式的深化显著增强；其二是研究现象，即传统贸易指标出现"统计假象"，并且其对国际经济周期联动性的影响存在结论不一致的状况。结合这两种现象，本书展开了周密而严谨的学术研究，其目的主要是探究增加值贸易和传统贸易在传导国际经济周期中分别扮演的角色。本书通过实证计量分析得出结论，即不管从国家层面还是行业层面，增加值贸易始终能够促进双边国际经济周期联动性的增强，而传统贸易对双边经济周期联动性的促进作用并没有增加值贸易那样显著且稳健。由此提出本书的经验事实（也是核心观点），即增加值贸易是国际经济周期传导的核心贸易渠道。

  本书采用相关的国际贸易理论对经济周期理论进行了充分的理论论证，包括两国理论模型论证、三国理论模型论证以及理论模型的稳健性检验。这些论证一方面显示了邵宇佳在数理模型分析方面具有较强的功底，另一方面也表明本书在理论论证方面具有较多创新之处。例如，本书在构建理论模型时区分了传统贸易和增加值贸易的差异，在同一经济模型框架下分别推导出传统贸易和增加值贸易指标，有别于以往将国际经济周期模型与其他相关开放经济动态模型混为一谈的情况。这一创新可以有效地将模型模拟结果与现实数据进行匹配，提高模型对现实的解释力。此外，本书理论论证的视角也别具一格。例如，现实世界中几乎不存在没有贸易往来的两个国家。在如何论证两国通过第三国实现经济周期传导的问题中，首先，本书将通常的两国模型扩展至三国模型，采用反事实推理方法将其中两国之间的贸易联系中断；其次，对这两个国家的贸易方式进行理论模拟并加以事实论证。

  本书讨论并分析了中美贸易摩擦的起因、利弊以及中国的应对策略。这不仅是对现实问题的一次解读，也是对贸易应用价值的一次探讨。我相信书中还有很多观点或结论可以应用于解读世界经济，在理解世界经济周期传导机制方面，能够给予读者一定的启迪。整体而言，本书理论性强，逻辑严密，论据可靠，做到了理论与实践相结合。

  面对瞬息万变的全球环境，世界经济周期的波动好比滚滚前行的潮流。一国如何在潮流中谋得一抹平静，或是立于潮头，又或是借势而行，都需要充分了解经济周期的传导路径。本书在贸易传导领域给出了全面且深刻的解释。希望邵宇佳继续努力，继续深挖，取得更多研究成果，为中国未来经济的可持续发展发挥重要的作用。

商务部国际贸易经济合作研究院院长

2021 年 7 月 8 日

序 二

国际经济周期联动是国际经济变量的一种特征，主要描述国家（或地区）间产出或 GDP 的相关性，其理论基础源自真实经济周期理论在引入开放经济条件后的重要扩展，将之前仅仅关注国内经济周期特征延展至国际经济周期特征。这种联动特征在过去三十多年间国际分工格局逐渐演变成全球价值链分工模式的背景下得到了显著增强。[①] 世界经济在全球价值链的贯穿下逐渐处于一种"一荣俱荣，一损俱损"的命运共同体状态。增加值贸易作为全球价值链的主要贸易形式必将发挥着重要的作用。

早期研究结果显示，传统贸易是引起国际经济周期联动的主要贸易因素，包括总贸易、产业内贸易、扩展边际、垂直关联贸易等，对这些贸易指标的衡量均基于传统贸易的定义。在全球价值链分工模式逐渐成为新时期经济全球化与国际分工新常态的背景下，中间品贸易通常会多次跨越国界，导致对传统贸易指标的统计因"重复计算"出现偏差，而这种偏差就会致使传统贸易在传导国际经济周期的作用中逐渐失色。相比较而言，增加值贸易拥有天然的优势，其定义表明增加值贸易指标测算的是每个目的国最终支出中含有的本国价值增加量，即生产者和最终消费者之间的贸易流，换个角度也可以理解为一国的增加值贸易各项指标加总就是该国的国内生产总值（GDP）。商品由一国出口至目的国的增加值贸易构成了目的国 GDP 的一部分，意味着增加值贸易直接连接了两国的 GDP。由此可以看出，增加值贸易在传导国际经济周期、决定

[①] 数据结果显示，1988—2017 年，3 个 10 年的世界平均实际 GDP 增长率相关系数分别达到了 0.0448、0.1020、0.1687，相关系数增长显著。

国家（或地区）间经济周期的联动性方面具有重要的作用。此外，增加值贸易在全球价值链分工模式下具有独特的"第三国效应"，即一国的增加值贸易可以通过第三国出口至最终目的国，而这个特性并不存在于传统贸易中。所以当两国之间没有传统贸易往来时，从传统的贸易角度而言就不应该具有经济周期联动，但事实和理论均不支持这一观点。因为增加值贸易可以在两国没有传统贸易往来的情况下依然存在，由此进一步凸显了增加值贸易相较传统贸易在传导国际经济周期中具有的绝对优势。

世界经济周期联动性的增强，一方面可以使全世界都能享受因一国经济增长带来的红利，另一方面也会因此影响世界经济的平稳发展。例如 2008 年美国金融危机的爆发和 2020 年新冠肺炎疫情的暴发给世界经济带来了巨大而又深远的影响。随着近年来贸易保护主义抬头、逆全球化势头高涨、全球化进程受阻，全球经济不稳定不确定性明显增强。为此，中国提出了形成以国内大循环为主体、国内国际双循环相互促进的新发展格局。"双循环"新发展格局的提出，要求中国规避国际经济的冲击通过外循环向内循环传导的风险。

因此，深入探究国际经济周期的传导因素，挖掘影响经济周期联动的核心要素，并依此制定行之有效的应对之策，对中国未来经济的可持续发展具有重要的现实意义。毫无疑问，本书在这方面给出了明确的应对建议。本书基于多维度的实证分析和多层次的理论研究，模拟探究增加值贸易和传统贸易在传导国际经济周期中分别扮演的角色。本书最终研究得出结论，即增加值贸易是国际经济周期传导的核心贸易渠道，传统贸易的传导作用并不稳健。该论断对后续研究国际经济周期联动性影响因素具有重要的学术价值，对中国应对贸易保护和规避国际经济周期波动的传导风险、畅通"双循环"、构建新发展格局、实现中国经济稳态发展具有重要的现实意义。

浙江工商大学经济学院教授

2021 年 6 月 21 日

摘　要

当今世界经济领域出现了两大值得关注的重要现象，一是国际分工格局逐渐演变成全球价值链分工模式，并已成为当前经济全球化和世界经济共发展的重要驱动力；二是世界经济周期联动性显著增强，但背后却困扰着世界经济的平稳发展，尤其是 2008 年美国金融危机"肆虐"全球，给世界经济带来深远影响，警醒着人们需重视对国际经济周期的研究。然而，学界研究国际经济周期贸易传导基本上约束于传统贸易框架，而且研究结论不一。因此，本书基于上述两大重要现象构思增加值贸易对国际经济周期联动性的影响研究，同时针对传统贸易研究的结论不一现象以及传统贸易因全球价值链分工造成的"统计假象"对传统贸易影响国际经济周期联动进行再研究，以期揭示国际经济周期传导的核心贸易渠道，为政策制定者实施行之有效的国际经济政策提供有价值的参考依据。

本书研究的核心逻辑路径是：第一步基于现实数据实证研究得出经验事实，第二步对经验事实进行动态理论验证，第三步对理论验证结果进行稳健性检验。因此，本书的主要研究内容包括三大部分，分别是实证研究、动态理论模拟以及动态理论模拟的稳健性检验。其中，实证研究从国家层面和行业层面展开讨论，主要采用最新的 2000—2014 年世界投入产出表数据，构建相关研究变量以及工具变量，分别采用面板数据模型实证研究增加值贸易和传统贸易对国际经济周期联动性的影响，同时比较分析两种贸易传导渠道的影响差异，并采用多种方式进行稳健性检验，最后总结实证研究结论，确定理论研究的三个经验事实。理论模拟共分两个模块，模块一是在传统 IRBC 模型的框架下，构建以生产异质性 E－K 模型为基础、垂直专业化内生、具有投入产出循环连续商品的两国动态随机一般均衡模型，通过同当前主流两国模型的二阶矩比较揭示模型的解释力，然后从多个视角进行动态模拟分析增加值贸易对国际经济周期联动性的影响，并对比分析同传统贸易的影响差异，验证经验事实一和经验事实二；模块二是基于模块一的研究，将模型扩展至三国动态随机一般均衡模型做进一步分析，从多角度动态模拟剖析增加值贸易和传统贸易对国际经济周期联动的影响差异，验证经验事实三。动态理论模拟稳健性检验主要是分别在两国模型和三国模型中引入资本市场，并再一次对主要研究结论进行动态模拟，验证之前理论模拟结论的稳健性和准确性。

因此，基于以上研究理路，本书得到如下几点主要结论：

第一，增加值贸易是国际经济周期贸易传导的核心渠道。该结论表明增加值贸易能够显著且稳健地传导国际经济周期，并且双边增加值贸易越大经济周期联动性就越强。

第二，传统贸易对国际经济周期联动具有正向影响效应，但影响作用不稳健。该结论表明传统贸易能够传导国际经济周期，但在某些情形下传导渠道会失效，从而导致传导作用不稳健。

第三，增加值贸易对国际经济周期的传导作用不仅受双边贸易成本的影响，也受到中间贸易国和目的国之间贸易成本的影响。该结论表明主要贸易伙伴国和非主要贸易国之间的贸易成本也能影响本国同非主要贸易国的经济周期联动性。

第四，两国理论模型在研究国际经济周期贸易传导渠道时可以同时验证增加值贸易和传统贸易对国际经济周期联动性的影响，但无法区分两种贸易的影响差异。这是因为受到两国条件的约束，增加值贸易并没有发挥特有的间接传导属性，导致两国模型存在某些不足或缺陷，从而影响相关经济周期贸易传导的最终结论。

第五，三国理论模型在研究国际经济周期贸易传导渠道时可以区分增加值贸易和传统贸易对国际经济周期联动性的影响差异。这是因为增加值贸易在三国条件下可以通过中间贸易国传导经济周期，而传统贸易仅仅是双边传导。

第六，在两国和三国理论模型中引入资本市场均通过了理论模型的稳健性检验。该结论表明即使调整基准两国和三国理论模型内部结构，但已有研究结论依然成立，而且是稳健的。

本书的研究价值主要体现在四个方面：一是有利于中国及世界各国制定针对性的国际经济与贸易政策应对国际经济周期波动，提升政策的实施有效性，解决因传统贸易的"统计假象"造成政策误判；二是不仅有利于促成世界各主要贸易伙伴国之间的经济政策协调机制，也有利于促成非主要贸易伙伴国之间建立经济政策协调机制；三是有利于世界各国推行增加值贸易作为新贸易统计标准，避免因传统贸易存在的"统计假象"产生诸如近期美国对中国采取的无端贸易保护行为；四是相较于以往理论模型对传统贸易和增加值贸易的混淆（Johnson，2012、2016），本书模型的构建解决了以往研究对两种贸易的混淆，区分了传统贸易和增加值贸易在模型中的差异，为后续的理论研究开创性地迈出了重要的一步。

最后，本书依据研究结论对当前中美贸易摩擦事件进行了探讨，从增加值贸易视角发现若美国不改变贸易失衡的根本原因，而试图通过单方面采取贸易保护措施来消除同中国的贸易逆差永远是徒劳的；从经济周期联动视角发现中美贸易摩擦对于当今的中国并不是完全处于劣势，从长期来看中国还是具有一定的利好，但短期内由于出口的下降势必影响国内经济的发展。

ABSTRACT

Two noteworthy phenomena appeared in the current international economic field. One is the international division is gradually transforming into the global value chain division, which has been the important driving force of the economic globalization and the mutual development of international economic. The other is the international business cycle co-movement is gradually enhancing, while which potentially perplexes the stable development of international economic, especially the international economic had suffered a serious defeat by American financial crisis in 2008, which warns us of the importance of international business cycle research. However, the recent international business cycle researches of trade channel are all subject to the framework of normal trade, and the conclusions hardly come to an agreement. Therefore, the paper studies the impact of value added trade to international business cycle co-movement based on the above two important phenomena. Meanwhile, in view of the different conclusion of normal trade researches and the "Statistical Illusion" of normal trade caused by global value chain division, the paper will also research the impact of normal trade to international business cycle c-omovement. According to the above work, the paper expects to uncover the core trade channel of international business cycle, and provides valued reference for policy maker to carry out effective international economic policy.

The kernel research route of the paper is composed of three steps. The first step is concluding the empirical fact based on empirical study; the second step is verifying the empirical fact by dynamic theory simulation; the third step is robustness test of the theory simulation. Therefore, the paper includes three parts, which is empirical study, dynamic theory simulation and robustness test of the theory simulation. Detailedly, the empirical study part includes the OLS and IV empirical regression of the impact of value added trade and normal trade to international business cycle co-movement through building relevent variables and instrument variables utilizing the new data of 2000 – 2014 world input output table, and comparative analysis of the difference of two transmission channel of two trade, and robustness test of the empirical study by in sample test and out sample test, and lastly conclusion. The dynamic theory simulation part includes two semi – parts, one is building the two – country dynamic stochastic general equilibrium model under the framework of traditional IRBC model based on the production heterogeneity E – K model, and uncovering the explanatory power of my two – country model through comparing the second moments to alternative two – country models, then dynamic simulation of the impact of value added trade and normal trade to international business cycle, in the meantime comparative analysis the difference for verifying the empirical study one and the empirical study two; the other is building the three – country dynamic stochastic general equilibrium model under the framework of traditional IRBC model based on the production heterogeneity E – K model for analyzing the influence difference of value add trade and normal trade to international business cycle co-movement, and verifying the empirical study three. The robustness test of the theory simulation also includes two semi – parts, which are adding the capital to the two – country and three – country model respectively, then simulating again for verfying the above conclusions.

Therefore, the paper summaries some conclusions based on the above reseach process.

Firstly, value added trade is the core transmission channel of international business cycle, which means value added trade can transmit international business cycle significantly and robustly, and value added trade more with each other exhibit a higher degree of business cycle co-movement.

Secondly, normal trade has positive influence on international business cycle, but unsteadily, which means normal trade can transmit international business cycle, but under some conditions the transmission effect maybe failure.

Thirdly, the transmission effect of value added trade to international business cycle is influenced not only by the bilateral trade cost but also by the trade cost between the median country and the destination country, which means the trade cost between main trade partners and non – main trade partners affects the business cycle co-movement of domestic and non – main trade partners.

Fourthly, two – country theory model can verfy both value added trade and normal trade have an impact on international business cycle co-movement, but can' t distinguish their difference. Because being subject to the condition of two country, the indirect transmission route of value added trade has not exist, which leads to the shortcoming of two – country model and affects the final conclusion of relevant trade transmission of business cycle.

Fifthly, three – county theory model can distinguish the influence difference between value added trade and normal trade to international business cycle co-movement. Because under the three – country condition value added trade can transmit the business cycle through the middle trade partner, while normal trade only bilaterally transmit.

Sixthly, both two – country and three – county theory model with capital market have passed the robustness test, which means although making several rectifications in the two – country and three – country model, the research conclusions are still true and robust.

There are four research values of this paper: one is to the benefit of making targeted international economic and trade policy to cope with international business cycle fluctuation, and promoting the effectiveness of policies, solving the policy misjudgment caused by the "Statistical Illusion" of normal trade; two is to the benefit of facilitating the economic coordination not only among the world main trade partners, but also making for among the world non – main trade partners; three is making for the world pursuing the value added trade as new trade statistical standard, avoiding such as American baseless trade protection to Chian recently caused by the "Statistical Illusion" of normal trade; forth is comparing to the confusion of normal trade and value added trade in former theory model (Johnson,

2012、2016), the model in this paper has solved the mix up, making the normal trade and value added trade difference, which taking an groundbreaking and important step for the following theory researches.

Finally, the paper discusses the recent China – USA trade conflict according to the main conclusions. From the dimension of value added trade, if USA don't change the root cause of trade imbalance, eliminating the trade deficit with China through unilateral trade protection is vain; From the dimension of business cycle co-movement, China is not entirely in the dry tree, though the declining of export influences the domestic economic in the short run, it has some positive benefits in the long run.

目　录

图　序

图 集 序

表　序

第一章 绪 论

第一节 研究背景

一、现实背景

自 20 世纪中叶以来，伴随着全球经济一体化的迅速深化，世界经济领域出现了两大重要现象：其一是国际分工格局发生了从产业间分工到产业内分工再到全球价值链分工的重大转型（Hummels et al.，1998），新型的全球价值链分工模式逐渐成为新时期经济全球化与国际分工的新常态（Baldwin 和Lopez - Gonzalez，2015）。其二是国际经济周期明显趋于一致，经济周期的联动性显著增强，世界经济逐渐处于一种"一荣俱荣、一损俱损"的命运共同体状态。

但由于在新型的全球价值链分工模式下，中间品会多次来回跨境贸易投入全球生产网络的各个环节，从而造成传统总贸易因重复计算出现"统计假象"[①]，进而导致各国贸易形势的误判，引起诸如近期美国对中国的无端贸易保护行为[②]。据图 1 - 1 显示，世界增加值出口和世界总出口在 2000—2014 年间均有明显的增长，但增加值出口与总出口的比值反而出现了显著的下降。这现象表明当今世界总出口中的重复计算部分相较于过去在进一步增加（Johnson，2016），但现象背后却意味着中间品跨境次数与日俱增，全球价值链分工模式日益深化。因此，在当前国际分工新形势下，采用增加值贸易进行贸易统计显得尤为重要（Daudin et al.，2011；Johnson，2014

[①] "统计假象"主要来自于中间品多次进出国境造成统计上的重复计算，因为传统贸易统计的是出口额。

[②] 美国政府领导仍采用传统贸易数据评判同中国的贸易平衡，但若采用增加值贸易，美国的贸易逆差要远小于传统贸易的贸易逆差。以 2009 年苹果手机的中美贸易为例，若以增加值贸易核算两国的贸易逆差，那么贸易逆差将从 19 亿美元锐减至 7300 万美元（Meng 和 Miroudot，2011）。

等）。与此同时，国际经济周期的联动性在近 20 年期间出现了显著的增强，如图 1-2 所示，选取国家的 GDP 增长率在 2000 年之后具有明显的一致性。

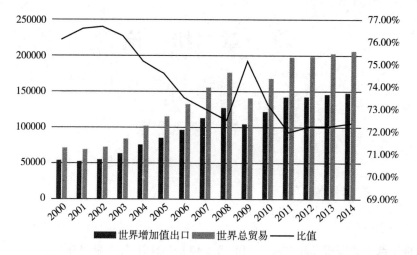

图 1-1　2000—2014 年世界增加值出口、世界总出口及两者比值变化示意图[①]

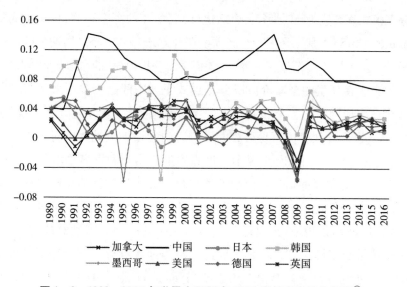

图 1-2　1988—2016 年世界主要国家 GDP 增长率变动趋势图[②]

[①] 考虑到计算增加值贸易必须采用世界投入产出数据，而世界投入产出数据最新年份为 2000—2014 年，故而为了保持同增加值贸易研究的一致性，将研究年份锁定为 2000—2014 年。

[②] 选取国家主要依据典型的国际价值链分工，如美、墨、加、日、韩、中、美以及欧洲的两个主要发达国家。

通过进一步计算相关系数均值显示，整个年段相关系数均值达到了 0.31，若进行年份分割发现，第一个十年的相关系数均值竟然是 - 0.0381，而第二个十年的相关系数均值立即高达 0.5944，剩余年份的相关系数均值则是更高的 0.6432。可见进入 21 世纪以来，世界经济一体化进程已然达到了新的高度。

因此，当前全球价值链分工模式和国际经济周期联动性的共同现象表征构成了本书的选题现实背景，而这些表征背后的潜在关联性指引了本书的研究方向。

二、理论背景

对国际经济周期联动性的研究，其核心问题就是探究引起国家间经济周期联动的共同决定因素，也即是揭示国际经济周期联动的传导渠道。纵览已有相关文献，对国际经济周期联动性的研究无外乎三种研究取向，分别是纯实证研究、纯理论模拟研究以及理论模拟辅之以实证研究。

其中，纯实证研究旨在仅利用相关现实数据，通过一定的计量方法来检验或验证国际经济周期的某种传导渠道。自 Dellas（1985）通过实证发现贸易参与国之间通常具有显著的正向经济波动联动性以来，纯实证研究基本围绕贸易对国际经济周期联动性的影响来展开，并辅之以对其他经济周期传导渠道的探讨。但是，各类纯实证研究结论在某种程度上并未达成共识，例如在贸易渠道的探究中，部分实证研究表明传统贸易对国际经济周期的联动性具有显著且稳健的正向影响效应（Frankel 和 Rose，1998；Anderson et al.，1999；Clark 和 van Wincoop，2001；Cerqueira 和 Martins，2009；等），但也有研究表明传统贸易对经济周期联动性存在影响但不稳健（Canova 和 Della，1993；Ng，2010；等），或者是直接无显著影响（Fidrmuc，2004；Duval et al.，2016），甚至还会产生反向抑制作用（Ng，2010）。于是，学者们从两个角度做进一步分析与探讨，其一是考虑到传统贸易是一个总量的概念，可以将其进行分解，研究贸易分量对国际经济周期联动性的影响。其中对传统贸易的分解共有四类：第一类是根据是否是产业内贸易对传统贸易进行分解，通过实证研究发现产业内贸易对经济周期联动具有正向影响效应，而产业间贸易对经济周期联动性的影响不确定，意味着产业内贸易才是主导传统贸易对经济周期联动的影响（Gruben et al.，2002；Fidrmuc，2004；Shin 和 Wang，2004；等），但是 Calderoón et al.（2007）的实证研究表明产业内贸易仅对传统贸易促进国际经济周期联动具有某种调节作用，直接对经济周期联动性的影响不确定。第二类是对传统贸易的边际分解，将传统贸易进行二元边际分解（Liao 和 Santacreu，2015）和三元边际分解（刘恩专和刘立军，2012、2014），并通过实证分析发现扩展边际对国际经济周期联动性具有显著的正向影响效应，而其余边际影响不显著或无影响。第三类是将总贸易分解为消费品贸易和生产品贸易，研究表明消费品贸易会抑制经济周期的联动性，而生产品贸易会促进经济周期的联动性（梅冬州等，2012）。第四类是将总贸易分解为中间品贸易和最终品贸易，研究发现两种贸易虽然对经济周期联动性均有显著促进作用但存在差异（马淑琴等，2019）。其二是引入其他贸易指标，如垂直关联贸易指标（Ng，2010；Giovanni 和 Levchenko，2010；潘文卿等，2015；马淑琴等，2017；邵朝对等，2018）、增加值贸易指标（Duval et al.，2016；杨继军，2019）及全球价值链嵌入（唐宜红等，2018），且实证研究表明垂直关联贸易、增加值贸易以及全球价值链嵌入对经济周期联动性均具有显著的促进作用。除了对贸易渠道的研究外，许多学者也从对外直接投资（Otto et al.，2001；Jansen 和 Stockman，2004；Hsu et al.，2011；等）、产业结构（Clark 和 Wincoop，2001；Imbs，2003；Baxter 和 Kouparitsas，2005；等）、金融一体化（Imbs，2004，2006）、货币一体化（Schiavo，2008）、经济一体化（Kalemli－Ozcan et al.，2001）、财政政策相似度（Clark 和 Wincoop，2001）以及汇率波动（Inklaar et al.，2008）等渠道进行展开研究，但研究结论的差异仍激励着学者们从实证的角度做进一步的分析与探讨。

　　纯理论模拟研究旨在构建相应的经济模型来验证已完成的实证研究结论，抑或是匹配现实经济数据。理论研究的基础模型源于 20 世纪 80 年代 Kydland 和 Prescott（1982）创建的真实经济周期（Real Business Cycle，RBC）模型。后经 Backus et al.（1993）对其开放经济的扩展构建了国际经济周期（International Real Business Cycle，IRBC）模型，该模型在国际经济周期联动性的相关研究中扮演着基础性的作用。但是，标准的两国 IRBC 模型却对 Frankel 和 Rose（1998）实证研究结论（即贸易促进经济周期联动）的解释无能为力，故而称之为"贸易联动性困惑"[①]（Kose 和 Yi，2001）。此后，许多理

---

　　① "贸易联动性困惑"指的是标准 IRBC 模型无法实现双边贸易越大经济周期联动性越强的经验事实。

论研究者基本围绕以解决"贸易联动性困惑"为首要目标来构建相应的模型，但模型扩展主要围绕三个方向展开：第一个是标准 IRBC 模型结构不变但国家设定多于两国，这主要因为 IRBC 模型的跨国相关性严重依赖于模型中的国家数量（Ishise，2014），因此，Kose 和 Yi（2005）在将两国 IRBC 模型扩展至三国 IRBC 模型之后，通过对两个较小国之间的联动性进行理论模拟研究。第二个是设定两国不变但改变 IRBC 模型内部结构，由于 IRBC 模型忽视了国际分工作为国际贸易产生的基本前提（Kose 和 Yi，2001），因此，Burstein et al.（2008）构建了具有外生垂直生产结构的 IRBC 模型，而 Arkolakis 和 Ramanarayanan（2009）、Juvenal 和 Monteiro（2017）则分别基于 Eaton 和 Kortum（2002）的生产异质性模型构建了具有内生垂直专业化的 IRBC 模型。第三个是改变 IRBC 模型内部结构的同时设定多国情形，如 Johnson（2012）在标准 IRBC 模型的框架下构建了一个包含垂直生产结构且具有投入产出关联的多国多行业 IRBC 模型。

理论模拟辅之以实证研究旨在首先通过现实数据的实证分析总结得出经验事实，然后对该经验事实构建相应的经济模型来加以印证，换言之，就是纯实证研究与纯理论模拟研究的综合。如 Liao 和 Santacreu（2015）首先通过实证研究得出贸易边际影响经济周期联动性的经验事实，之后基于 Ghironi 和 Melitz（2005）、Alessandria 和 Choi（2007）的理论模型构建异质性企业两国模型对经验事实进行理论模拟分析。

纵观上述三种研究取向可知，理论研究并未跟上实证研究步伐，如增加值贸易对国际经济周期联动的影响，并且针对众多贸易传导渠道并未给出真正影响国际经济周期联动性的核心贸易渠道。因此，这些留白给本书的研究提供了机会。

第二节 研究意义

一、现实意义

本书的研究落脚于当前世界经济领域出现的全球价值链分工和国际经

济周期趋同①这两大重要现象，通过实证分析和理论模拟研究增加值贸易对国际经济周期联动性的影响，这不仅仅是为了证明增加值贸易是国际经济周期传导的渠道，更是为了揭示增加值贸易是当前世界经济周期传导的核心渠道。因此，本书研究的现实意义可以体现为如下几点：

首先，本研究有利于中国及世界各国在制定国际经济与贸易政策时可以更具针对性的采取相应政策应对国际经济周期波动，提升政策的实施有效性，如在世界经济周期扩张期能充分吸收其正外部性，而在世界经济周期收缩期能成功规避其负外部性，从而熨平经济波动，助力经济平稳发展。

其次，在世界经济一体化新高度时期，世界各国经济紧密相连，经济周期高度联动，世界各国已然形成一种"一荣俱荣、一损俱损"的命运共同体状态。因此，世上任何国家都不可能独善其身，尤其是像中国这样的贸易大国，极易受到国外推行经济政策带来的影响，而本研究有利于中国有效地针对各种外部冲击提供重要的应对政策参考价值，实现中国在融入世界经济的过程中审时度势、趋利避害，与世界经济周期形成良性互动，凭借"世界工厂"的优势在世界一体化经济中扮演重要的角色并发挥积极的作用。

最后，本研究不仅有利于促成世界各主要贸易伙伴国之间的经济政策协调机制，也有利于促成非主要贸易伙伴国之间建立经济政策协调机制②，为最终实现世界经济和政策一体化提供绵薄之力。

二、理论意义

本书研究增加值贸易与国际经济周期联动性首先通过实证分析总结得出经验事实，然后构建动态理论模型进行模拟，实现理论模拟结果同经验事实的一致性。因此，本书的理论意义体现在两个方面：

第一，在实证分析中，本书在研究增加值贸易对国际经济周期联动性的影响效应时，也采取了对传统贸易的实证检验，目的在于对两种贸易进行差异比较，试图揭示国际经济周期贸易传导的核心渠道。因此，相比较于以往单纯的决定因素抑或是某种传导渠道研究，本书的实证结论一定程

---

① 国际经济周期趋同等同于国际经济周期联动性增强。

② 因为本书研究发现主要贸易国和非主要贸易国之间的贸易成本变动也会影响本国同非主要贸易国之间的经济周期波动。

度上是对以往研究的阶段性总结。

第二，在理论模拟中，本书在传统 IRBC 模型的框架下，以生产异质性的 E－K 模型（Eaton 和 Kortum，2002）为基础，垂直专业化内生，具有投入产出循环，连续商品且多样化使用的条件下分别构建了两国和三国动态随机一般均衡模型。该模型不仅解决了传统 IRBC 模型缺少微观基础的不足，也将当前的新型全球价值链分工模式内生于模型之中，其中，三国模型揭示了两国模型研究国际经济周期贸易传导渠道的缺陷和不足，更重要的是模型中区分了传统贸易和增加值贸易，相较于以往理论模型对这两种贸易的混淆（Johnson，2012、2016），本书为后续的理论研究开创性地迈出了重要的一步。

第三节 研究内容和结构框架

一、研究内容

本书首先通过计量实证分析得出增加值贸易与国际经济周期联动性之间的关联，同时对比分析与传统贸易之间的差异，确定理论研究的经验事实；然后在传统 IRBC 模型的框架下，以生产异质性 E－K 模型为基础，垂直专业化内生，具有投入产出循环，连续商品且多样化使用，构建两国动态随机一般均衡模型，进行理论模拟分析增加值贸易与国际经济周期联动性的影响，同时对比分析与传统贸易之间的差异；之后将两国动态随机一般均衡模型扩展至三国动态随机一般均衡模型[①]，再一次进行理论模拟分析增加值贸易与国际经济周期联动性的影响，并对比分析与传统贸易之间的差异；再之后稳健性检验上述动态理论模型的研究结论；最后总结得出本书的结论并提出政策建议。因此，本书共有八个章节：

第一章 绪论。主要介绍本书的研究背景和研究意义，分别从现实和理论两个视角进行展开，同时提出研究的核心问题，确定研究主旨和总体设计思路。

第二章 文献综述。主要综述增加值贸易和国际经济周期联动相关研

---

① 构建三国模型的目的在于揭示两国模型研究国际经济周期联动时存在的缺点和不足，更重要的是揭示增加值贸易和传统贸易在传导国际经济周期上的差异。

究，其中增加值贸易的研究综述包括增加值贸易产生的渊源和增加值贸易测算的演进，而国际经济周期联动的研究综述则从理论研究和实证研究进行展开。这些研究成果为本书研究主题的提出和展开打下了扎实的研究基础。

第三章　现状描述。主要对当前世界经济领域出现的全球价值链分工模式和国际经济周期趋同这两大重要现象分别从世界总贸易、增加值贸易和世界主要贸易大国的经济周期进行详细地描述，为本书的后续研究提供扎实的现实基础支撑。

第四章　经验事实。首先主要采用最新的 2000—2014 年世界投入产出表数据，构建相关研究变量以及工具变量，分别采用 OLS 和 IV 估计方法实证回归增加值贸易和传统贸易对国际经济周期联动性的影响，同时比较分析两种贸易对国际经济周期联动性的影响差异，并确立初步研究结论。之后对初步研究结论分别采用样本内和样本外两种方式进行稳健性检验，其中，样本内稳健性检验主要通过寻找替代变量，样本外稳健性检验则采用相对陈旧的 1995—2011 年的世界投入产出表数据。最后总结实证研究结论，确定本书后续动态理论模拟研究的三个经验事实，也即是现实基础。

第五章　两国动态理论模型分析。首先是在传统 IRBC 模型的框架下，构建以生产异质性 E－K 模型为微观基础，垂直专业化内生，具有投入产出循环，连续商品的两国动态随机一般均衡模型。然后对理论模型进行参数校准，确定模型中的各参数值。之后引入标准 IRBC 相同的技术冲击过程进行现实经济周期模拟，并同标准 IRBC 和进出与退出结构 IRBC 模型进行二阶矩比较揭示本书构建模型对现实的解释力。再之后从多个视角进行脉冲响应分析研究增加值贸易对国际经济周期联动性的影响，并对比分析同传统贸易的影响差异，验证实证研究得出的经验事实一和经验事实二。最后总结两国动态理论模拟研究结论并揭示两国模型研究国际经济周期联动的贸易渠道存在的不足。

第六章　三国动态理论模型分析。主要通过对上一章两国模型扩展至三国动态随机一般均衡模型做进一步分析，从多角度动态理论模拟剖析增加值贸易和传统贸易对国际经济周期联动性的影响差异，验证经验事实三。首先通过脉冲响应分析验证当存在第三国时增加值贸易和传统贸易是否仍存在双边经济周期的传导效应。然后通过掐断两国传统贸易分别采用无技术溢出和具有技术溢出的两种冲击过程进行脉冲响应分析，探究增加值贸易能否继续传导双边经济周期波动。之后主要采用同时改变世界贸易成本的方式进行脉冲响应分析，验证在没有传统贸易的情况下是否仍存在双边增加值贸易越大经济周期联动性越强的经验事实。再之后仅改变中间贸易国和目的国之间的贸易成本进行脉冲响应分析，探究在没有传统贸易的情况下增加值贸易的传导作用是否会受影响。最后总结三国动态理论模拟研究结论。

第七章　理论模型稳健性检验。理论模拟稳健性检验类似于实证研究中的稳健性检验，因为本书采用理论模拟辅之以实证研究的范式研究[1]增加值贸易对国际经济周期联动性的影响。共分两个部分：第一部分是对两国动态理论模拟结论的稳健性检验，主要通过在两国理论模型中引入资本市场，改变模型内部结构，并采用相同的方式对先前研究结论进行再次验证，确保两国动态理论模型研究结论的稳健性。第二部分是对三国动态理论模拟结论的稳健性检验，同样引入资本市场并主要对增加值贸易和传统贸易对国际经济周期联动性的影响差异进行稳健性检验，确保研究结论真实可靠。

第八章　结论与政策建议。主要是总结本书取得的研究成果及对研究结论的现实讨论，并对中国经济可持续稳态发展和世界经济协同发展提供政策启示。

二、研究思路和结构框架

本书的研究思路可通过一个核心逻辑图简约表示，如图 1-3 所示：

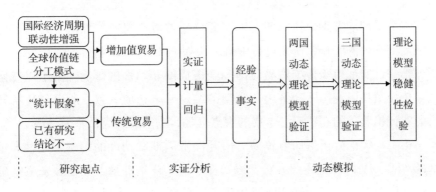

图 1-3　本书的核心逻辑图

---

① Kose 和 Yi（2003）、Liao 和 Santacreu（2015）等也均采用理论模拟辅之以实证研究的范式研究贸易与国际经济周期联动。

图 1 – 3 所示逻辑路径分为三个阶段：第一阶段是研究起点阶段，即基于当前世界经济出现的两大重要现象(国际经济周期联动性增强和全球价值链分工模式)构建增加值贸易对国际经济周期联动性影响的考察，同时基于全球价值链分工模式造成传统贸易"统计假象"和已有文献对其影响国际经济周期联动的结论不一现象对传统贸易影响国际经济周期联动性进行再考察；第二阶段是实证分析阶段，即采用最新世界投入产表数据分别实证回归增加值贸易和传统贸易对国际经济周期联动性的影响，并比较分析两种贸易的影响差异，最后总结结论作为本书理论研究的经验事实，也即是现实基础；第三阶段是动态模拟阶段，即基于当前国际经济周期理论框架和生产异质性 E – K 模型分别构建两国和三国动态随机一般均衡模型对经验事实进行动态模拟验证并理论阐释增加值贸易的传导机制，最后在以上动态模型中引入资本市场对模型进行稳健性检验①。

基于以上研究思路，本书的结构框架如图 1 – 4 所示：

第四节　拟解决的关键问题与可能的创新点

一、拟解决的关键问题

本书采用动态理论模拟辅之以实证分析的方法研究增加值贸易对国际经济周期联动的影响，研究过程中拟解决如下几个关键问题：

第一，实证检验传统贸易对国际经济周期联动性的影响。由于以往研究对传统贸易影响国际经济周期联动的结论并未达成一致，所以对传统贸易的实证检验目的在于确立本书的观点立场，为后续研究做基础铺垫。

第二，实证分析增加值贸易对国际经济周期联动性的影响。通过采用基础 OLS、IV 的计量回归方法，以及样本内、样本外稳健性检验来最终确立增加值贸易影响国际经济周期联动性的经验事实，为后续的理论模拟辅

---

① 通常实证研究会对研究结论进行样本内或样本外稳健性检验，而本书在进行动态理论模拟时，同样为了确保理论模拟结果的稳健性，对理论模拟结论进行稳健性检验。

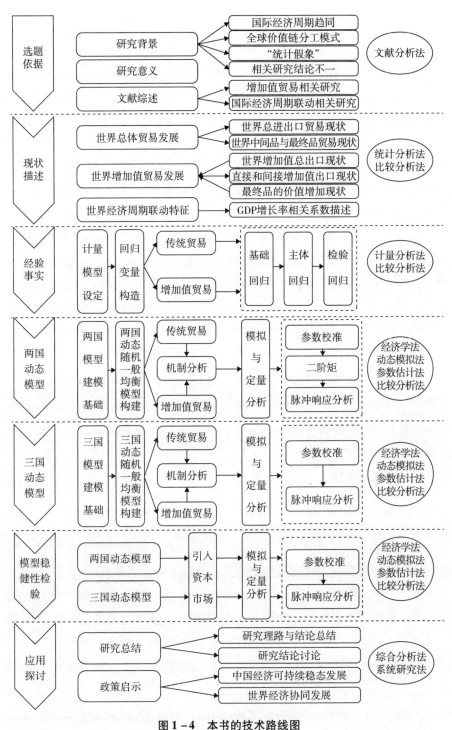

图1-4 本书的技术路线图

之事实基础。

第三，构建能够区分传统贸易和增加值贸易的开放动态随机一般均衡模型。由于以往的理论模型，无论是基础的 IRBC 模型还是后续扩展的开放经济动态模型，均未在模型中区分传统贸易和增加值贸易，两者概念混为一谈，所以导致理论模拟结果错误匹配现实数据①，造成模型对现实解释力的错判。

第四，揭示当前两国模型研究贸易传导国际经济周期时存在的不足和缺陷。当前全球价值链分工模式逐渐成为新时期经济全球化与国际分工的新常态，处于同一价值链上的两个国家，即使没有直接发生贸易往来，但也会通过第三方共同贸易国传导经济周期波动。因此，两国模型显然掐断了通过第三方共同贸易国这一传导路径，从而导致研究结论不准确。

第五，揭示国际经济周期贸易传导的核心渠道。已有研究国际经济周期的贸易传导时提出了多种传导渠道，如传统贸易以及传统贸易的分量（包括产业内贸易和产业间贸易、贸易边际等），但研究结论不一。因此，本书认为以上贸易传导渠道并非是真正的关键传导渠道。

第六，如何在当前世界经济高度一体化的背景下尽可能地实现经济平稳发展。当前世界经济逐渐处于一种"一荣俱荣、一损俱损"的命运共同体状态，有效地应对各种外部冲击采取针对性的经济政策有助于中国在融入世界经济的过程中审时度势、趋利避害，与世界经济周期形成良性互动，营造优良的国际环境。

二、可能的创新点

本书采用动态理论模拟辅之以实证分析的方法研究增加值贸易对国际经济周期联动的影响，研究过程中可能存在以下几点创新点：

第一，理论模拟和实证分析共同论证增加值贸易促进国际经济周期联动。以往研究基本上围绕传统贸易进行展开，从最初对传统贸易影响国际经济周期联动性的论证，至分解传统贸易为产业内贸易和产业间贸易再论证，抑或是分解传统贸易为二元边际或三元边际再论证，抑或是引入采用

---

① 主要体现在一般理论模型中的出口是增加值出口，但是同现实数据匹配时采用的却是传统贸易数据，从而造成错配。

中间品贸易的垂直关联贸易再论证，这些对国际经济周期的贸易传导渠道研究均没有跳出传统贸易边界。因此，本书从增加值贸易的角度同时采用理论模拟和实证分析研究国际经济周期联动性是一次新的尝试。

第二，理论模拟和实证分析共同揭示国际经济周期贸易传导的核心渠道。以往研究国际经济周期联动性时重在探究引起国际经济周期联动的决定因素并加以论证，却缺少对这些决定因素之间影响差异的细究，例如和本书相关的国际经济周期贸易传导渠道的研究，现有文献已经证实多种贸易均能传导经济周期，但这些研究仅仅是证明，并未对这些贸易的传导重要性加以区分和细究。因此，本书通过理论模拟和实证分析几种贸易传导渠道的差异并揭示贸易传导的核心渠道，也是一次新的尝试。

第三，理论模型中区分传统贸易和增加值贸易。本书构建了在传统 IRBC 模型框架下，以生产异质性 E－K 模型为基础，垂直专业化内生，具有投入产出循环，连续商品且多样化使用，并区分传统贸易和增加值贸易的两国和三国动态随机一般均衡模型。以往研究国际经济周期联动性采用的所有动态理论模型，如标准 IRBC 模型、垂直生产结构的 IRBC 模型以及进入与退出结构的 IRBC 模型等，进行模拟分析时均未对传统贸易和增加值贸易进行区分，两者概念混为一谈，例如依据模型设定的资本和劳动作为生产要素生产商品，那么出口则是增加值出口，但现实数据采用传统出口数据，导致理论模拟结果错误匹配现实数据，造成模型对现实解释力的错判。因此，本书对两种贸易的区分也是一次重要的创新性尝试。

第二章 增加值贸易与国际经济
周期联动的文献综述

第一节 增加值贸易研究综述

一、增加值贸易产生的渊源

20 世纪 80 年代末、90 年代初以来，伴随着全球经济一体化的迅速深化，商品生产的跨国分割亦协同发展（Feenstra，1998），国际分工格局出现重大转型，全球价值链分工模式逐渐成为新时期经济全球化与国际分工的新常态（Baldwin 和 Lopez - Gonzalez，2015）。价值链分工模式的基本特征包括企业生产活动和生产过程的全球化（UNCTAD，2011、2013），也就是生产过程的垂直专业化分工模式，亦称价值链切分、外包生产、分散化生产、生产碎片化、多阶段生产以及产品内专业化等（Hummels et al.，2001）。现实情景可以描述为一国进口中间投入品，结合国内创造的价值增加，然后以最终品的形式再出口抑或是以中间品的形式再出口至下一个生产环节（Johnson 和 Noguera，2012b）。因此，中间品贸易在价值链分工模式中扮演着重要的纽带作用。

然而，这种以中间品贸易为依托的垂直生产关联贸易通常会多次跨越国界，那么，在当前以跨境总货物额为统计口径的国民核算体系下，就会将非本国创造的价值增加纳入本国的出口额，从而出现因中间品"重复计算"造成出口产品中本国价值增加部分被高估（Johnson 和 Noguera，2012a；Johnson，2014；Johnson 和 Noguera，2016）。因此，传统的贸易总额统计数据已然不能明确地指明这些出口商品中的一国价值增加最终是被如何消费的（Daudin et al.，2011；Johnson，2014），同时也不能充分地解释在当前垂直关联贸易普遍发生的环境下全球经济出现众多变化特征背后的原因（Johnson 和 Noguera，2016）。正如 Feenstra et al.（1998）在研究中美双边贸易时发现美国从中国进口加工品并由此产生的贸易逆差存在一定的虚高，认为中美之间的贸易不平衡被过分的夸大。就以 2009 年苹果手机的中美贸易为例，若以增加值贸易核算两国的贸易逆差，那么贸易逆差将从 19 亿美元锐减至 7300 万美元（Meng 和 Miroudot，2011）。可见，传统总贸易的核算方式严重地夸大了贸易参与国的贸易利得，扭曲了真实的贸易平衡，存在严重的"统计假象"（张磊和徐琳，2013；邓军，2014）。而这种"统计假象"不仅会扭曲对国际经济一体化现状本质的判断，也会曲解个别国家在国际市场中发挥的作用，进而引起无意义的全球贸易紧张局面（Johnson 和 Noguera，2016）。

因此，针对传统总贸易数据在统计上的缺陷，Daudin et al.（2011）首次提出了用增加值贸易（Trade in Value Added）来代替传统总贸易衡量国家间的进出口贸易。相较于传统总贸易即是将国内总产出分解并出口至世界，增加值贸易则是将本国的 GDP 分解并出口至世界，换言之一国的增加值贸易加总就是该国的国内生产总值 GDP。而增加值贸易真正测算的则是每个目的国最终支出中含有的本国价值增加量（Johnson 和 Noguera，2012a），即生产者和最终消费者之间的贸易流，从而解答了"谁生产给谁"的贸易困惑（Daudin et al.，2011）。此外，贸易增加值（Value Added in Trade）也是从增加值角度对贸易数据的核算，但不同于增加值贸易，其目的在于统计两国总贸易中所含的增加值，即一国总进口中所含他国创造的增加值比重或数量，只涉及增加值创造国，不考虑增加值的吸收国（Stehrer et al.，2012）。

二、增加值贸易测算的演进

增加值贸易的出现是因全球垂直关联贸易不断扩张导致传统总贸易数据失真而诞生的，因而同垂直关联贸易（Hummels et al.，1998）的研究有着不可分割的关联。垂直关联贸易后续又被统称为垂直专业化（Vertical Specialization，VS），是指在一个至少两个国家参与的商品生产过程中，每个生产环节通过中间投入品贸易依次关联，而每个国家仅专业化生产其中一个生产环节（Hummels et al.，1998）。Feenstra（1998）通过比较一些不同的国外外包测算方法总结归纳了垂直专业化的三种测算方法，分别是企业调查、优质贸易行业分类以及投入产出表。其中，企业调查已经被用于跨国公司的中间投入品贸易研究，如 Hanson et al. (2005)利用不同国家的企业调查数据研究了企业之间的垂直生产贸易网络，但由于受到可调研国家数量的限制，实际操作存在很多约束条件；而对于贸易行业分类法，虽然 Athukorala 和 Yamashita(2006)依据国际贸易标准分类测算了世界上大部分国家的垂直贸易，但无法进一步对增加值贸易进行测算。

因此，最后对垂直专业化的测算方法落在了传统的投入产出表，如 Hummels et al. (2001)以中间投入品进口国为视角，将垂直专业化定义为一国出口产品中所含中间进口投入品的量，也即是出口产品中含有国外价值增加的量，利用一国投入产出表首次对出口进行了国内增加值和国外增加值分解，其中国外增加值即为 VS，而国内增加值即为增加值出口；若以中间投入品出口国为视角，则将一国出口的中间投入品被目的国用于生产出口产品的量定义为 VS1，即目的国出口中包含的国内增加值。Hummels et al. (2001)对垂直专业化的定义第一次给出了一般度量方法，其具体计算公式为：$VS_k = u A^M [I - A^D]^{-1} X$。其中，$A^M$ 为进口系数矩阵，A^D 为国内直接投入系数矩阵，X 为行业出口列向量，u 为元素是 1 的行向量。于是，将 VS_k 从 k 国的总出口中减去即是增加值出口。至于 VS1，虽然 Hummels et al. (2001)因为受到诸如双边贸易匹配投入产出表等数据的限制并没有同时给出其计算公式，但是可以发现 k 国出口中的 VS 其实就是世界其他国家出口至 k 国 VS1 加总，若从世界的角度衡量，VS 就是 VS1 (Daudin et al.，2011)。

虽然 Hummels et al. (2001)提出的垂直专业化测算方法(以后简称 HIY 方法)为增加值贸易的测算迈出了重要的一步。但是，HIY 方法存在两个隐含的前提假设(Koopman et al.，2012)：第一，所有进口的中间投入品必须是纯国外价值增加，而且最多只有一个国家能够出口中间品，即意味着不存在一国进口中间投入品然后加工成半成品出口至其他国家再加工成最终品，而且也不存在一国可能进口包含自己本国增加值的中间投入品，然而这种情况在垂直贸易中不可能存在。第二，生产出口品和国内最终需求所需的进口中间投入品比例均是相同的，但是当存在加工贸易时该假设并不能成立。因此，针对 HIY 方法存在的强假设缺陷，后续研究基本沿着如何放松或解决这两个假设进行拓展的。

首先针对假设一，Daudin et al.（2011）重新定义了一个新的增加值指标 $VS1^*$，是指一国出口中间投入品至目的国并经该国加工后再进口至回国内用于最终消费抑或是用于国内最终使用商品生产的这些进口品所含国内增加值。因此，$VS1^*$ 的设定显然排除了假设一中的所有进口中间投入品必须是纯国家价值增加的条件。于是，Daudin et al.（2011）根据定义构建 $VS1^*$ 的计算表达式为：$VS1^* = Im_{ROW}(I - A_{ROW})^{-1}X_{ROW}^*$。其中，$Im_{ROW}$ 是世界其余国家从本国进口并用于中间投入品的商品，A_{ROW} 是世界其余国家的国内直接投入系数矩阵，X_{ROW}^* 是本国用于最终使用的商品。那么，增加值出口就等于总贸易减去 VS 与 $VS1^*$ 之和。此外，Johnson 和 Noguera（2012）考虑到中间品贸易存在重复计算问题以及间接贸易路径引起传统总贸易的统计误差构建了增加值出口指标（value added export，VAX），即由一国创造并最终被目的国吸收的总增加值，具体计算表达式为：$VAX_i = \sum_j \hat{v}_i \hat{y}_i^{-1} \sum_k L_{ik} f_{kj}$。其中，$L_{ik}$ 代表里昂惕夫逆矩阵，$L_{ik} f_{kj}$ 表示生产 f_{kj} 最终品需要来自 i 国总产出的数量，$\hat{v}_i \hat{y}_i^{-1}$ 是 i 国增加值系数的对角矩阵。

然后针对假设二，Koopman et al.（2008）在投入产出模型中引入加工贸易成分，并分别推导出加工贸易的国内增加值份额 DVS^P 和传统贸易的国内增加值份额 DVS^D，然后进行加总得出含有加工贸易的增加值出口表达式：

$$TDVS = A_V^D (I - A^{DD})^{-1} \frac{E - E^P}{te} + (A_V^D (I - A^{DD})^{-1} A^{DP} + A_V^P) \frac{E^P}{te}$$。其中，A_V^D 和 A_V^P 分别表示一般贸易商品和加工贸易商品的价值增加系数，A^{DD} 表示一般贸易商品的国内直接投入系数，A^{DP} 表示加工贸易商品的国内直接投入系数，E^P 是加工贸易出口，te 是总出口。Koopman et al.（2008）是在放松假设二的条件下构建的增加值出口表达式 TDVS，若继续维持假设二存在，那么 TDVS 就可以简化为 HIY 方法的 VS，从而意味着 VS 就是 TDVS 的特例。

最后，针对各类核算指标，Koopman et al.（2014）率先尝试将所有垂直专业化和增加值贸易指标纳入统一框架，简称 KWW 方法。他们基于跨国投入产出（ICIO）模型首先将一国总出口分解成三类，分别是增加值出口（即 VAX）、最终返回至国内的中间品出口中的国内增加值（即 $VS1^*$）以及国外增加值部分（即 VS）。然后再细分这三类，其中，增加值出口（VAX）包含直接最终品出口中的国内增加值、被进口国吸收的中间品出口中的国内增加值、被进口国在出口至第三国中的国内增加值；最终返回至国内的中间品出口中的国内增加值（ $VS1^*$ ）包括以最终品形式进口返回至国内的中间品中的国内增加值、以中间品形式进口返回至国内的中间品中的国内增加值、国内生产的中间品重复计算部分；国外增加值部分（VS）包括最终品出口总的国外增加值、中间品出口中的国外增加值、国外生产的中间品重复计算部分。综合以上分解可知，VS、VS1、 $VS1^*$ 以及 VAX 等增加值贸易指标均是 KWW 方法分解后的某些成分的线性组合。因此，KWW 方法在国家层面上实现了增加值贸易测算的大一统。而之后的 Wang et al. (2013) 则在 KWW方法的基础上实现了行业以及双边行业层面的总出口分解，进一步推动了增加值贸易测算的研究进展。

第二节　国际经济周期联动研究综述

一、国际经济周期联动的理论研究

国际经济周期联动性是国际经济周期理论研究的一路分支，主要通过构建相应的经济模型来阐释世界经济周期的传导渠道，并同时匹配现实经济的特征现象。该理论研究起始于 Backus et al. (1992) 创建的国际真实经济周期模型，并逐渐得到修正与完善。

（一）国际经济周期基础理论研究综述

对于国际经济周期的研究，基础理论框架来源于 20 世纪 80 年代 Kydland 和 Prescott(1982) 创建的真实经济周期(Real Business Cycle)模型，亦称 RBC 模型。RBC 模型部分修改了标准增长模型，同时引入"资本建造时间"和劳动供给跨期替代两个关键假设，模拟结果较好地匹配了美国在第二次世界大战之后的经济数据，例如相关经济时间序列的方差、实际产出与相关经济变量的协方差以及实际产出的自相关系数。因此，RBC 模型认为经济周期源自经济体系之外的一些真实因素的冲击，亦称外部冲击，如技术冲击等，从而提出了经济周期外生论，为后续宏观经济研究发挥了奠基石的作用。

除了 RBC 模型之外，Long 和 Plosser(1983)构建了一个多商品多部门的动态竞争性均衡模型，模型中引入多种经济假设，如理性预期、完全信息以及稳定偏好等，并首次在新古典生产函数中引入行业与行业的投入产出结构(Johnson，2012)，模型最终模拟结果也匹配了一些重要的经济周期特征。此外，King et al. (1988)则构建了单一商品单一部门的新古典模型，模型中引入劳动供给选择的资本累积过程，并将作为当代分析经济周期的基本框架。该模型分别从暂时性技术冲击和永久性技术冲击角度对经济周期进行研究，研究表明暂时性的生产率冲击引起经济的波动，永久性的劳动生产率冲击引起经济的增长。之后，King et al. (1988)在姐妹篇中对 RBC模型提出了四个角度的展望，如允许外生且持久性的随机技术变化、技术进步的内生化、次优动态均衡以及异质性代理人。至此，真实经济周期分析框架基本成型，随后的 RBC 模型继续朝着多个方向继续扩展，包括将存货用作生产要素(Christiano，1988)、内生利用率(Kydland 和 Prescott，1988)、就业调整成本和差异化劳动质量(Hansen 和 Sargent，1988)、家庭劳动供给决策(Cho 和 Rogenson，1988)以及私人信息(Townsend，1988)等。

RBC 模型的一脉重大扩展方向是放弃封闭经济假设，引入开放经济条件，从而将封闭经济 RBC 模型关注的一国国内经济周期特征延展至国际经济周期特征，不仅可以继续观测国内经济变量之间的关联，即产出、投资以及消费之间的周期性或相关性等，也可以观测国际之间经济变量的特征，如国家产出、消费以及投资等的相关性等。

于是，Backus et al. (1992)率先将封闭 RBC 模型扩展至两国的开放情形研究国际经济周期，并进一步引入了异质性技术冲击和国际借贷假设，构建了一个单一商品单一部门的两国动态随机一般均衡模型，即 IRBC 模型。IRBC 模型试图同时解释封闭经济的宏观经济联动性和国际经济联动性，但模型模拟结果出现了两大异常现象，即理论模拟与现实数据之间存在明显差异。其一是消费、产出、生产率异常，即现实数据显示产出波动的国际相关性大于消费与生产率的国际相关性，但理论模拟结果正好相反；其二是相对价格变动异常，即现实数据中的贸易条件标准差显著大于理论模拟结果(Backus et al.，1993)。其中的消费、产出、生产率异常则被认为是国际宏观经济研究中的六大困惑之一(Obstfeld 和 Rogoff，2000)。

IRBC 模型是 RBC 模型扩展的一脉重大分支，掀起了众多学者对国际经济周期理论研究的热潮，成为之后国际宏观经济理论研究的起点（Backus et al.，1993）。在后续的国际经济周期研究中，理论模型的构建均以 IRBC 模型为基础，从多个角度进行扩展试图解决两大异常现象，如 Backus 和 Smith（1993）、Head（1995）、Blackburn 和 Ravn（1992）、Canova 和 Ravn（1996）、Stockman 和 Tesar（1995）、Tesar（1993）以及 Zimmerman（1997）等在 IRBC 模型中引入非贸易品，将单一商品单一部门的 IRBC 扩展成多商品两部门的 IRBC；Baxter（1992）、Baxter 和 Crucini（1995）、Boileau（1996）、Cardia（1991）、Conze et al.（1993）、Guo 和 Sturzenegger（1998）、Lundvik（1990）、Mendoza（1991，1992）以及 Pakko（1993）等在 IRBC 模型中引入资本贸易约束，将完全竞争的资本市场结构变成非完全竞争；Ricketts 和 McCurdy（1995）等在 IRBC 模型中引入货币因素，即标准的货币先行约束；Grilli 和 Roubini（1992）和 Schlagenhauf 和 Wrase（1992）则将 Lucas（1990）的流动性理论引入 IRBC 模型；Giovannini（1988）和 Lapham（1995）将 IRBC 模型的完全竞争市场变为不完全竞争市场。

（二）标准 IRBC 模型研究国际经济周期联动综述

理论研究国际经济周期联动的贸易渠道源自 Kose 和 Yi（2001）提出的"贸易联动性困惑"。Kose 和 Yi（2001）在标准的 IRBC 模型中引入运输成本试图解释 Frankel 和 Rose（1998）和 Clark 和 van Wincoop（2001）的实证研究结论，即双边国际贸易越大的国家之间具有较高的经济周期相关性。但理论模型的模拟结果发现标准的 IRBC 模型并不能实现国际经济周期通过国际贸易来传导，甚至出现了反事实结论，如两国的经济周期呈现了负相关性。尽管 Kose 和 Yi（2001）对基础模型做了资本市场结构和贸易方式的调整，但仍无法解决基础模型的反事实结论，故而提出了"贸易联动性困惑"。之后，Kose 和 Yi（2005）提出在两国模型下研究经济周期联动性会存在一定的不合适性，认为单纯地将其中一国作为剩余国家加总会过分地夸大对另一国的影响。据 Ishise（2014）的研究结论发现，IRBC 模型的跨国相关性的确严重地依赖于模型中的国家数量，主要是 IRBC 模型研究跨国相关性时对是否存在较大国家具有显著的敏感性，若模型设定两个小国进行研究就不影响其之间的跨国相关性。于是，Kose 和 Yi（2005）将两国的 IRBC 模型扩展至三国 IRBC 模型，其中设定两个较小的国家和一个大国，且主要研究两个较小国之间的联动性。模型同时调整资本市场结构、Armington 替代弹性以及运输成本，最终理论模拟结果显示双边贸易强度和产出联动性之间确实具有了正向的关系，但理论模拟结果的正向关系值小于实际关系值，前者约是后者的十分之一。从而表明传统 IRBC 模型在三国情形下能够解决"贸易联动性困惑"，但是两者的关系值与实际值存在较大偏差。

此外，Zimmermann（1995）同样将标准的 IRBC 模型扩展至三国情形，分别设定一个小国、一个大国以及一个剩余国家加总的大国，其中剩余国家加总的国家同其他两个国家之间具有明显的地理距离。模型通过引入随机技术冲击过程模拟发现国家规模和国家距离能够解释许多经济周期现象，而且结果显著。且进一步研究发现国际经济周期的联动主要依靠技术溢出途径而不是通过贸易引起的。

（三）垂直生产结构 IRBC 模型研究国际经济周期联动综述

标准 IRBC 模型构建的是单一商品单一部门的两国经济模型，这种单一商品单一部门的假设不仅排除了最终品和中间品的区分（Johnson，2012），也忽视了国际分工作为国际贸易产生的基本前提（Kose 和 Yi，2001）。国际贸易的 H – O 模型认为一国会出口本国相对生产要素富裕的商品而进口相对生产要素稀缺的商品；Ricardian 模型认为一国通常会专业化生产某一类商品。因此，国家之间会存在一种专业化生产和贸易模式，然标准 IRBC 模型并没有加以考虑。

因此，Burstein et al.（2008）率先在标准的 IRBC 模型中引入一种外生的垂直生产结构（即垂直一体化生产网络中的中间品贸易）来量化分析该生产结构在经济周期传导中的关联作用。该模型假定每个国家专业化生产一种中间品，然后利用这些中间品生产两种组合商品，分别是生产共享商品和水平差异化商品，同时假定生产共享商品只被其中一国消费，从而组建了模型中的垂直生产结构。最后通过模拟发现，比较非垂直生产共享贸易，垂直生产共享商品贸易和国际经济周期的联动性产生了正向关联。但是，由于 Burstein et al.（2008）模型依托于美国和墨西哥的制造业贸易，同时加入了垂直生产共享商品只被一国消费的假设条件，导致该模型实际应用存在一定的局限性。于是，Johnson（2012）同样在标准 IRBC 模型的框架下构建了一个包含垂直生产结构的多国多行业 IRBC 模型。不同的是，Johnson

(2012)的基础模型来源于 Long 和 Plosser(1983)构建的 RBC 模型，该模型的生产结构首次采用了行业对行业的投入产出关联。不同于 Kydland 和 Prescott(1982)RBC 模型中的标准新古典生产形式，Johnson(2012)构建了一个内含国际行业对行业投入产出关联的总产出生产函数，该总产出生产函数包括劳动、资本以及世界各行业的中间投入品。最后通过模拟发现，"贸易联动性困惑"仍然存在，总贸易的联动性相关系数仅为实际数据的 10 - 20%，但是若区分商品行业和服务行业发现，商品行业的贸易联动性相关系数达到了实际数据的 75%，而服务行业的贸易联动性相关系数几乎为 0。因此，Johnson(2012)认为服务行业的低贸易联动性导致整体模型结果表现不佳，并解释其原因为贸易仅对商品行业传导国际冲击，或生产率冲击的跨国相关性在行业间存在明显差异。

综合 Burstein et al. (2008)模型和 Johnson(2012)模型可以发现，模型构建的垂直生产结构均是外生的，而不是模型内部自生决定的。这种外生的垂直生产结构同样会引起国际贸易模式、商品市场结构以及要素市场结构的外生性(Lane, 2001)，从而忽视了国际经济周期传导的其他路径。因此，Arkolakis 和 Ramanarayanan(2009)将 Eaton 和 Kortum(2002)的生产异质性模型融入 IRBC 框架，构建了一个具有内生垂直专业化的两国且连续商品的动态随机一般均衡模型。模型中内生垂直专业化来自 Eaton 和 Kortum(2002)模型，该模型继承并发展了 Ricardian 比较优势框架，扩展 Dornbusch et al.(1977)的两国且连续商品模型，将生产商品的生产率设定为一个具有独立分布的随机变量，从而将商品生产异质化，实现内生的垂直专业化结构。Arkolakis 和 Ramanarayanan(2009)首先在完全竞争市场条件下将商品生产分成两个阶段，其中第二阶段的最终品生产需要第一阶段生产的中间品作为投入品，从而实现垂直生产结构，但最终模拟结果发现并不能完全解决"贸易联动性困惑"。然后，Arkolakis 和 Ramanarayanan(2009)将 Bernard et al.(2003)构建的不完全竞争 Eaton 和 Kortum(2002)模型融入 IRBC 模型，最终结果仍无法完美诠释"贸易联动性困惑"。除此之外，Juvenal 和 Monteiro(2017)同样基于 Eaton 和 Kortum(2002)模型构建了一个多国且连续商品的动态随机一般均衡模型来解释贸易和经济周期联动的内在关联。和 Arkolakis 和 Ramanarayanan(2009)模型不同的是，Juvenal 和 Monteiro(2017)模型相对简化，如最终品设为非贸易品等，以及其目的在于推导出能够阐明为何标准模型不能解释贸易和经济周期联动之间关联的一般框架，同时进一步证明"贸易联动性困惑"的来源。最后通过模拟指出，仅仅通过相关性技术冲击实现贸易和经济周期联动的正向关联并不能真正解决"贸易联动性困惑"，而标准模型出现"贸易联动性困惑"的真正原因在于模型不能实现贸易同国内商品支出份额联动性具有正向关联。

(四)进入与退出结构 IRBC 模型研究国际经济周期联动综述

标准 IRBC 模型在研究国际经济周期联动的贸易渠道时，通常潜在地假定国际贸易模式、商品市场结构和要素市场结构均是外生的(Lane，2001)。这种潜在的假设使得模型无法对动态变化的贸易模式进行描述，无法对长期以及动态增长过程进行比较，也无法考虑中短期的经济周期动态性及对贸易模式的影响，同时也忽视了宏观现象对其微观基础的影响(Ghironi 和 Melitz，2005)。究其原因，这种现象的产生源于类似于标准 IRBC 的国际宏观经济模型和贸易理论出现了脱节。自 Melitz(2003)创建异质性企业模型，国际贸易理论从同质性企业步入异质性企业的研究。当所有个体企业的行为均是存在差异时，贸易模式、商品市场结构以及要素市场结构自然会发生动态变化。因此，Ghironi 和 Melitz(2005)将 Melitz(2003)的异质性企业模型融入 IRBC 框架，构建了一个垄断竞争的两国异质性企业动态随机一般均衡模型，首次桥接了当前国际宏观经济模型与贸易理论之间的鸿沟。由于该模型嵌入了异质性企业模型中的企业进入与退出机制，在单个企业只能生产单个差异化商品的假设下，那么一旦国内受到总冲击、进入成本冲击抑或是贸易成本冲击时，各国的贸易模式和商品的消费篮子组合也会因此产生动态变化，从而实现国际经济周期的传导。

于是，Liao 和 Santacreu(2015)借鉴 Kose 和 Yi(2005)在解决"贸易联动性困惑"时提出的新切入点，即全要素生产率(TFP)的联动性与贸易具有显著地正相关性，基于 Ghironi 和 Melitz(2005)和 Alessandria 和 Choi(2007)的理论模型构建了包含固定成本和可变贸易成本的异质性企业两国动态随机一般均衡模型。模型中引入了内生劳动供给和 CES 加总的最终品生产方式，并扩展了 Ghironi 和 Melitz(2005)模型框架构建了全要素生产率随贸易扩展边际变化的动态机制，试图以贸易扩展边际引起全要素生产率的联动进而带动国际经济周期联动为路径解决"贸易联动性困惑"。其中，模型中的贸易扩展边际即是进入出口市场的企业数量，而集约边际则是出口企业的出口量，这是因为异质性企业模型假设每个企业生产有差异的不同产品种类（Melitz，2003）。最后通过模拟发现，模型不仅较好地匹配了现实数据的扩展边际、集约边际以及贸易强度的二阶矩，而且贸易对经济周期联动性和贸易对全要素生产率联动性的模拟回归系数均接近现实数据。从而认为国际经济周期的联动会因企业进入与退出产生的贸易边际变动引起全要素生产率联动产生的。换言之，两国互相贸易的商品种类越多，经济周期联动性越强，从而也间接地解释了"贸易联动性困惑"。

二、国际经济周期联动的实证研究

实证研究国际经济周期联动性旨在利用相关数据和实证方法探究引起国家间经济周期行为联动的共同因素，抑或是国家间经济周期联动是通过何种渠道传导的。

（一）贸易与国际经济周期联动

贸易与国际经济周期联动的实证研究源自对世界范围内经济波动的考察，最初由 Dellas（1985）通过实证发现参与贸易经济行为的国家或区域经济体通常具有显著的正向经济波动联动性，并且这种联动性贯穿于整个经济周期。从此，众多学者纷纷探寻引起这种经济波动联动性的贸易渠道，然而研究结论不尽相同。

其一，传统贸易促进国际经济周期的联动。

Canovaand 和 Della（1993）首先针对 Dellas（1986）提出的否定结论，即认为共同冲击而非贸易传导国际经济周期，采用 1960—1986 年的 10 个主要工业化国家的产出季度数据，运用四种去除趋势方法提取产出的周期部分，并利用相关性、谱以及 VAR 统计分析了贸易在传导国际经济波动中的作用及其显著性，结果发现贸易能够正向促进国际经济周期的联动性，但结论依赖于去除趋势的方法选择，意味着贸易的传导作用缺乏稳健性。虽然 Canova 和 Della（1993）最先证实了贸易传导渠道的存在性，但真正采用实证回归证明贸易对国际经济周期联动性的正向促进作用来自 Frankel 和 Rose（1997，1998）。他们的研究源自对最优货币区（The Optimum Currency Area，即 OCA）进入标准的探讨。最优货币区自 Mundell（1961）开创以来，经过 McKinnon(1963)和 Kenen(1969)的阶段性补充，各界逐渐建立了评判一国能否加入 OCA 的四个标准条件。但 Frankel 和 Rose(1997，1998)质疑这四个标准条件中的贸易强度与冲击和周期的相似度之间存在内生性，于是采用 20 个工业化国家 30 年的双边贸易和经济周期数据，运用四阶差分、二次趋势分离、HP 滤波、SA 残差的 HP 滤波四种方法提取经济周期变量的周期部分，利用引力变量作为工具变量，实证回归了双边贸易强度对经济周期变量相关系数的影响。研究结果表明双边贸易强度对经济周期的联动确实具有正向且显著地促进作用，换言之，国家间贸易关联越紧密经济周期联动性就越强，而且结论通过了稳健性检验。此外，Anderson et al.(1999)同样运用实证回归的方法对 37 个工业化国家 42 年的数据进行了检验，回归结果也证实了贸易对国际经济周期联动性的正向促进作用，但回归模型不同于 Frankel 和 Rose(1998)，而是采用了逻辑回归模型。相比较而言，Frankel 和 Rose(1998)构建的双边贸易强度和经济周期联动性指标以及实证方法在后续的相关实证研究中得到了广泛应用与借鉴。

以上学者均采用工业化发达国家的数据验证了贸易在国际经济周期中的传导作用，但是，考虑到生产结构与行业内贸易程度在发达国家和发展中国家之间的差异，进而可能会引起贸易对国际经济周期联动性的影响差异。而最早将贸易联动性研究涉及发展中国家的是 Choe(2001)，他针对 10 个东亚国家，借鉴 Canova 和 Della(1993)的变量测算方法和 Frankel 和 Rose(1998)的回归方法，实证检验了 1981—1995 年期间双边贸易对东亚 10 国经济周期联动性的影响，结果表明贸易也会促进东亚发展中国家之间的经济周期联动性。但 Choe(2001)的研究并没有得出发达国家和发展中国家之间的差异，于是 Calderoón et al.(2007)采用 147 个国家 1960—1999 年的年度时间序列数据，借鉴 Frankel 和 Rose(1998)的指标构建方法和实证回归方法，从发展中国家视角和影响差异视角扩展并补充了 Frankel 和 Rose(1998)的研究，最终研究结果表明发展中国家间的双边贸易强度对国际经济周期联动性也具有正向且显著的促进作用，但促进作用显著小于发达国家，而对其他国家的促进作用大小介于两者之间。

除了上述研究证实了国际经济周期确实会通过贸易渠道进行传递之外，还有部分学者从不同视角或方法进行佐证。例如，Clark 和 van Wincoop(2001)更换了 1993 年美国地方政府的商品调研数据，运用 Frankel 和 Rose

（1998）的实证方法佐证了结论；Kose 和 Yi（2003）更新了 Frankel 和 Rose（1998）的研究数据，采用 21 个 OECD 国家 1970—2000 年的年度数据，运用相同的指标构建和实证方法也佐证了结论；Baxter 和 Kouparitsas（2005）采用 100 多个发达和发展中国家数据佐证了结论，且通过了稳健性检验；Cerqueira 和 Martins（2009）则构建了瞬时相关系数指标替换了传统的皮尔森相关系数，采用面板数据进行了回归，并最终佐证了结论；Kumakura（2009）采用国家分别对第三国的贸易数据替换双边贸易指标，运用 Frankel 和 Rose（1998）的实证方法也佐证了结论。

其二，传统贸易抑制国际经济周期的联动。

据 Eichengreen（1991）、Kenen（1969）以及 Krugman（1993）的研究表明，由于各国比较优势的存在，国家间贸易越是紧密则专业化生产程度越高，从而导致各国对特定行业冲击的敏感程度增加，那么在受到供给冲击的影响下，进而形成异质性的经济周期。此外，Ng（2010）采用 30 个国家 1970—2004 年的跨国年度数据，借助广义力矩工具变量估计法（GMM – IV）实证分析发现，传统贸易强度指标对国际经济周期联动性具有负向的影响作用，而其原因是传统贸易作为一种替代性贸易，在供给冲击下就会抑制贸易双方经济周期的趋同。

其三，产业内贸易促进国际经济周期的联动。

针对 Frankel 和 Rose（1998）得出的国际贸易越紧密经济周期联动性越强的结论，Gruben et al.（2002）认为 Frankel 和 Rose（1998）忽略了部分国际贸易理论的基础问题，因为基础理论认为经济周期趋同受制于两种相反的作用力，分别是正向作用的需求冲击和生产率溢出与负向作用的专业化出口，故而采用传统总贸易不能解释问题的根源。于是，Gruben et al.（2002）在 Frankel 和 Rose（1998）的基础回归中引入贸易结构变量，用以区分产业内贸易和产业间贸易对国际经济周期联动性的影响，并用相同的 21 个发达国家 1959—1993 的数据对 Frankel 和 Rose（1998）的结论进行了检验。最终结果表明产业内贸易对经济周期联动具有正向影响效应，但产业间贸易并没有产生同理论结果一致，即不具有负向影响效应，意味着产业内贸易才是主导传统总贸易对经济周期联动的影响。同样地，Fidrmuc（2004）也认为 Frankel 和 Rose（1998）缺少对贸易结构的讨论，并指出由于贸易专业化对发达国家的贸易影响较小（Flam 和 Helpman，1987；Hummels 和 Levinsohn，

1995)，因此发达国家的贸易主体近似产业内贸易，所以有可能 Frankel 和 Rose(1998)的结论是由产业内贸易引起的。为此，Fidrmuc(2004)采用 90 年代的 OECD 国家数据，并借鉴 Frankel 和 Rose(1998)的实证方法进行回归发现，产业内贸易会引起贸易伙伴之间经济周期的趋同，但传统总贸易和经济周期联动并没有直接的关联。同时，该结论也得到了 Shin 和 Wang (2004)、杜群阳和宋玉华(2005)、黄欢立等(2001)、李海燕(2001)在东亚国家的经验佐证。

以上研究均强调产业内贸易才是经济周期传导的核心，传统总贸易并没有直接的影响作用，但 Calderoón et al. (2007)在探究发达国家之间和发展中国家之间的贸易对经济周期联动的影响差异时发现，产业内贸易仅具有某种调节作用，即对于那些产业内贸易占较大比重的国家，贸易强度对经济周期联动的影响较明显，而对经济周期联动的影响不确定。

其四，垂直关联贸易促进国际经济周期的联动。

随着世界经济的一体化趋势，一种商品的生产销售逐渐由多个国家以垂直分工协作的方式共同完成，即一国进口中间品进行生产加工之后再以中间品的形式出口至另一国生产加工直至最终品的生产，而期间产生的中间品贸易即为垂直关联贸易(Hummels et al. 2001)。针对这种垂直关联贸易，Ng(2010)采用了 30 个国家 1970—2004 年的跨国数据，借助广义力矩工具变量估计法(GMM－IV)实证分析了垂直关联贸易、双边贸易强度、双边产业内贸易、产业结构相似度以及双边金融一体化对国际经济周期联动性的影响。研究结果发现，垂直关联贸易对国际经济周期联动具有显著的正向效应，而双边贸易强度的影响效应是负向的。至于出现该结论的原因，Ng(2010)认为垂直关联贸易是一种互补性贸易，而传统贸易则是一种替代性贸易。但是，当 Giovanni 和 Levchenko(2010)首次从行业的角度探讨传统贸易和垂直关联贸易对经济周期联动性的影响时发现，在行业层面同样具有双边贸易越紧密行业产出联动性越强的事实，其中垂直关联贸易不仅能直接对行业产出联动性产生正向影响，而且还能间接地调节传统贸易对产出联动性的正向促进作用，并且通过估计发现，垂直关联贸易能够解释双边贸易对经济周期联动性总影响的 30%。此外，肖威和刘德学(2013)从中国视角出发研究了垂直关联贸易与经济周期的协同性，研究结论证实了垂直关联贸易会促进经济周期的协同。

其五，其他贸易促进国际经济周期的联动。

除了前文介绍的三种贸易对国际经济周期联动性的影响外，Liao 和 Santacreu（2015）将传统贸易分解成扩展边际和集约边际，以全要素生产率联动性作为中间变量，研究二元边际对国际经济周期联动性的影响。研究结果表明，扩展边际对经济周期联动性和全要素生产率联动性具有显著的正向作用，而集约边际无显著的影响效应。除此之外，刘恩专和刘立军（2014）将传统贸易分解成广度边际、数量边际和价格边际，研究三元边际对东亚经济周期联动性的影响，其研究表明广度边际对东亚经济周期联动性具有显著的正向效应，而数量边际具有显著的负向效应，至于价格边际，其影响效应不显著。

除了贸易边际的分解之外，Duval et al.（2016）认为在当前全球供应链网络不断深入的环境下，传统总贸易无法准确地体现国际贸易关联。于是，Duval et al.（2016）采用增加值贸易替换传统总贸易指标研究其对国际经济周期联动性的影响，通过对 63 个国家 1995—2013 年的年度数据进行 IV 回归之后发现，增加值贸易对国际经济周期联动性具有显著的正向影响效应，而且这种影响效应会因行业内贸易比重的增长而被进一步放大。

（二）其他因素与经济周期联动

国际经济周期不仅仅通过贸易渠道进行传导，已有研究表明对外直接投资也具有一定的传导作用。如 Otto et al.（2001）利用 17 个 OECD 国家的相关数据，Jansen 和 Stockman（2004）选取 12 个 OECD 国家 1982—2001 年的数据，Hsu et al.（2011）采用 79 对发达国家的面板数据分别实证检验了双边对外直接投资对经济周期联动性的影响。他们的实证结果基本一致，均证实了双边对外直接投资对国际经济周期联动性具有显著的正向效应。但对比于贸易渠道的影响差异时存在分歧，Otto et al.（2001）认为由于对外直接投资相对于 GDP 的规模小于传统贸易，故而其对国际经济周期的影响小于传统贸易的影响，但 Hsu et al.（2011）采用的误差分量三阶段最小二乘法回归结果显示对外直接投资影响国际经济周期联动性的作用大小与传统贸易同等重要。此外，Jansen 和 Stockman（2004）进一步得出结论认为对外直接投资对国际经济周期联动性的影响具有滞后性。

相比较于对外投资的传导渠道，产业结构的传导作用并不明朗，已有研究结果尚未取得一致的结论。据理论研究认为，两国或地区生产结构越是相似，那么在受到某种行业冲击时就会表现出相似的产出联动性，即意味着相似的两国生产结构能促进两国经济周期的联动性（Clark，1998；Imbs，1998；Krugman，1993；陈慧芳和岑丽君，2010），并得到了 Clark 和 Wincoop（2001）、Imbs（2004）、Ng（2010）以及 Hsu et al.（2011）等实证研究的支持。但是，Otto et al.（2001）、Baxter 和 Kouparitsas（2005）以及 Cerqueira 和 Martins（2009）等在实证回归检验产业结构对国际经济周期联动性的影响时发现，产业结构相似度指标仅能在单独回归抑或是基础回归中表现出显著的正向影响效应，但是引入其他相关变量便表现出非显著性，故而认为产业结构的传导作用并不具有稳健性。此外，Duval et al.（2016）在检验增加值贸易对国际经济周期联动性影响的过程中同样发现产业结构相似度指标的回归系数均不显著。

除了上述对外投资和产业结构外，国际经济周期也可能通过金融一体化（Imbs，2004，2006；雷磊和宋伟，2014；喻旭兰，2007）、货币一体化（Schiavo，2008）、经济一体化（Kalemli‐Ozcan et al.，2001；于震等，2014）、财政政策相似度（Clark 和 Wincoop，2001）、贸易顺差（李浩和钟昌标，2008）、全球化（李磊等，2010）以及汇率波动（Inklaar et al.，2008）等渠道进行传导，进而表现出经济周期的联动性。

第三节　文献总评与本书进路

一、现有文献总结述评

对国际经济周期联动性的研究，其核心问题就是探究引起国家间经济周期联动的共同决定因素，也即是揭示国际经济周期联动的传导渠道。纵览已有相关文献，对国际经济周期联动性的研究无外乎三种研究取向，分别是纯实证研究、纯理论模拟研究以及理论模拟辅之以实证研究。

其中，纯实证研究旨在仅利用相关现实数据，通过一定的计量方法来检验或验证国际经济周期的某种传导渠道。自 Dellas（1985）通过实证发现贸易参与国之间通常具有显著的正向经济波动联动性以来，纯实证研究基本围绕贸易对国际经济周期联动性的影响来展开，并辅之以对其他经济周期传导渠道的探讨。但是，各类纯实证研究结论在某种程度上并未达成共识，例如在贸易渠道的探究中，部分实证研究表明传统贸易对经济周期的联动性具有显著且稳健的正向影响效应（Frankel 和 Rose，1998；Anderson et al.，1999；Clark 和 van Wincoop2001；Cerqueira 和 Martins，2009；等），但也有研究表明传统贸易对经济周期联动性存在影响但不稳健（Canova 和 Della，1993；Ng，2010；等），或者是直接无显著影响（Fidrmuc，2004；Duval et al.，2016），甚至还会产生反向抑制作用（Ng，2010）。于是，学者们从两个角度做进一步分析与探讨，其一是考虑到传统贸易是一个总量的概念，可以将其进行分解，研究贸易分量对国际经济周期联动性的影响。其中对传统贸易的分解共有两类：第一类是根据是否是产业内贸易对传统贸易进行分解（Gruben et al.，2002；Fidrmuc，2004；Shin 和 Wang，2004；等）；第二类是对传统贸易的边际分解，将传统贸易进行二元边际分解（Liao 和 Santacreu，2015）和三元边际分解（刘恩专和刘立军，2012、2014）。其二是引入其他贸易指标，如垂直关联贸易指标（Ng，2010；Giovanni 和 Levchenko，2010；潘文卿等，2015；马淑琴等，2017）、增加值贸易指标（Duval et al.，2016），且实证研究表明垂直关联贸易和增加值贸易对经济周期联动性均具有显著的促进作用。除了对贸易渠道的研究外，许多学者也从对外直接投资（Otto et al.，2001；Jansen 和 Stockman，2004；Hsu et al.，2011；等）、产业结构（Clark 和 Wincoop，2001；Imbs，2004；Baxter 和 Kouparitsas，2005；等）、金融一体化（Imbs，2004，2006）、货币一体化（Schiavo，2008）、经济一体化（Kalemli – Ozcan et al.，2001）、财政政策相似度（Clark 和 Wincoop，2001）以及汇率波动（Inklaar et al.，2008）等渠道进行展开研究，但研究结论的差异仍激励着学者们从实证的角度作进一步的分析与探讨。

纯理论模拟研究旨在构建相应的经济模型来印证已完成的实证研究结论，抑或是匹配现实经济数据。理论研究的基础模型源于 20 世纪 80 年代 Kydland 和 Prescott（1982）创建的真实经济周期模型。后经 Backus et al.（1993）对其开放经济的扩展构建了国际经济周期模型，该模型在国际经济周期联动性的相关研究中扮演着基础性的作用。但是，标准的两国 IRBC 模型却对 Frankel 和 Rose（1998）实证研究结论，即贸易促进经济周期联动的解释无能为力，故而称之为"贸易联动性困惑"（Kose 和 Yi，2001）。此后，许多理论研究者基本围绕以解决"贸易联动性困惑"为首要目标来构建相应的模型，但模型扩展主要围绕三个方向展开：第一个是标准 IRBC 模型结构不变但国家设定多于两国，这主要因为 IRBC 模型的跨国相关性严重依赖于模型中的国家数量（Ishise，2014），因此，Kose 和 Yi（2005）在将两国 IRBC 模型扩展至三国 IRBC 模型之后，通过对两个较小国之间的联动性进行理论模拟研究。第二个是设定两国不变但改变 IRBC 模型内部结构，由于 IRBC 模型忽视了国际分工作为国际贸易产生的基本前提（Kose 和 Yi，2001），因此，Burstein et al.（2008）构建了具有外生垂直生产结构的 IRBC 模型，而 Arkolakis 和 Ramanarayanan（2009）和 Juvenal 和 Monteiro（2017）则分别基于 Eaton 和 Kortum（2002）的生产异质性模型构建了具有内生垂直专业化的 IR-BC 模型。第三个是改变 IRBC 模型内部结构的同时设定多国情形，如 Johnson（2012）在标准 IRBC 模型的框架下构建了一个包含垂直生产结构且具有投入产出关联的多国多行业 IRBC 模型。

理论模拟辅之以实证研究旨在首先通过现实数据的实证分析总结得出经验事实，然后对该经验事实构建相应的经济模型来加以印证，换言之，就是纯实证研究与纯理论模拟研究的综合。如 Liao 和 Santacreu（2015）首先通过实证研究得出贸易边际影响经济周期联动性的经验事实，之后基于 Ghironi 和 Melitz（2005）和 Alessandria 和 Choi（2007）的理论模型构建异质性企业两国模型对经验事实进行理论模拟分析。此外，Kose 和 Yi（2003）也是首先通过实证研究得出传统贸易对国际经济周期联动性影响的经验事实，之后构建三国的 IRBC 模型进行理论研究。

纵观上述三种研究方式可知，纯理论模拟研究均是对已有纯实证结论的理论揭示，可见理论研究并未跟上实证研究步伐[①]。而理论模拟辅之以实证研究则是对某一经济周期传导渠道的全面解析，实证与理论并行，前后对应，结论统一，值得后续研究的借鉴和效仿。因此，本书将采用理论模拟辅之以实证研究的方式探讨增加值贸易对国际经济周期联动性的影响。

---

① 因为实证研究已经验证了许多国际经济周期传导渠道，如对外投资、产业结构和货币政策一体化等，但理论研究涉及较少，主要集中于贸易渠道。

二、现有研究留白与本书进路

综合以上部分的文献综合评述，本书认为存在以下几点研究留白：

第一，以往研究对传统贸易影响国际经济周期联动的结论并未达成一致。如部分学者认为传统贸易对经济周期的联动性具有显著且稳健的正向影响效应（Frankel 和 Rose，1998；Anderson et al.，1999；Clark 和 van Wincoop，2001；Cerqueira 和 Martins，2009；等），但也有研究表明传统贸易对经济周期联动性存在影响但不稳健（Canova 和 Della，1993；Ng，2010；等），或者是直接无显著影响（Fidrmuc，2004；Duval et al.，2016），甚至还会产生反向抑制作用（Ng，2010）。因此，对于传统贸易影响国际经济周期联动的真实效应仍存在再研究空白。

第二，针对众多贸易传导渠道仍未给出真正影响国际经济周期联动性的核心贸易渠道。虽然已有众多研究证实了多种国际经济周期的贸易传导渠道，如传统贸易传导渠道（Frankel 和 Rose，1998；等）、产业内贸易传导渠道（Gruben et al.，2002；等）、扩展边际传导渠道（Liao 和 Santacreu，2015；等）以及增加值贸易传导渠道（Duval et al.，2016），但何种渠道才具有真正的核心传导作用并未得到理论和实证的证明，意味着这些贸易传导渠道的重要性研究仍留有空白。

第三，纵观现有理论研究国际经济周期传导的贸易渠道，均未在模型中区分传统贸易和增加值贸易，两者概念混为一谈。无论是基础的 IRBC 模型还是后续扩展的开放经济动态模型，如垂直生产结构的 IRBC 模型（Burstein et al.，2008；Arkolakis 和 Ramanarayanan，2009；等）以及进入与退出结构的 IRBC 模型（Liao 和 Santacreu，2015）等，模型中依据模型设定的资本和劳动作为生产要素生产商品，那么出口则是增加值出口，但现实数据采用传统出口数据，导致理论模拟结果错误匹配现实数据，造成模型对现实解释力的错判。因此，如何构建区分传统贸易和增加值贸易的理论模型解释国际经济周期联动的贸易传导渠道存在一处研究留白。

第三章　增加值贸易与国际经济
周期联动的现状描述

第一节　世界总体贸易发展特征描述

自 20 世纪中叶以来，经济全球化的浪潮在交通和通讯这两种不同"互联"技术的驱动下一路高歌猛进（Baldwin，2012），形成了国际分工格局从产业间分工到产业内分工再到全球价值链分工的重大转型（Hummels et al.，1998），全球贸易从 20 世纪简单的商品跨境升级至以垂直关联式贸易为主的 21 世纪新型贸易方式，世界贸易结构由此表现出别样的现状特征。

一、世界总进出口贸易现状描述

自 21 世纪伊始至 2014 年①，世界总出口额从 71181.9 亿美元迅速攀升至 206485.6 亿美元，增长了近 3 倍，平均年增长率达到了 8.53%，具体如表 3-1 所示。其中，2001 年和 2009 年分别出现了世界总出口额的负增长，这主要源于两起金融危机，分别是亚洲金融危机和美国金融危机。从表中的数据可知，2008 年发生的美国金融危机造成的世界出口下滑远高于 2000 年的亚洲金融危机，究其原因一方面可能是美国作为世界第一大国，其国内危机的影响力较大，另一方面很可能是世界的生产网络在 2008 年比 2000 年更紧密，导致牵一发而动全身。此外，从两次金融危机之后的出口表现来看，亚洲金融危机之后的世界总出口额增长迅速，平均年增长率达到了 14.47%，但美国金融危机之后，世界总出口额的增长率较平缓，只有 8.34%

---

① 由于计算增加值贸易需要世界投入产出表，而当前最新的世界投入产出表年份为 2000—2014 年，故而总进出口贸易数据限定于 2014 年，目的在于两种贸易在同一框架下比较。

的年增长率，尤其是 2012 年之后，世界年出口额增长率仅为 1.42%。

若是从单个国家的情况来看，也表现出同世界相似的情形，具体如图 3-1 所示。从图中可以发现，所有国家的总出口额在 2000—2014 年期间均呈现向上增长的趋势，且趋势明显，但其中也出现了两次短暂的下滑。其中因亚洲金融危机引起的出口下滑导致亚洲国家，如日本和韩国，出口额下降明显高于非亚洲国家，然并未对德国造成出口的负增长。但是，第二次所有国家均下滑，表明第二次危机牵涉较广。除此之外，从折线图的趋势可以发现，国家之间出口额呈现较强的相关性，间接地凸显了世界经济全球化的特征。

表 3-1　2000—2014 年世界总出口额及出口增长率概况

年份	出口额	增长率	年份	出口额	增长率
2000	71181.90		2008	176505.37	13.79%
2001	68932.04	-3.16%	2009	140402.34	-20.45%
2002	72188.44	4.72%	2010	167611.98	19.38%
2003	83906.44	16.23%	2011	197952.38	18.10%
2004	101656.93	21.16%	2012	198343.15	0.20%
2005	115044.95	13.17%	2013	202996.08	2.35%
2006	132375.38	15.06%	2014	206485.63	1.72%
2007	155115.01	17.18%	平均增长率		8.53%

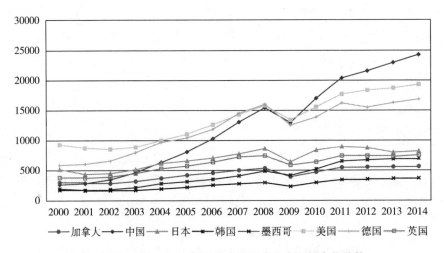

图 3-1　2000—2014 年世界主要国家总出口额变化趋势

二、世界中间品与最终品的进出口贸易现状描述

世界贸易可以分为两大类，分别是中间品贸易和最终品贸易。其中，中间品贸易是随经济全球化的深入发展而逐渐壮大，是国际分工深化、生产要素重新配置以及生产国际化的产物。由表 3 - 2 数据可知，从 21 世纪伊始至 2014 年，中间品贸易也受到两次金融危机的影响出现负增长，但仍以 9.26% 的年平均增长率增长，且高于世界总出口贸易的平均增长率 8.53%，意味着中间品贸易拉动世界贸易的增长。

表 3 - 2　2000—2014 年世界中间品贸易及其增长率概况

年份	出口额	增长率	年份	出口额	增长率
2000	42511.38		2008	112544.78	16.39%
2001	40716.76	-4.22%	2009	87840.93	-21.95%
2002	42674.01	4.81%	2010	106337.14	21.06%
2003	50129.66	17.47%	2011	127623.53	20.02%
2004	61490.26	22.66%	2012	128347.08	0.57%
2005	70491.18	14.64%	2013	132209.70	3.01%
2006	81883.75	16.16%	2014	133385.78	0.89%
2007	96692.56	18.09%	平均增长率		9.26%

然而，最终品贸易是指最终消费品的跨国贸易，即是传统国际贸易理论所描述的最终产品贸易。由表 3 - 3 数据可知，世界最终品贸易在 2000—2014 年之间以 7.38% 的年平均增长率增长，虽然期间出现了三次负增长，但不影响最终品贸易的整体增长趋势。与中间品贸易不同的是，最终品贸易的年平均增长率低于世界总贸易，意味着最终品贸易对世界贸易的增长贡献不足。

表 3 - 3　2000—2014 年世界最终品贸易及其增长率概况

年份	出口额	增长率	年份	出口额	增长率
2000	28670.51747		2008	63960.58819	9.48%
2001	28215.2824	-1.59%	2009	52561.40913	-17.82%

续　表

年份	出口额	增长率	年份	出口额	增长率
2002	29514.43148	4.60%	2010	61274.841	16.58%
2003	33776.77909	14.44%	2011	70328.84381	14.78%
2004	40166.66952	18.92%	2012	69996.07102	− 0.47%
2005	44553.76901	10.92%	2013	70786.37689	1.13%
2006	50491.63015	13.33%	2014	73099.84881	3.27%
2007	58422.45072	15.71%	平均增长率		7.38%

通过比较 2000—2014 年间的中间品贸易和最终品贸易占总贸易的比重可以发现，如图 3 – 2 所示，首先，中间品贸易占总贸易的比重大于 50%，且年平均比重为 62.15%，高于最终品贸易所占的平均比重 37.85%，意味着世界平均中间品贸易额约是最终品贸易额的 1.5 倍；然后，从每年的变动趋势可以发现，中间品贸易占比逐年上升，而最终品贸易占比逐年下降，意味着全球生产共享网络在进一步深入，经济全球化的特征仍在继续。

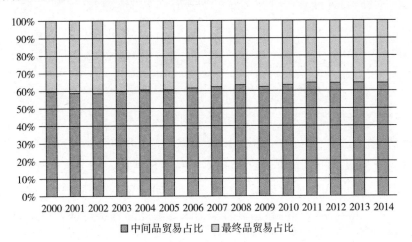

图 3 – 2　2000—2014 年中间品与最终品占比统计

当针对各国的中间品出口变化趋势可以发现，美国是世界上出口中间品最多的国家，而中国是中间品出口增长速度最快的国家，于 2010 年超越德国成为世界第二大中间品出口国，至 2014 年已经接近美国的中间品出口量，意味着中国已经充分地融入了全球价值链分工。虽然其余国家的中间品出口增长趋势相对平滑，但总体也呈现出稳步的增长过程，同样表明全球价值链分工模式仍在进一步深化，各主要贸易国均已呈现不同程度的融入情况。

当针对各国的最终品出口变化趋势可以发现，中国分别于2004年、2005年超越美国和德国成为世界第一大最终品出口国，实至名归地成为"世界工厂"，给世界提供最终消费品，意味着中国逐渐成为全球价值链分工的最后环节。此外，其他主要贸易国也表现出不同程度的最终品出口增长情况，世界最终品出口稳步增长。

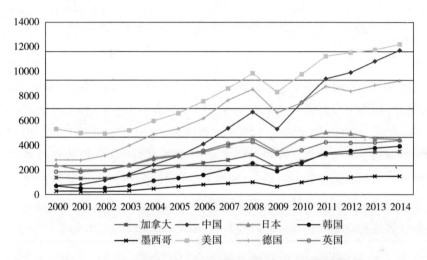

图3-3　2000—2014年世界主要贸易国中间品贸易变化趋势

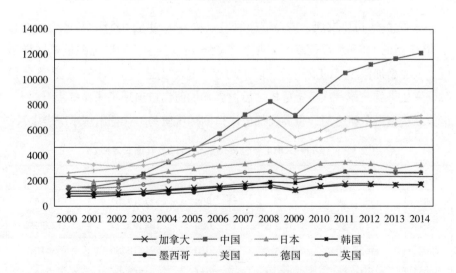

图3-4　2000—2014年世界主要贸易国最终品贸易变化趋势

但是，不管是中间品贸易还是最终品贸易，世界主要贸易国在21世纪初的亚洲金融危机和2008年的美国金融危机均共同地表现出出口下降的趋势，尤其是2008年的美国金融危机，世界主要贸易国的中间品和最终品出口出现了显著的共同下降，美国的经济周期波动显著地传导至世界各主要贸易国，从而也间接地表明世界经济一体化基本达成，经济体之间通过中间品贸易和最终品贸易实现了同舟共济。

第二节　世界增加值贸易发展特征描述

国际分工新格局在21世纪迎来重大转型，以全球价值链为依托的分工模式已经成为世界经济一体化的新常态（Baldwin 和 Lopez – Gonzalez，2015；Mattoo et al.，2013）。这种分工模式跨越国界，将生产过程碎片化，形成多国生产网络，导致中间品在价值链上来回穿越多个国家，造成传统总贸易的统计误差（Johnson 和 Noguera，2012）。然以增加值出口衡量的价值链贸易就能避免传统贸易在统计上存在的重复计算问题，实现对真实世界贸易的特征描述（Johnson 和 Noguera，2012；Koopman et al.，2014）。

一、世界增加值总出口现状描述

从表3－4可以发现，世界增加值出口从2000年的53551.69亿美元增长至2014年的148545.77亿美元，增长了近3倍。其中，两次金融危机同样造成了世界增加值出口的负增长，但平均年增长率仍达到了8.06%。从各年份数据变化来看，第一次金融危机之后世界增加值出口出现了明显的上升过程，但第二次金融危机之后，世界增加值出口同传统贸易一样都出现了缓慢增长。

表3－4　2000—2014年世界增加值出口及其增长率概况

年份	出口额	增长率	年份	出口额	增长率
2000	53551.69		2008	127217.62	13.01%
2001	52143.82	－2.63%	2009	104462.27	－17.89%
2002	54658.50	4.82%	2010	121818.55	16.61%
2003	63219.66	15.66%	2011	141734.06	16.35%

年份	出口额	增长率	年份	出口额	增长率
2004	75600.72	19.58%	2012	142419.64	0.48%
2005	85042.18	12.49%	2013	145808.57	2.38%
2006	96531.22	13.51%	2014	148545.77	1.88%
2007	112576.23	16.62%	平均增长率		8.06%

　　进一步分析发现，由于各国统计上的重复计算，每一年的世界增加值出口均小于世界总出口，但两者的比值也存在着动态变化过程，如图3-5所示。首先，世界增加值出口占世界总贸易出口的比值总体呈现下降的趋势，从2000年的75.23%下降至2014年的71.94%，增加值出口占比的下降意味着重复计算占比在逐渐扩大，中间品跨越国境次数在增加，表明世界生产一体化确实在逐年深化。然后，从比值的变动路径发现，世界增加值出口的占比在两次金融危机时期反而出现了上涨，尤其是第二次美国金融危机，占比显著上涨，中间品贸易跨境次数减少，表明地区金融危机的爆发已然能够对全球生产造成显著影响，意味着自2000年以来世界经济在价值链的联结下成为经济共同体。

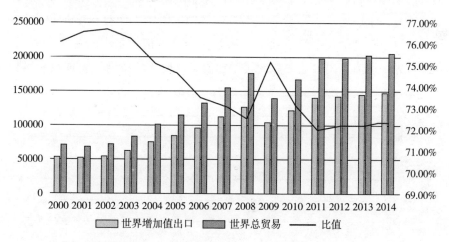

图3-5　2000—2014年世界增加值出口和世界总贸易及比值变化

　　当同样选取个别代表性国家时，如图3-6所示，可以发现代表性国家之间的增加值出口在2000至2014年期间有着同总贸易类似的增长趋势，中国、美国和德国的增加值出口已然是明显高于其他国家。

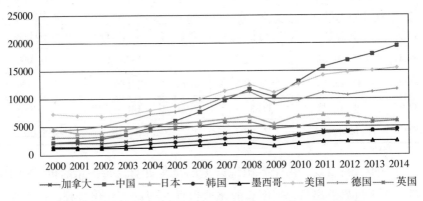

图 3 - 6 2000—2014 年世界主要贸易国增加值出口变化趋势

二、直接和间接增加值出口现状描述

全球价值链的分工模式可以形成两种增加值出口形式，分别是直接增加值出口和间接增加值出口。其中，间接增加值出口即是经由第三国到达最终目的国的增加值出口量，即 VS1（Hummels et al.，2001），而直接增加值出口则是一国的增加值出口直接到达最终目的国的增加值出口量。根据图 3 - 7 所示，从 2000 年至 2014 年期间，增加值总出口和间接增加值出口增长明显，年平均增长率分别是 8.06% 和 10.01%，而直接增加值出口增长缓慢，年平均增长率仅 4.05%，不足间接增加值增加率的一半。由此可知，世界增加值总出口主要在间接增加值出口增长的拉动下实现快速增长，

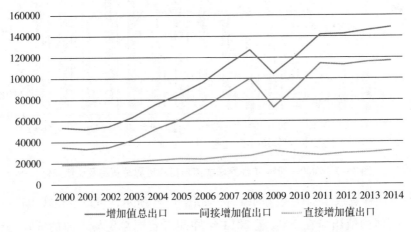

图 3 - 7 2000—2014 年直接增加值出口和间接增加值出口变化趋势

而间接增加值出口增长恰好是全球价值链网络深入世界各国的重要体现。

此外，从图 3 - 8 可以发现，间接增加值出口占总增加值出口的比重在2000 年至 2014 年期间的增长趋势明显。从 2000 年的 65.27% 逐渐增长至 2014年的 78.72%，增幅达 13.45%，意味着商品生产逐渐倾向于世界多国共同分工完成。因此，受 2008 年美国金融危机的影响，世界增加值出口出现了明显的下降趋势，表明美国的经济周期波动传导至世界各国，引起世界共同衰退。

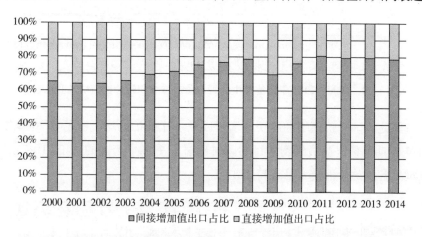

图 3 - 8　2000—2014 年直接增加值出口和间接增加值出口占比变化趋势

三、最终品的价值增加现状描述

最终品的组成部分可以分为两类，分别是国内价值增加和国外价值增加，换言之，国内价值增加与国外价值增加构成了最终品。那么，一国对最终品的消费其实就是吸收了所有参与该最终品生产的国家所创造的价值增加。从图 3 - 9 可以发现，最终品的消费在 2000 年至 2014 年期间有明显的上涨趋势，平均年增长率为 6.39%。其中，最终品中的国内价值增加增长趋势同最终品总额增长较接近，平均年增长率为 6.12%，但低于最终品总额的增长率 0.27%，而最终品中的国外价值增加增长趋势较平缓，平均年增长率为 8.69%，却高于最终品总额的增长率 2.3%。

此外，进一步从两种增加值的占比分析看，如图 3 - 10 所示，最终品中的国内价值增加占比远超国外价值增加，前者平均约是后者的 7.5 倍。但从占比变动路径来看，国外价值增加占比有上涨的趋势，从最低的 2000年 10.04% 上涨至 2014 年的 12.77%，上涨幅度 2.73 个百分点。

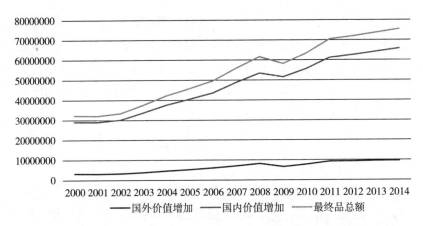

图 3 - 9 2000—2014 年最终品中的国内价值增加和国外价值增加变化趋势

因此，国外价值增加的快速增长以及占比的扩大均说明了自 2000 年至 2014 年期间最终品最终到达目的国时经过了更多生产国的加工和生产，贯穿世界各国的价值链贸易在持续扩张。

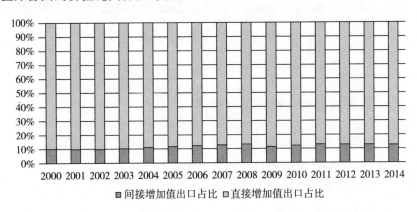

图 3 - 10 2000—2014 年最终品中的国内价值增加和国外价值增加占比情况

第三节 世界经济周期联动特征描述

自 20 世纪后半叶以来，经济全球化日益深化，世界经济融为一体，逐渐形成一种"一荣俱荣、一损俱损"的紧密关联状态。而这种状态的最直接体现就是世界各国经济周期的联动性逐渐增强，经济周期的变动越趋于一致。分别从亚洲、欧洲和美洲选取具有代表性的国家，图 3 - 11 显示了这些国家的 GDP 发展路径。除中国自 21 世纪初的高速增长外，其余国家的 GDP 发展路径明显具有很强的相似性，如 2008 年发生的美国金融危机导致这些国家(除中国外)的 GDP 同时出现了下滑，之后并一同继续增长。

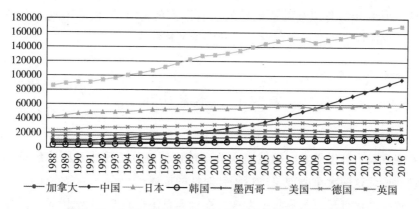

图 3 - 11　1988—2016 年世界主要贸易国家经济增长趋势

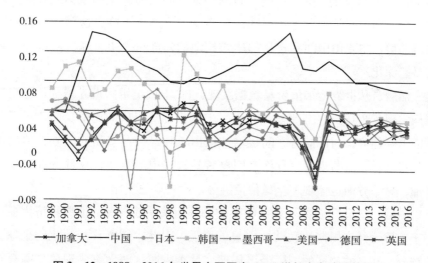

图 3 - 12　1988—2016 年世界主要国家 GDP 增长率变动趋势图

　　然后，进一步从增长率的角度看，如图 3 - 12 所示，各国经济的增长率具有显著的相关性。数据显示，在 1988 年至 2016 年近 30 年期间，这些国家平均 GDP 增长率相关系数达到了 0.31，其中经济周期联动性最强的两个国家是加拿大和英国，达到了 0.86 的相关系数，其次是美国和英国，达到了 0.85 的相关系数。若是将年份分割成三段，分别计算三个时期的相关系数发现，第一时段的平均相关系数居然是 − 0. 0381，第二时段的平均相关系数为 0. 5944，第三时段的平均相关系数则更高，为 0. 6432。从三个时段的平均相关系数可知，国家间的经济周期联动性在显著地增强，尤其是近 20 年间，世界各经济体之间联结紧密，呈现出抱团式经济增长。从图中可见，2008 年的美国金融危机导致所有国家的 GDP 增长率出现了一致下滑，已然体现了当前世界经济命运共同体的特征。

第四节 本章小结

本章就当前世界经济领域出现的全球价值链分工模式和国际经济周期联动性增强这两大重要现象进行了针对性的描述。

首先，从世界总贸易数据发现，在世界总出口自 21 世纪伊始实现年平均增长率 8. 53% 的同时，中间品贸易和最终品贸易的比例结构一直处于扩张趋势，即中间品占比逐年增加，最终品占比逐年下降，这预示着世界总出口的增长主要由中间品贸易的增长拉动的，进而表明全球价值链分工模式日趋深化。

然后，从世界增加值贸易数据发现，自 21 世纪伊始世界增加值总出口同样实现了 8. 06% 的年平均增长率，但同世界总出口的比值反而出现了显著的下降趋势，与此同时，间接增加值出口和最终消费品的国外价值增加也日趋增长，这些现象一方面表明总贸易数据中的重复计算部分在进一步增加，另一方面也体现了全球价值链分工模式日益深化。

最后，从世界主要国家的 GDP 增长率相关系数发现，世界经济周期正趋于一致，经济周期的联动性在显著增强。因此，结合日益深化的全球价值链分工和日益趋同的国际经济周期，是否表明这两大重要现象之间存在着某种关联呢？而这正是下文所要研究的问题①。

---

① 因为本书采用理论模拟辅之以实证研究的方式，所以首先利用现实数据实证回归总结增加值贸易影响国际经济周期联动的经验事实，然后对实证结果的经验事实进行理论模拟验证，最后对基准理论模拟结果进行稳健性检验。

第四章 增加值贸易影响国际经济周期联动的经验事实

基于上一章对世界经济领域出现的全球价值链分工模式和国际经济周期趋同这两大重要现象的现状描述，本章将针对上一章提出的"日益深化的全球价值链分工和日益趋同的国际经济周期是否存在某种关联"进行实证检验，同时考虑到已有研究国际经济周期的贸易传导时提出的多种传导渠道，如传统贸易以及传统贸易的分量（包括产业内贸易和产业间贸易、贸易边际等），但研究结论不一致，故而将传统贸易一并纳入实证检验，以期揭示国际经济周期贸易传导的核心渠道，进而解决当前研究结论不一现象。

根据已有文献的梳理，实证研究国际经济周期联动的影响因素主要从国家层面（Frankel 和 Rose，1998；Anderson et al.，1999；Clark 和 van Wincoop 2001；Cerqueira 和 Martins，2009；Ng，2010；Liao 和 Santacreu，2015；杨继军，2019 等）和行业层面（Gruben et al.，2002；Fidrmuc，2004；Shin 和 Wang，2004；Giovanni 和 Levchenko，2010；潘文卿等，2015；马淑琴等，2017；邵朝对等，2018；唐宜红等，2018 等）分别展开讨论，所以本书也分别从国家层面和行业层面分别实证分析增加值贸易对国际经济周期联动性的影响，一方面夯实增加值贸易影响国际经济周期联动性的经验事实，另一方面便于研究结论的横向和纵向比较。

第一节 国家层面的经验事实

一、计量模型设定

（一）基础回归模型

本书研究增加值贸易对国际经济周期联动性的影响，不仅仅是为了证明增加值贸易在国际经济周期传导过程中的重要性，也为了阐释与传统贸易在国际经济周期传导过程中的差异性，揭示国际经济周期贸易传导的核心渠道。因此，本章的每一步回归均会区分增加值贸易和传统贸易。那么，建立基础回归模型如下：

$$Corr_{ij,t} = \beta_0 + \beta_1 \cdot Trade_{ij,t} + \beta_2 \cdot Control_{ij,t} + \epsilon_{ij,t} \qquad (4-1)$$

其中，i 和 j 分别代表两个国家，$Corr_{ij,t}$ 表示 t 时刻国家 i 和国家 j 之间的产出或 GDP 相关系数，$Trade_{ij,t}$ 表示 t 时刻国家 i 和国家 j 之间的相关贸易强度，包括传统贸易强度和增加值贸易强度，$Contr_{ij,t}$ 表示 t 时刻国家 i 和国家 j 之间的相关控制变量，用于排除其他"潜变量"的影响。

(二)主体回归模型

由于第一步的基础回归并没有考虑计量回归中的内生性问题，所以回归结论需要进一步商榷。为此，在主体回归部分将采用两阶段最小二乘法解决基础回归中存在的内生性问题，以期获得可靠的结论。

首先，在 Frankel 和 Rose(1998)的估计模型基础上引入不同控制变量，同时采用不同的年限数据再次验证传统贸易对经济周期联动的影响，建立如下计量回归模型：

$$Corr_{ij,t} = \beta_0 + \beta_1 \cdot NOR\_Trade_{ij,t} + \beta_2 \cdot NOR\_Control_{ij,t} + \epsilon_{ij,t} \qquad (4-2)$$

其中，i 和 j 分别代表两个国家，$Corr_{ij}$ 表示 t 时刻国家 i 和国家 j 之间的产出或 GDP 相关系数指标，NOR_Trade_{ij} 表示 t 时刻国家 i 和国家 j 两国之间的传统贸易强度指标，NOR_Contr_{ij} 表示 t 时刻国家 i 和国家 j 两国之间基于传统贸易核算的相关控制变量，用于排除其他"潜变量"的影响。

然后，采用相同的估计方法实证回归增加值贸易对经济周期联动的影响，建立如下计量回归模型：

$$Corr_{ij,t} = \beta_0 + \beta_1 \cdot VA\_Trade_{ij,t} + \beta_2 \cdot VA\_Control_{ij,t} + \epsilon_{ij,t} \qquad (4-3)$$

其中，i 和 j 分别代表两个国家，$Corr_{ij}$ 表示 t 时刻国家 i 和国家 j 之间的产出或 GDP 相关系数指标，VA_Trade_{ij} 表示 t 时刻国家 i 和国家 j 两国之间的增加值贸易强度指标，VA_Contr_{ij} 表示 t 时刻国家 i 和国家 j 两国之间基于增加值核算的相关控制变量，用于排除其他"潜变量"的影响。

(三)检验回归模型

本部分的计量模型主要用于验证上述回归结论的稳健性，因此，无论是样本内的稳健性检验还是样本外的稳健性检验，回归模型与主体回归模型一致，但因变量与自变量不同于主体回归过程，故针对增加值贸易和传统贸易分别建立如下计量回归模型：

$$ALT\_Corr_{ij,t} = \beta_0 + \beta_1 \cdot ALT\_VA\_Trade_{ij,t} +$$
$$\beta_2 \cdot ALT\_VA\_Control_{ij,t} + \epsilon_{ij,t} \qquad (4-4)$$

$$ALT\_Corr_{ij,t} = \beta_0 + \beta_1 \cdot ALT\_NOR\_Trade_{ij,t} +$$
$$\beta_2 \cdot ALT\_NOR\_Control_{ij,t} + \epsilon_{ij,t} \qquad (4-5)$$

其中，附有 *ALT* 的变量均是该变量的另一种替代指标，用于稳健性检验。

二、变量构造

(一)经济周期联动性

关于两国经济周期联动性的测算，传统的计算方法是将该时间段的数据求相关系数，即皮尔逊相关系数，计算公式为：

$$\rho_{ij} = \frac{cov(i,j)}{\sigma_i \sigma_j} = \frac{\sum_{t=1}^{T}\left[(d_{i,t} - \bar{d}_i)(d_{j,t} - \bar{d}_j)\right]}{\sqrt{\sum_{t=1}^{T}(d_{i,t} - \bar{d}_i)^2}\sqrt{\sum_{t=1}^{T}(d_{j,t} - \bar{d}_j)^2}} \qquad (4-6)$$

其中，i 和 j 分别代表两个国家，ρ_{ij} 表示国家 i 和国家 j 在某一时间段的经济周期联动性，$cov(i,j)$ 表示国家 i 和国家 j 在某一时间段的经济周期协方差，σ_i 和 σ_j 分别表示国家 i 和国家 j 在某一时间段的经济周期标准差，$d_{i,t}$ 和 $d_{j,t}$ 分别表示国家 i 和国家 j 在 t 时刻的产出或 GDP 增长率，$\bar{d}_i$ 和 $\bar{d}_j$ 分别表示国家 i 和国家 j 在某一时间段的平均产出或 GDP 增长率。

上述计算公式表明，皮尔逊相关系数即为两个样本的协方差和标准差之商。那么，如此一来便损失了样本的时变特性，导致回归样本限制于截面数据。为此，本书采用 Cerqueira 和 Martins(2009)提出的瞬时相关系数计算方法，纳入时间因素，能够识别出单一年份各国经济活动之间的负相关关系，以及在经济剧烈波动的年份内国家之间经济周期的异步性和在经济波动稳定时期经济的同步性。首先，对皮尔逊相关系数的分子和分母同时乘以 2，即：

$$\rho_{ij} = \frac{2 \cdot \sum_{t=1}^{T} [\,(d_{i,t} - \bar{d}_i)(d_{j,t} - \bar{d}_j)\,]}{2 \cdot \sqrt{\sum_{t=1}^{T} (d_{i,t} - \bar{d}_i)^2} \sqrt{\sum_{t=1}^{T} (d_{j,t} - \bar{d}_j)^2}} \qquad (4-7)$$

然后，对求和公式稍作修改，可得：

$$\rho_{ij} = \frac{1}{2}\left(2 - \sum_{t=1}^{T}\left(\frac{(d_{j,t} - \bar{d}_j)}{\sqrt{\sum_{t=1}^{T}(d_{j,t} - \bar{d}_j)^2}} - \frac{(d_{i,t} - \bar{d}_i)}{\sqrt{\sum_{t=1}^{T}(d_{i,t} - \bar{d}_i)^2}}\right)\right) (4-8)$$

之后，同时乘以 T 并除以 T，可推得：

$$\rho_{ij} = \frac{1}{T}\sum_{t=1}^{T}\left(1 - \frac{1}{2}\left(\frac{(d_{j,t} - \bar{d}_j)}{\sqrt{\frac{1}{T}\sum_{t=1}^{T}(d_{j,t} - \bar{d}_j)^2}} - \frac{(d_{i,t} - \bar{d}_i)}{\sqrt{\frac{1}{T}\sum_{t=1}^{T}(d_{i,t} - \bar{d}_i)^2}}\right)^2\right)$$

$$(4-9)$$

最后，根据 $\rho_{ij} = \sum_{t=1}^{T}\frac{\rho_{ij,t}}{T}$，可得最终的国家瞬时相关系数的计算公式为：

$$\rho_{ij,t} = 1 - \frac{1}{2}\left(\frac{(d_{j,t} - \bar{d}_j)}{\sqrt{\frac{1}{T}\sum_{t=1}^{T}(d_{j,t} - \bar{d}_j)^2}} - \frac{(d_{i,t} - \bar{d}_i)}{\sqrt{\frac{1}{T}\sum_{t=1}^{T}(d_{i,t} - \bar{d}_i)^2}}\right)$$

$$(4-10)$$

其中，$\rho_{ij,t}$ 表示样本 i 和样本 j 在 t 时刻的瞬时相关系数，T 表示样本总期数，$d_{i,t}$ 和 $d_{j,t}$ 分别表示样本 i 和样本 j 在 t 时刻的增长率，$\bar{d}_i$ 和 $\bar{d}_j$ 分别表示样本 i 和样本 j 在某一时间段的平均增长率。

因此，借用瞬时相关系数计算公式，本章分别采用 GDP 联动性和产出联动性指标作为计量回归的被解释变量，其中，GDP 联动性作为主体回归的被解释变量，而产出联动性则是用于稳健性检验的被解释变量。两者的具体计算公式如下：

$$GDP\_Corr_{ij,t} = 1 - \frac{1}{2}\left(\frac{(GDP_{j,t} - \overline{GDP}_j)}{\sqrt{\frac{1}{T}\sum_{t=1}^{T}(GDP_{j,t} - \overline{GDP}_j)^2}} - \frac{(GDP_{i,t} - \overline{GDP}_i)}{\sqrt{\frac{1}{T}\sum_{t=1}^{T}(GDP_{i,t} - \overline{GDP}_i)^2}}\right)$$

$$(4-11)$$

$$GDP\_Corr_{ij,t} = 1 - \frac{1}{2}\left(\frac{(GO_{j,t} - \overline{GO}_j)}{\sqrt{\dfrac{1}{T}\displaystyle\sum_{t=1}^{T}(GO_{j,t} - \overline{GO}_j)^2}} - \frac{(GO_{i,t} - \overline{GO}_i)}{\sqrt{\dfrac{1}{T}\displaystyle\sum_{t=1}^{T}(GO_{i,t} - \overline{GO}_i)^2}} \right)$$

$$(4-12)$$

其中，$GDP\_Corr_{ij,t}$ 和 $GDP\_Corr_{ij,t}$ 分别表示 i 国和 j 国在 t 时刻的 GDP 和总产出瞬时相关系数，T 表示两国经济周期的时长，$GDP_{i,t}$ 和 $GDP_{j,t}$ 分别表示 i 国和 j 国在 t 时刻的 GDP 增长率，$\overline{GDP}_i$ 和 $\overline{GDP}_j$ 分别表示 i 国和 j 国的平均 GDP 增长率，$GO_{i,t}$ 和 $GO_{j,t}$ 分别表示 i 国和 j 国在 t 时刻的总产出增长率，$\overline{GO}_i$ 和 $\overline{GO}_j$ 分别表示 i 国和 j 国的平均总产出增长率。

瞬时相关系数的应用，不仅可以将样本扩展至面板数据，引入时变因素，同时也对应了本书后续的动态理论研究。

(二)增加值贸易强度

本书将增加值贸易的概念界定为国家 i(或国家 i 的 c 行业)创造的价值增加通过出口最终被国家 j 吸收的量，所以本书将采用 Johnson 和 Noguera (2012)提出的增加值出口测算方法。Johnson 和 Noguera(2012)最早提出将增加值吸收作为衡量两国贸易，并认为用一国吸收另一国增加值来衡量两国之间的贸易可以避免因为中间品的存在导致进出口贸易因重复计算而过于夸大带来的统计误差。

假定世界上存在 N 个国家，并且每个国家均有 S 个行业，那么在全球投入产出框架下，满足如下关系式：

$$\begin{bmatrix} y_1^1 \\ \vdots \\ y_1^S \\ \vdots \\ y_N^1 \\ \vdots \\ y_N^S \end{bmatrix} = \begin{bmatrix} a_{11}^{11} & \cdots & a_{11}^{1S} & \cdots & a_{1N}^{11} & \cdots & a_{1N}^{1S} \\ \vdots & \ddots & \vdots & \cdots & \vdots & \ddots & \vdots \\ a_{11}^{S1} & \cdots & a_{11}^{SS} & \cdots & a_{1N}^{S1} & \cdots & a_{1N}^{SS} \\ \vdots & & \vdots & & \vdots & & \vdots \\ a_{N1}^{11} & \cdots & a_{N1}^{1S} & \cdots & a_{NN}^{11} & \cdots & a_{NN}^{1S} \\ \vdots & \ddots & \vdots & \cdots & \vdots & \ddots & \vdots \\ a_{N1}^{S1} & \cdots & a_{N1}^{SS} & \cdots & a_{NN}^{S1} & \cdots & a_{NN}^{SS} \end{bmatrix} \cdot \begin{bmatrix} y_1^1 \\ \vdots \\ y_1^S \\ \vdots \\ y_N^1 \\ \vdots \\ y_N^S \end{bmatrix} + \begin{bmatrix} \displaystyle\sum_r^N f_{1r}^1 \\ \vdots \\ \displaystyle\sum_r^N f_{1r}^S \\ \vdots \\ \displaystyle\sum_r^N f_{Nr}^1 \\ \vdots \\ \displaystyle\sum_r^N f_{Nr}^S \end{bmatrix}$$

$$(4-13)$$

其中，y_i^m 表示 i 国 m 行业的总产出，a_{ij}^{mn} 表示 j 国 n 行业生产一单位总产出需要 i 国 m 行业生产的中间品数量，即直接投入产出系数，$\sum_r f_{ir}^m$ 表示 i 国 m 行业的总产出中被用于全世界最终消费的量。

然后对上式进行移项整理后，可得：

$$\begin{bmatrix} y_1^1 \\ \vdots \\ y_1^S \\ \vdots \\ y_N^1 \\ \vdots \\ y_N^S \end{bmatrix} = \begin{bmatrix} 1-a_{11}^{11} & \cdots & -a_{11}^{1S} & \cdots & -a_{1N}^{11} & \cdots & -a_{1N}^{1S} \\ \vdots & \ddots & \vdots & \cdots & \vdots & \ddots & \vdots \\ -a_{11}^{S1} & \cdots & 1-a_{11}^{SS} & \cdots & -a_{1N}^{S1} & \cdots & -a_{1N}^{SS} \\ \vdots & \vdots & \vdots & \ddots & \vdots & \vdots & \vdots \\ -a_{N1}^{11} & \cdots & -a_{N1}^{1S} & \cdots & 1-a_{NN}^{11} & \cdots & -a_{NN}^{1S} \\ \vdots & \ddots & \vdots & \cdots & \vdots & \ddots & \vdots \\ -a_{N1}^{S1} & \cdots & -a_{N1}^{SS} & \cdots & -a_{NN}^{S1} & \cdots & 1-a_{NN}^{SS} \end{bmatrix} \cdot \begin{bmatrix} \sum_r f_{1r}^1 \\ \vdots \\ \sum_r f_{1r}^S \\ \vdots \\ \sum_r f_{Nr}^1 \\ \vdots \\ \sum_r f_{Nr}^S \end{bmatrix} = $$

$$\begin{bmatrix} b_{11}^{11} & \cdots & b_{11}^{1S} & \cdots & b_{1N}^{11} & \cdots & b_{1N}^{1S} \\ \vdots & \ddots & \vdots & \cdots & \vdots & \ddots & \vdots \\ b_{11}^{S1} & \cdots & b_{11}^{SS} & \cdots & b_{1N}^{S1} & \cdots & b_{1N}^{SS} \\ \vdots & \vdots & \vdots & \cdot & \vdots & \vdots & \vdots \\ b_{N1}^{11} & \cdots & b_{N1}^{1S} & \cdots & b_{NN}^{11} & \cdots & b_{NN}^{1S} \\ \vdots & \ddots & \vdots & \cdots & \vdots & \ddots & \vdots \\ b_{N1}^{S1} & \cdots & b_{N1}^{SS} & \cdots & b_{NN}^{S1} & \cdots & b_{NN}^{SS} \end{bmatrix} \cdot \begin{bmatrix} \sum_r^N f_{1r}^1 \\ \vdots \\ \sum_r^N f_{1r}^S \\ \vdots \\ \sum_r^N f_{Nr}^1 \\ \vdots \\ \sum_r^N f_{Nr}^S \end{bmatrix} \qquad (4-14)$$

其中，矩阵 **B** 即为里昂惕夫逆矩阵，每一个元素 b_{ij}^{mn} 表示 j 国 n 行业额外生产一单位最终消费品所引致的 i 国 m 行业总产出的量。

之后，计算每个国家每个行业的直接价值增加系数，系数向量为：

$$V = \begin{bmatrix} v_1^1 \\ \vdots \\ v_1^S \\ \vdots \\ v_N^1 \\ \vdots \\ v_N^S \end{bmatrix} \tag{4-15}$$

其中，$v_i^m = \dfrac{va_i^m}{y_i^m}$，表示 i 国 m 行业的价值增加占总产出的比例。

最后，结合上述两个式子可得世界增加值出口至 j 国的表达式为：

$$\begin{bmatrix} va\_ex_{1j}^1 \\ \vdots \\ va\_ex_{1j}^S \\ \vdots \\ va\_ex_{Nj}^1 \\ \vdots \\ va\_ex_{Nj}^S \end{bmatrix} = diag(V) \cdot \boldsymbol{B} \cdot \begin{bmatrix} f_{1j}^1 \\ \vdots \\ f_{1j}^S \\ \vdots \\ f_{Nj}^1 \\ \vdots \\ f_{Nj}^S \end{bmatrix} \tag{4-16}$$

其中，向量 **VA_EX** 表示 i 国 m 行业出口至 j 国的增加值总量，那么 $\sum_c^S va\_ex_{ij}^m$ 即为 i 国出口至 j 国的增加值总量。

那么，最终 i 国和 j 国的双边增加值贸易强度表示为：

$$VA\_GDP_{ij,t} = ln \frac{\sum_c^S va\_ex_{ij,t}^m + \sum_d^S va\_ex_{ji,t}^n}{GDP_{i,t} + GDP_{j,t}} \tag{4-17}$$

其中，$VA\_GDP_{ij,t}$ 就是 i 国和 j 国在 t 时刻的双边增加值贸易强度，即对双边增加值出口额之和用两国 GDP 之和进行标准化处理。

同时考虑到样本内的稳健性检验需要，设定另一种双边增加值贸易强度的表达式：

$$VA\_GO_{ij,t} = ln \frac{\sum_c^S va\_ex_{ij,t}^m + \sum_d^S va\_ex_{ji,t}^n}{Gross\_Output_{i,t} + Gross\_Output_{j,t}} \tag{4-18}$$

其中，$VA\_GO_{ij,t}$ 也是 i 国和 j 国在 t 时刻的双边增加值贸易强度，但采用两国总产出之和进行标准化处理，用于样本内稳健性检验。

(三)传统贸易强度

本书将传统贸易界定为国家 i(或国家 i 的 m 行业)出口至国家 j 的总出口贸易额。那么，i 国和 j 国的双边增加值贸易强度可以表示为：

$$TI\_GDP_{ij,t} = ln \frac{\sum\limits_{c}^{S} ex_{ij,t}^{m} + \sum\limits_{d}^{S} ex_{ji,t}^{n}}{GDP_{i,t} + GDP_{j,t}} \qquad (4-19)$$

其中，TI_GDP_{ij} 就是 i 国和 j 国在 t 时刻的双边传统贸易强度，即双边出口贸易额之和用两国 GDP 之和进行标准化处理，$ex_{ij,t}^{m}$ 表示 i 国 m 行业在 t 时刻出口至 j 国的贸易额，$ex_{ji,t}^{n}$ 表示 j 国的 n 行业在 t 时刻出口至 i 国的贸易额，$\sum\limits_{c}^{S} ex_{ij,t}^{m}$ 和 $\sum\limits_{d}^{S} ex_{ji,t}^{n}$ 分别表示 i 国在 t 时刻出口至 j 国的总贸易额和 j 国出口至 i 国的总贸易额。

同时也设定用于稳健性检验的双边传统贸易强度表达式，即：

$$TI\_GO_{ij,t} = ln \frac{\sum\limits_{c}^{S} ex_{ij,t}^{m} + \sum\limits_{d}^{S} ex_{ji,t}^{n}}{Gross\_Output_{i,t} + Gross\_Output_{j,t}} \qquad (4-20)$$

其中，$TI\_GO_{ij,t}$ 就是采用两国总产出之和进行标准化处理的另一种双边传统贸易强度，用于样本内的稳健性检验。

(四)控制变量

1. 相对平均价值链位置

本书对平均价值链位置的界定引用 Escaith 和 Inomata(2016)的定义，即一国在全球生产网络中的相对位置。通常认为一国(或行业)的前向关联越长，那么该国(或行业)受到外部冲击进而影响最终需求的距离也就越长，同时，一国(或行业)的后向关联越长，那么该国(或行业)受到外部冲击进而影响初始要素投入的距离也就越长。也就是说，如果一个国家(或行业)位于相对的上游，那么该国家(或行业)的前向关联将相对的较长，而其后向关联相对的较短。因此，假使两个国家均处于相对的上游，抑或是均处于相对的下游，那么在受到国际经济冲击时由于前后关联距离较短就会表现出很强的经济周期联动性，反之则表现出较弱的经济周期联动性。借鉴 Escaith 和 Inomata（2016）对平均价值链位置的计算方法，本书将两两行业间的相对平均价值链位置设定为：

$$Re\_Se\_Pos_{ij,t}^{mn} = \left| Se\_Pos_{i,t}^{m} - Se\_Pos_{j,t}^{n} \right| \qquad (4-21)$$

其中，$Se\_Pos_{i,t}^{m}$ 和 $Se\_Pos_{j,t}^{n}$ 分别表示 i 国 m 行业和 j 国 n 行业在 t 时刻处于全球生产网络中的相对位置，它们均由基于平均传导长度的前向行业关联和后向行业关联的比值得到，矩阵形式的表示如下：

$$Se\_Pos = \frac{APL\_FL}{APL\_BL'} = \frac{\left\{\left[\dfrac{B(B-I)}{B-I}\#Z\right]\mu'\right\} / (Z\mu')}{\left\{\mu\left[\dfrac{B(B-I)}{B-I}\#Z\right]\right\} / (\mu Z)} \qquad (4-22)$$

其中，$Se\_Pos = \begin{bmatrix} Se\_Pos_{1,t}^{1} & \cdots & Se\_Pos_{1,t}^{S} & \cdots & Se\_Pos_{G,t}^{1} & \cdots \\ Se\_Pos_{G,t}^{S} \end{bmatrix}'$ 表示在 t 时刻世界各国各行业基于平均传导长度测算的价值链位置，是一个 $GS \times 1$ 的矩阵，APL_FL 和 APL_BL 分别表示在 t 时刻世界各国各行业基于平均传导长度测算的前向关联和后向关联，分别是 $GS \times 1$ 和 $1 \times GS$ 的矩阵，B 是 $GS \times GS$ 的世界投入产出框架的里昂惕夫逆矩阵，I 是 $GS \times GS$ 的单位矩阵，μ 是 $1 \times N$ 的单位向量，Z 是 $GS \times GS$ 的世界中间品贸易流矩阵。

那么，基于两两行业间的相对平均价值链位置本书提出两两国家间的相对平均价值链位置计算公式：

$$Re\_Co\_Pos_{ij,t} = \left| Co\_Pos_{i,t} - Co\_Pos_{j,t} \right| \qquad (4-23)$$

其中，$Co\_Pos_{i,t}$ 和 $Co\_Pos_{j,t}$ 分别表示国家 i 和国家 j 在 t 时刻处于全球生产网络中的相对位置。结合行业的价值链位置计算结果，世界各国的价值链位置可以由矩阵 $Co\_Pos = \begin{bmatrix} Co\_Pos_{1,t} & \cdots & Co\_Pos_{G,t} \end{bmatrix}'$ 表示，其中的每个元素即为一国 S 个行业的价值链位置均值，那么，世界各国的价值链位置矩阵可以表示为：

$$Co\_Pos = \left[\frac{1}{S}\sum_{m}^{S} Se\_Pos_{1,t}^{m} \quad \cdots \quad \frac{1}{S}\sum_{m}^{S} Se\_Pos_{G,t}^{m} \right]' \qquad (4-24)$$

2. 生产结构相似度

借鉴 Imbs（2004）提出的行业专业化相似度概念，本书将生产结构相似度界定为两国相同行业的价值增加各占其国内 GDP 的份额之差。通常认为,如果两国国内的生产结构很相似,那么在受到共同的国际经济冲击时就会表现出很相似的经济周期变化特征,进而具有较强的周期联动性。因此,设定国家生产结构相似度指标计算公式如下:

$$SIS_{ij,t} = - \sum_r^s |S_{i,t}^r - S_{j,t}^r| \qquad (4-25)$$

其中,$S_{i,t}^r$ 和 $S_{j,t}^r$ 分别表示 i 国的 r 行业和 j 国的 r 行业在 t 时刻创造的增加值占各自国内 GDP 的份额,绝对值求和乘上(-1)表示将绝对值求和转换成相似度指标。

同时,用于稳健性检验的行业生产结构相似度指标计算可以表示为:

$$SIS_{ij,t}^r = - |S_{i,t}^r - S_{j,t}^r| \qquad (4-26)$$

3. 双边行业内贸易强度

据现有理论表明,当存在特定行业冲击时,如果行业内贸易的份额较大,那么较高的 GDP 增长率联动性势必伴随着较大的双边贸易量(Duval et. al,2015)。该理论结论已经得到了 Imbs(2004)和 Inklaar et. al(2008)的实际数据证实,但缺少一定的稳健性(Baxter 和 Kouparitsas,2005;NG,2010)。同时,纵观已有文献,大多数双边行业内贸易强度指标均采用传统贸易数据,如 Imbs(2004)、Baxter 和 Kouparitsas(2005)、Inklaar et. al(2008)和 NG(2010)等,而 Duval et. al(2016)则采用增加值贸易数据构建行业内贸易 Grubel & Lloyd 指标,但实证结果显示也缺少稳健性。综合以上研究现状,考虑到本书分别对两种贸易进行区分回归,所以将采用上述两种不同的行业内贸易 Grubel & Lloyd 指标来测算双边行业内贸易强度。其一是标准的 Grubel & Lloyd 指标,即行业出口均用传统贸易来衡量,具体表达式如下:

$$Nor\_IIT_{ij,t} = 1 - \frac{\sum_r^s |Nor\_Ex_{ij,t}^r - Nor\_Ex_{ji,t}^r|}{\sum_r^s (Nor\_Ex_{ij,t}^r + Nor\_Ex_{ji,t}^r)} \qquad (4-27)$$

其中,$Nor\_Ex_{ij,t}^r$ 表示 i 国 r 行业在 t 时刻出口至 j 国的传统贸易额,$Nor\_Ex_{ji,t}^r$ 表示 j 国 r 行业在 t 时刻出口至 i 国的传统贸易额。

其二是基于增加值贸易的 Grubel - Lloyd 指标(Duval et. al,2016),即行业出口均用增加值贸易来衡量,具体表达式如下:

$$VA\_IIT_{ij,t} = 1 - \frac{\sum_{r}^{s} |VA\_Ex_{ij,t}^{r} - VA\_Ex_{ji,t}^{r}|}{\sum_{r}^{s} (VA\_Ex_{ij,t}^{r} + VA\_Ex_{ji,t}^{r})} \qquad (4-28)$$

其中，$VA\_Ex_{ij,t}^{r}$ 表示 i 国 r 行业在 t 时刻出口至 j 国的国内价值增加，$VA\_Ex_{ji,t}^{r}$ 表示 j 国 r 行业在 t 时刻出口至 i 国的国内价值增加。

上述指标的构建，不管是基于传统贸易的 Grubel – Lloyd 指标还是基于增加值贸易的 Grubel – Lloyd 指标，较高的值均意味着行业内贸易相对于行业间贸易具有较高的份额。

（五）工具变量

世界各国经济周期的联动可能不仅仅受到双边贸易的影响，也可能受到其他忽略或未被观察且同贸易相关的变量驱使，抑或是较高的经济周期联动性与贸易多少存在一定的互为因果关系，从而引起回归过程中的内生性问题。故，本书在估计传统贸易或增加值贸易对经济周期联动性影响的回归过程中引入工具变量，试图解决因内生性问题导致的回归结果不准确。

引力变量：本书采用的第一个工具变量是参照 Frankel 和 Rose（1998）在回归过程中所使用的工具变量，之后包括 Kose 和 Yi（2005）等学者在研究相关问题时也采用相同的引力变量作为工具变量使用，用于解决对应的内生性问题。引力变量通常指代共同边界、共同语言以及地理距离。因此，共同边界和共同语言均是以哑变量的形式引入回归过程中，即如若两国存在边界交接，那么哑变量共同边界取值为 1，否则取值为 0；如若两国使用相同的语言，那么哑变量共同语言取值为 1，否则取值为 0。至于两国的地理距离，通常选取两国首都或经济中心的地理距离并对其取对数，而本书选取的是两国首都的直线地理距离作为地理距离工具变量。

双边贸易开放度：本书同时选取双边贸易开放度作为稳健性检验的工具变量。贸易开放度就是一国对外进行贸易的开放程度，用进出口贸易流总量与该国的 GDP 之比来衡量。那么，在一对对的国家对中，双边贸易强度就会受约束于其中一国较低的贸易开放度，也就是说双边贸易强度与其中一国的较低贸易开放度具有很强的相关性，但一国的贸易开放度无法直接影响两国经济周期的联动性，仅能通过双边贸易强度来影响。因此，双边贸易开放度适合用作本研究的工具变量。因为本书区分传统贸易和增加值贸易，所以对应的双边贸易开放度工具变量同样区分传统贸易和增加值贸易，故传统贸易形式的双边贸易开放度表达式如下：

$$Nor\_Open_{ij} = min\left[\frac{Nor\_ex_i + Nor\_im_i}{GDP_i}, \frac{Nor\_ex_j + Nor\_im_j}{GDP_j}\right] \quad (4-29)$$

其中，Nor_ex_i 和 Nor_im_i 分别表示 i 国的传统贸易总出口和总进口，Nor_ex_j 和 Nor_im_j 分别表示 j 国的传统贸易总出口和总进口。

增加值贸易形式的双边贸易开放度表达式如下：

$$VA\_Open_{ij} = min\left[\frac{VA\_ex_i + VA\_im_i}{GDP_i}, \frac{VA\_ex_j + VA\_im_j}{GDP_j}\right] \quad (4-30)$$

其中，VA_ex_i 和 VA_im_i 分别表示 i 国的增加值贸易总出口和总进口，VA_ex_j 和 VA_im_j 分别表示 j 国的增加值贸易总出口和总进口。

此外，用于稳健性检验的行业层面双边贸易开放度表达式分别是：

$$Nor\_Open_{ij}^{mn} = min\left[\frac{Nor\_ex_i^m + Nor\_im_i^m}{GDP_i^m}, \frac{Nor\_ex_j^n + Nor\_im_j^n}{GDP_j^n}\right]$$

$$(4-31)$$

其中，$Nor\_ex_i^m$ 和 $Nor\_im_i^m$ 分别表示 i 国 m 行业的传统贸易总出口和总进口，$Nor\_ex_j^n$ 和 $Nor\_im_j^n$ 分别表示 j 国 n 行业的传统贸易总出口和总进口。

$$VA\_Open_{ij}^{mn} = min\left[\frac{VA\_ex_i^m + VA\_im_i^m}{GDP_i^m}, \frac{VA\_ex_j^n + VA\_im_j^n}{GDP_j^n}\right] \quad (4-32)$$

其中，$VA\_ex_i^m$ 和 $VA\_im_i^m$ 分别表示 i 国 m 行业的增加值贸易总出口和总进口，$VA\_ex_j^n$ 和 $VA\_im_j^n$ 分别表示 j 国 n 行业的增加值贸易总出口和总进口。

三、数据来源及说明

本章实证计量所用的数据来自欧盟提供的世界投入产出数据库（WIOD），包括2013版和2016版两个版本，以及 CEPII 数据中心的世界地理数据库。其中，2013版世界投入产出数据库年限跨度从1995年至2011年，包含27个欧盟国家和13个世界主要经济体（2017年约占世界 GDP 的72%），如美国、日本、中国等，以及一个综合其余国家的样本国，其中发达国家 28 个、发展中国家 12 个[①]（包括中国、巴西、印度和俄罗斯四个新兴经济体）。样本数据涵盖 35 个行业，包括 1 个农业部门、16 个制造业部门以及 18 个生产性服务业。那么，相对于 2013 版的世界投入产出数据库，2016 版的世界投入产出数据库对整体数据进行了更新，虽然起始年份从 1995 年缩减至 2000 年，以及年限跨度从原先的 17 年缩减至 15 年，但截止年份从 2011 年更新至 2014 年，而且国家和行业数量均有所增加，比如新增国家 3 个，新增行业 21 个，达到了 44 个国家（包含一个剩余国家加总）56 个行业的世界投入产出数据样本。因此，综合考虑之下，本书将较新的 2016 版世界投入产出数据作为本书的主要计量回归数据，其具体的样本描述性统计见表 4 - 1。

表 4 - 1　2000—2014 年世界投入产出表各变量统计性描述

变量	样本	均值	标准差	最小值	最大值
$GDPCorr$	12642	0.7112	0.5276	- 5.5118	1.0000
GDP_Corr	12642	0.6689	0.6047	- 5.2446	1.0000
$lnTI\_GO$	12642	- 7.4384	1.6840	- 14.2175	- 3.4149
$lnTI\_GDP$	12642	- 6.7355	1.6917	- 13.6933	- 2.6607
$lnVA\_GO$	12642	- 7.6166	1.4066	- 11.7298	- 4.3330
$lnVA\_GDP$	12642	- 6.9138	1.4077	- 11.1765	- 3.6988
Re_Co_Pos	12642	0.0738	0.0858	0.0000	0.4949
SIS	12642	- 0.5576	0.1537	- 1.0476	- 0.1938
Nor_IIT	12642	0.3422	0.1798	0.0013	0.9359
VA_IIT	12642	0.4863	0.1354	0.0490	0.8178
$lnDIST$	12642	7.9852	1.1092	4.0879	9.8427
$open$	12642	0.6145	0.2700	0.1906	0.9057
VA_open	12642	0.3459	0.1311	0.1182	0.8569

虽然 2013 版的世界投入产出数据相对陈旧，但也可以将其用于样本外的稳健性检验，其具体的样本描述性统计见表 4 - 2。

_____

[①]　发达国家和发展中国家分类来自 OECD。

表4-2 1995—2011年世界投入产出表各指标统计性描述

变量	样本	均值	标准差	最小值	最大值
GDPCorr	12480	0.6061	0.6935	-7.5455	1.0000
GDP_Corr	12480	0.5600	0.7608	-7.3448	1.0000
lnTI_GO	12480	-7.4295	1.6759	-17.3423	-3.2675
lnTI_GDP	12480	-6.7349	1.6843	-16.7778	-2.5322
lnVA_GO	12480	-7.6303	1.4536	-12.1273	-4.1534
lnVA_GDP	12480	-6.9357	1.4564	-11.5030	-3.4395
Re_Co_Pos	12480	0.0231	0.0210	0.0000	0.1544
SIS	12480	-0.5022	0.1512	-1.1483	-0.1566
Nor_IIT	12480	0.3740	0.1915	0.0000	0.8945
VA_IIT	12480	0.5245	0.1451	0.0519	0.8645
lnDIST	12480	8.0535	1.1011	4.0879	9.8427

最后，本章使用的引力变量数据来自 CEPII 数据中心的世界地理数据库，该数据库包含四个子数据库，分别是地理距离、引力、语言以及市场潜力，而本章所使用的引力变量数据来自地理距离和语言子数据库，这些数据库包含世界上 225 个国家之间的相关距离变量，其中，地理距离数据库包括首都距离、经济中心距离以及是否边界交接等数据，而语言数据库则包含是否共同官方语言、是否共同口语以及是否本族语等。因此，本章在回归过程中使用的工具变量数据从这些数据库中选取对应的国家数据。

四、实证回归结果分析

(一)基础回归分析

本书借鉴 Giovanni 和 Levchenko(2010)和 Duval et al.(2016)的做法，先以基础的 OLS 回归作为本章经验事实研究的起点，主要目的在于初窥大致研究结论，初步了解传统贸易和增加值贸易对经济周期联动性的影响及其差异，为后续逐步深入分析做好夯实的铺垫和基础工作。

1. 基础回归结果分析

传统贸易和增加值贸易对经济周期联动性 OLS 回归结果分别见表 4－3 和表 4－4，其中回归方程均是方程（4－1），并且均使用 2000—2014 年 43 个样本国的世界投入产出数据。首先，从表 4－3 的结果中可以发现无论是否引入控制变量抑或是引入何种控制变量，双边传统贸易强度的确会对经济周期的联动性产生显著的促进作用，即双边传统贸易强度越大两国的经济周期联动性就越强，同 Frankel 和 Rose（1998）、Imbs（2004）、Baxter 和 Kouparitsas（2005）和 Inklaar et al.（2008）等的结论保持一致。此外，三个控制变量也均表现出合乎理论的系数符号且显著，如相对价值链位置变量的系数符号为负，表明两国在全球价值链上的位置越接近，两国的经济周期联动性就越强；产业结构相似度变量的系数为正，表明两国的产业结构越接近，两国的经济周期联动性也会越强；产业内贸易变量的系数为正，表明产业内贸易量越大，两国的经济周期联动性也会越强。

然后，从表 4－4 的结果中也可以发现，无论是否存在控制变量抑或是引入何种控制变量增加值贸易对经济周期的联动性也存在显著的正向促进作用，即两国的增加值贸易越大经济周期联动性就越强。不仅如此，引入的所有控制变量在系数符号和显著性上也同表 4－3 一致。因此，表 4－3 和表 4－4 共同表明不仅传统贸易能引起经济周期的联动性，而且增加值贸易同样也能引起国际经济周期的联动。但是相比较而言，增加值贸易的回归系数始终大于传统贸易的回归系数，表明相同单位的双边传统贸易强度和增加值贸易强度的提升，增加值贸易对经济周期联动性的促进作用均大于传统贸易。

表 4－3　传统贸易与国际经济周期联动的 OLS 回归结果（GDP 标准化）

	GDP_corr（OLS）			
	（1）	（2）	（3）	（4）
lnTI_GDP	0.0555 * * *	0.0497 * * *	0.0466 * * *	0.0437 * * *
	（0.0041）	（0.0041）	（0.0044）	（0.0045）
POS_APL		－1.1582 * * *	－1.0243 * * *	－1.0251 * * *
		（0.1305）	（0.1355）	（0.1353）

续　表

GDP_corr（OLS）				
	（1）	（2）	（3）	（4）
SIS			0.1883＊＊＊	0.1522＊＊
			(0.0606)	(0.0614)
Nor_IIT				0.1166＊＊＊
				(0.0433)
_cons	1.0430＊＊＊	1.0839＊＊＊	1.1362＊＊＊	1.0791＊＊＊
	(0.1517)	(0.1515)	(0.1519)	(0.1534)
N	12642	12642	12642	12642
R－sq	0.2525	0.2571	0.2576	0.2581

注：(1) ＊＊＊、＊＊、＊分别表示在1%、5%、10%的显著性水平下显著；(2)括号中为标准误。

表4－4　增加值贸易与国际经济周期联动的 OLS 回归结果（GDP 标准化）

GDP_corr（OLS）				
	（1）	（2）	（3）	（4）
lnVA_GDP	0.0714＊＊＊	0.0638＊＊＊	0.0597＊＊＊	0.0597＊＊＊
	(0.0051)	(0.0051)	(0.0055)	(0.0055)
POS_APL		－1.1646＊＊＊	－1.0365＊＊＊	－1.0253＊＊＊
		(0.1305)	(0.1356)	(0.1356)
SIS			0.1812＊＊＊	0.1199＊
			(0.0609)	(0.0635)
VA_IIT				0.1400＊＊＊
				(0.0527)
_cons	1.1479＊＊＊	1.1779＊＊＊	1.2207＊＊＊	1.1477＊＊＊
	(0.1536)	(0.1533)	(0.1534)	(0.1559)
N	12642	12642	12642	12642
R－sq	0.2522	0.2568	0.2573	0.2577

注：(1) ＊＊＊、＊＊、＊分别表示在1%、5%、10%的显著性水平下显著；(2)括号中为标准误。

针对以上的 OLS 结果，其稳健性检验的结果如表4-5和表4-6所示。从表中的结果可以发现，核心解释变量同样是回归系数为正且显著，结果同表4-3和表4-4一致，意味着在标准的 OLS 估计下，传统贸易和增加值贸易均能促进经济周期的联动这一结论相对稳健。

表4-5　传统贸易与经济周期联动的 OLS 回归结果（产出标准化）

	GO_corr（OLS）			
	（1）	（2）	（3）	（4）
lnTI_GO	0.0474 * * *	0.0432 * * *	0.0414 * * *	0.0389 * * *
	（0.0035）	（0.0035）	（0.0037）	（0.0039）
POS_APL		-0.8655 * * *	-0.7918 * * *	-0.7923 * * *
		（0.1211）	（0.1256）	（0.1254）
SIS			0.1034 *	0.0731
			（0.0543）	（0.0551）
Nor_IIT				0.0985 * * *
				（0.0373）
_cons	1.0473 * * *	1.0753 * * *	1.1027 * * *	1.0524 * * *
	（0.1190）	（0.1189）	（0.1194）	（0.1210）
N	12642	12642	12642	12642
R-sq	0.2542	0.2576	0.2578	0.2582

注：（1）* * *、* *、* 分别表示在1%、5%、10%的显著性水平下显著；（2）括号中为标准误。

表4-6　增加值贸易与经济周期联动的 OLS 回归结果（产出标准化）

	GO_corr（OLS）			
	（1）	（2）	（3）	（4）
lnVA_GO	0.0615 * * *	0.0559 * * *	0.0537 * * *	0.0536 * * *
	（0.0043）	（0.0044）	（0.0047）	（0.0047）
POS_APL		-0.8704 * * *	-0.8030 * * *	-0.7926 * * *
		（0.1211）	（0.1255）	（0.1255）

	GO_corr (OLS)			
	(1)	(2)	(3)	(4)
SIS			0.0950 *	0.0377
			(0.0546)	(0.0573)
VA_IIT				0.1315 * * *
				(0.0461)
_cons	1.1501 * * *	1.1694 * * *	1.1901 * * *	1.1211 * * *
	(0.1210)	(0.1208)	(0.1210)	(0.1235)
N	12642	12642	12642	12642
R - sq	0.2541	0.2575	0.2577	0.2581

注：(1) * * *、* *、* 分别表示在 1%、5%、10% 的显著性水平下显著；(2) 括号中为标准误。

但是，仔细比较后发现，产业结构相似度变量在第 4 列中出现了结果不显著，而这不显著现象同样出现于 Duval et al. (2016) 等相关研究中，但不影响核心解释变量对被解释变量的影响。

2. 基础回归总结

基于以上分析可以总结得出以下两点小结。第一，不仅传统贸易能显著地正向促进经济周期的联动性，而且增加值贸易也能显著地对经济周期联动性产生正向影响效应，且结果稳健。第二，增加值贸易与传统贸易在 OLS 估计中的唯一差异在于增加值贸易的回归系数均大于传统贸易，而这潜在的原因可能是传统贸易中存在大量的重复计算。此外，产业结构相似度变量在稳健性检验中出现了不显著，但不影响核心变量的结论定夺。

以上结论均基于标准的 OLS 估计，但标准的 OLS 估计往往因缺少对内生性问题的考虑而造成回归结果的不准确，而且传统贸易和增加值贸易对经济周期联动性的影响也没有总结出具有实质意义的差异。因此，本章将在接下来的回归中引入工具变量，试图解决因内生性问题造成的回归结果偏差。

(二) 主体回归分析

内生性问题始终是计量回归中不可避免的难题，其产生的原因主要有两点：其一是核心解释变量与被解释变量之间可能存在双向因果关系；其二是回归过程中遗漏变量，且该遗漏变量与其他变量相关。当这些情况出现时，普通的 OLS 估计就会出现偏误，造成结论的不准确。在本书的回归方程中，不仅可能存在遗漏变量，也可能传统贸易和增加值贸易对经济周期联动性存在双向因果关系，所以在本章的主体回归中，将分别引入引力变量和贸易开放度①作为工具变量来针对性的解决基础回归过程中有可能出现的内生性问题，采用两阶段最小二乘法（2SLS）对传统贸易与增加值贸易影响经济周期联动性进行再次回归，以期得到严谨的经验事实结论。

1. IV 估计之引力变量

主体回归部分首先采用前人研究中常使用的引力变量作为工具变量进行两阶段最小二乘法进行估计，并同时控制年份固定效应和国家对固定效应，而且对工具变量的合理性分别进行了不可识别检验、弱工具变量检验和过度识别检验，具体估计结果如表 4 – 7 和表 4 – 8 所示。其中，表 4 – 7 展示的是引入引力变量作为工具变量的传统贸易估计结果，而表 4 – 8 展示的是引入引力变量作为工具变量的增加值贸易估计结果。

表 4 – 7　传统贸易与国际经济周期联动的 IV 估计结果（GDP 标准化）

	GDP_corr（2SLS）			
	（1）	（2）	（3）	（4）
lnTI_GDP	0.0831 * * *	0.0752 * * *	0.0732 * * *	0.0705 * * *
	（0.0059）	（0.0061）	（0.0065）	（0.0068）
POS_APL		– 1.0086 * * *	– 0.9545 * * *	– 0.9586 * * *
		（0.1317）	（0.1357）	（0.1355）
SIS			0.0817	0.0724
			（0.0617）	（0.0623）

① 引力变量和贸易开放度聚能满足作为有效工具变量需要满足的相关性和外生性两个条件，其中，相关性即所选取工具变量与内生解释变量相关；外生性即工具变量与扰动项不相关，亦可称为排他性约束，换言之工具变量对被解释变量的影响仅通过内生解释变量发生作用。此外，选择引力变量作为工具变量主要借鉴前人的研究，如 Frankel 和 Rose（1998）等。

续　表

	GDP_corr (2SLS)			
	(1)	(2)	(3)	(4)
Nor_IIT				0.0485
				(0.0435)
_cons	1.2486＊＊＊	1.2630＊＊＊	1.2808＊＊＊	1.2493＊＊＊
	(0.1541)	(0.1539)	(0.1539)	(0.1562)
N	12642	12642	12642	12642
Year	Yes	Yes	Yes	Yes
FE	Yes	Yes	Yes	Yes
rk LM	1841.18＊＊＊	1733.80＊＊＊	1658.29＊＊＊	1967.63＊＊＊
Wald F	4130.02＊＊＊	3911.59＊＊＊	3422.47＊＊＊	2943.53＊＊＊
rk Wald F	3145.14＊＊＊	2988.39＊＊＊	2617.99＊＊＊	2172.92＊＊＊
Hansen J	15.87＊＊＊	11.62＊＊＊	12.62＊＊＊	12.85＊＊＊

注：(1)＊＊＊、＊＊、＊分别表示在1%、5%、10%的显著性水平下显著；(2)括号中为标准误；(3)lnTI_GDP 的工具变量为引力变量。

在表4-7的传统贸易估计结果中，首先观察工具变量合理性检验的结果表明，引力变量作为工具变量均通过了不可识别检验 rk LM 统计量、弱工具变量检验 Wald F 统计量和 rk Wald F 统计量以及过度识别检验 Hansen J 统计量，表明引力变量作为工具变量使用存在一定的合理性。然后从核心解释变量(即传统贸易强度)的回归系数来看，所有回归系数符号均为正且在1%的显著水平下显著，同基础回归的结果一致，表明传统贸易与经济周期联动性存在正向且显著的关系，即意味着两国之间较多的传统贸易会引起经济周期联动性上升。但唯一的区别在于两阶段最小二乘法的回归系数均大于普通 OLS 的估计系数。最后从控制变量的估计结果来看，除了相对价值链位置变量仍显著外，其他两个变量均不显著了。

在表4-8的增加值贸易估计结果中，首先也同样发现引力变量作为工具变量在回归中均通过了合理性检验，表明了该工具变量在增加值贸易回归中同样具有一定的合理性。然后，增加值贸易强度的所有回归系数也为正且显著，同基础回归结果一致，表明增加值贸易与经济周期联动性也存在正向且显著的关系，即意味着两国之间较多的增加值贸易同样引起两国经济周期的联动。此外，同传统贸易的结果一样，相比较于 OLS 回归，2SLS 回归的增加值贸易强度变量回归系数变大了，但不影响最终结论。最后，观察控制变量的回归结果也发现产业结构相似度变量的结果不显著了，但这些变化也不影响最终结论。

表 4 - 8　增加值贸易与国际经济周期联动的 IV 估计结果（GDP 标准化）

	GDP_corr（2SLS）			
	（1）	（2）	（3）	（4）
lnVA_GDP	0.1061 * * *	0.0959 * * *	0.0937 * * *	0.0905 * * *
	（0.0076）	（0.0078）	（0.0084）	（0.0083）
POS_APL		- 1.0213 * * *	- 0.9739 * * *	- 0.9684 * * *
		（0.1313）	（0.1354）	（0.1354）
SIS			0.0709	0.0203
			（0.0622）	（0.0655）
IIT				0.1383 * * *
				（0.0526）
_cons	1.4004 * * *	1.4004 * * *	1.4129 * * *	1.3234 * * *
	（0.1583）	（0.1579）	（0.1577）	（0.1591）
N	12642	12642	12642	12642
Year	Yes	Yes	Yes	Yes
FE	Yes	Yes	Yes	Yes
rk LM	1780.60 * * *	1674.62 * * *	1597.15 * * *	1703.76 * * *
Wald F	4399.16 * * *	4174.84 * * *	4634.99 * * *	3785.49 * * *
rkWald F	3021.53 * * *	2842.93 * * *	3078.98 * * *	2614.11 * * *
Hansen J	17.01 * * *	12.59 * * *	12.18 * * *	14.06 * * *

注：（1）* * *、* *、* 分别表示在 1%、5%、10% 的显著性水平下显著；（2）括号中为标准误；（3）lnVA_GDP 的工具变量为引力变量。

综上所述，当引入引力变量作为工具变量对传统贸易和增加值贸易进行 2SLS 回归时发现，核心解释变量（传统贸易强度和增加值贸易强度）的结果并没有发生显著地变动，最终结论同 OLS 回归结果一致，即增加值贸易与传统贸易一样均能正向促进两国之间的经济周期的联动，且两者之间并无明显的差异。因为将引力变量作为工具变量研究传统贸易与经济周期联动性之间的关联是许多学者常用的做法，所以是否存在可能该工具变量恰好能使以上结论成立，抑或是更换工具变量之后以上结论是否仍成立呢？因此，接下来本章将工具变量换成贸易开放度进行 2SLS 回归。

2. IV 估计之贸易开放度

虽然以引力变量作为工具变量的 2SLS 回归结果同 OLS 回归结果没有显著的变化，但是将工具变量更换为贸易开放度时，结果却不尽相同。具体的回归结果如表 4 - 9 和表 4 - 10 所示，其中，表 4 - 9 是将工具变量更换为贸易开放度的传统贸易估计结果，而表 4 - 10 是将工具变量更换为贸易开放度的增加值贸易估计结果。

表 4 - 9　传统贸易与国际经济周期联动的 IV 估计结果（GDP 标准化）

	GDP_corr (2SLS)			
	(1)	(2)	(3)	(4)
lnTI_GDP	0.0350 * * *	0.0116	0.0088	0.0062
	(0.0107)	(0.0116)	(0.0120)	(0.0124)
POS_APL		- 1.3822 * * *	- 1.1236 * * *	- 1.1182 * * *
		(0.1466)	(0.1390)	(0.1385)
SIS			0.3399 * * *	0.2638 * * *
			(0.0763)	(0.0706)
Nor_IIT				0.2119 * * *
				(0.0532)
_cons	0.8902 * * *	0.8159 * * *	0.9303 * * *	0.8409 * * *
	(0.1683)	(0.1695)	(0.1631)	(0.1696)
N	12642	12642	12642	12642
Year	Yes	Yes	Yes	Yes
FE	Yes	Yes	Yes	Yes
rkLM	602.15 * * *	508.02 * * *	548.18 * * *	534.47 * * *

续　表

GDP_corr (2SLS)				
	（1）	（2）	（3）	（4）
WaldF	1621. 76 * * *	1385. 47 * * *	1391. 16 * * *	1394. 70 * * *
rk Wald F	1502. 96 * * *	1349. 63 * * *	1343. 49 * * *	1278. 40 * * *

注：（1）* * *、* *、* 分别表示在1%、5%、10%的显著性水平下显著；（2）括号中为标准误；（3）*lnTI_GDP* 的工具变量为 *Nor_open*。

首先观察表4-9发现，所有工具变量的合理性检验均是通过的，表明采用贸易开放度作为工具变量是可行的，但是核心解释变量传统贸易强度在引入控制变量的回归中估计结果出现了不显著。这一现象意味着传统贸易可能对经济周期联动性没有影响，但结合先前的研究结果只能认为传统贸易的影响作用是不稳健的。

然后观察表4-10发现，所有工具变量的合理性检验也均是通过的，同样表明采用贸易开放度作为工具变量是可行的，但是与传统贸易结果不同的是，增加值贸易强度变量的所有回归系数仍是显著且为正，并且同引力变量作为工具变量的2SLS回归和标准OLS回归结果均保持一致。这些结果意味着增加值贸易确实会对经济周期的联动性产生正向的促进作用，相对于传统贸易更显稳健。

表4-10　增加值贸易与国际经济周期联动的 IV 估计结果（GDP 标准化）

GDP_corr (2SLS)				
	（1）	（2）	（3）	（4）
lnVA_GDP	0. 0641 * * *	0. 0418 * * *	0. 0398 * * *	0. 0398 * * *
	（0. 0104）	（0. 0109）	（0. 0113）	（0. 0113）
POS_APL		-1. 2632 * * *	-1. 0733 * * *	-1. 0618 * * *
		（0. 1384）	（0. 1369）	（0. 1370）
SIS			0. 2459 * * *	0. 1839 * * *
			（0. 0685）	（0. 0711）
IIT				0. 1411 * * *
				（0. 0524）

	GDP_corr (2SLS)			
	(1)	(2)	(3)	(4)
_cons	1.0948 ***	1.0248 ***	1.1078 ***	1.0347 ***
	(0.1668)	(0.1670)	(0.1627)	(0.1647)
N	12642	12642	12642	12642
Year	Yes	Yes	Yes	Yes
FE	Yes	Yes	Yes	Yes
rk LM	1817.77 ***	1635.49 ***	1689.15 ***	1687.82 ***
Wald F	3865.27 ***	3472.53 ***	3585.92 ***	3585.75 ***
rk Wald F	3695.02 ***	3256.49 ***	3429.39 ***	3428.22 ***

注：（1）***、**、*分别表示在1%、5%、10%的显著性水平下显著；（2）括号中为标准误；（3）$lnVA\_GDP$ 的工具变量为 VA_open。

3. 主体回归总结

本章的主体回归是考虑到基础回归分析有可能因内生性问题引起回归偏误导致研究结论不准确才予以进一步分析，并且回归结果确实与基础回归产生部分差异。综合以上分析发现：第一，增加值贸易无论是标准的 OLS 还是 2SLS 估计，抑或是采用何种工具变量，其回归结果均为正且显著，表明双边增加值贸易强度确实能正向促进两国的经济周期联动性；第二，虽然已有部分研究表明双边传统贸易对经济周期的联动性也存在促进作用，但替换掉普遍采用的引力变量作为工具变量之后，回归结果并不显著，表明双边传统贸易强度并不能稳定地促进两国经济周期的联动性；第三，对比增加值贸易和传统贸易，可以认为两国经济周期的联动主要通过增加值贸易这一渠道进行传递的。

（三）检验回归分析

本章的检验回归部分主要目的在于验证主体回归结论是否稳健，尤其是增加值贸易对经济周期联动性的影响，其具体回归过程主要通过替换被解释变量和解释变量来实现，具体计量回归方程如方程(4-4)和(4-5)所示①。

_____

① 1995—2011 年的国家层面的稳健性检验回归结果见附录。

首先,从表4-11、4-12、4-13和4-14中均可以直接发现,所有工具变量的合理性检验均通过,表明回归过程中引入的工具变量是合理的。

表4-11 传统贸易与国际经济周期联动的 IV 估计结果(产出标准化)

	GO_corr (2SLS)			
	(1)	(2)	(3)	(4)
lnTI_GO	0.0705 * * *	0.0646 * * *	0.0645 * * *	0.0624 * * *
	(0.0048)	(0.0048)	(0.0052)	(0.0055)
POS_APL		-0.7424 * * *	-0.7342 * * *	-0.7371 * * *
		(0.1217)	(0.1255)	(0.1255)
SIS			0.0111	0.0037
			(0.0551)	(0.0556)
IIT				0.0380 * * *
				(0.0380)
_cons	1.2344 * * *	1.2409 * * *	1.2443 * * *	1.2182 * * *
	(0.1213)	(0.1211)	(0.1213)	(0.1239)
N	12642	12642	12642	12642
Year	Yes	Yes	Yes	Yes
FE	Yes	Yes	Yes	Yes
rk LM	1839.19 * * *	1733.75 * * *	1636.08 * * *	1977.75 * * *
Wald F	4245.88 * * *	4028.53 * * *	4002.83 * * *	3023.52 * * *
rk Wald F	3228.86 * * *	3068.94 * * *	3055.65 * * *	2232.44 * * *
HansenJ	17.54 * * *	14.02 * * *	13.73 * * *	14.28 * * *

注:(1)* * *、* *、*分别表示在1%、5%、10%的显著性水平下显著;(2)括号中为标准误;(3)lnTI_GO 的工具变量为引力变量。

然后,从表4-11和表4-12综合可以发现,传统贸易仍表现出相同的结果,在引力变量作为工具变量的回归结果中变现出对经济周期联动性具有正向且显著的促进作用,但是在贸易开放度作为工具变量的回归结果中仍然是不显著的,意味着双边传统贸易强度对经济周期联动性的影响作用并不稳定，缺少稳健性。

表 4 – 12　传统贸易与国际经济周期联动的 IV 估计结果（产出标准化）

	GO_corr (2SLS)			
	(1)	(2)	(3)	(4)
lnTI_GO	0.0219 * *	0.0022	– 0.0001	– 0.0028
	(0.0109)	(0.0118)	(0.0122)	(0.0126)
POS_APL		– 1.1000 * * *	– 0.8953 * * *	– 0.8900 * * *
		(0.1376)	(0.1291)	(0.1286)
SIS			0.2696 * * *	0.1962 * * *
			(0.0717)	(0.0658)
IIT				0.2058 * * *
				(0.0483)
_cons	0.8394 * * *	0.7596 * * *	0.8479 * * *	0.7584 * * *
	(0.1455)	(0.1474)	(0.1390)	(0.1476)
N	12642	12642	12642	12642
Year	Yes	Yes	Yes	Yes
FE	Yes	Yes	Yes	Yes
rk LM	592.86 * * *	498.31 * * *	538.62 * * *	523.76 * * *
Wald F	1467.15 * * *	1245.59 * * *	1246.44 * * *	1246.75 * * *
rk Wald F	1367.14 * * *	1222.03 * * *	1212.66 * * *	1150.30 * * *

注：（1）* * *、* *、* 分别表示在 1%、5%、10% 的显著性水平下显著；（2）括号中为标准误；（3）lnTI_GO 的工具变量为 open。

之后，从表 4 – 13 和表 4 – 14 综合发现，增加值贸易不管是哪种工具变量，抑或是是否引入控制变量，其结果均表现出相当的稳健性，所有回归系数均为正且显著，进一步验证了主体回归部分中的结论，即双边增加值贸易强度正向促进经济周期的联动是稳健的，意味着两国经济周期的联动主要通过增加值贸易进行传递的，并不是传统贸易渠道。

表4-13 增加值贸易与经济周期联动的 IV 估计结果(产出标准化)

	GO_corr (2SLS)			
	(1)	(2)	(3)	(4)
lnVA_GO	0.0899 * * *	0.0824 * * *	0.0825 * * *	0.0796 * * *
	(0.0061)	(0.0062)	(0.0067)	(0.0066)
POS_APL		-0.7560 * * *	-0.7538 * * *	-0.7483 * * *
		(0.1213)	(0.1252)	(0.1252)
SIS			0.0017	-0.0454
			(0.0554)	(0.0584)
IIT				0.1286 * * *
				(0.0460)
_cons	1.3762 * * *	1.3710 * * *	1.3731 * * *	1.2880 * * *
	(0.1254)	(0.1251)	(0.1251)	(0.1268)
N	12642	12642	12642	12642
Year	Yes	Yes	Yes	Yes
FE	Yes	Yes	Yes	Yes
rk LM	1778.30 * * *	1675.11 * * *	1605.79 * * *	1711.01 * * *
Wald F	4565.10 * * *	4342.32 * * *	4777.90 * * *	3927.43 * * *
rk Wald F	3124.23 * * *	2943.64 * * *	3218.55 * * *	2708.94 * * *
HansenJ	18.56 * * *	14.87 * * *	14.31 * * *	15.39 * * *

注:(1) * * *、* *、* 分别表示在1%、5%、10%的显著性水平下显著;(2)括号中为标准误;(3) lnTI_GDP 的工具变量为引力变量。

最后,通过以上检验回归的综合分析,本书得出结论,认为增加值贸易对经济周期的联动性产出显著的正向作用,即两国的增加值贸易越大经济周期联动性就越强,相比较于以往研究的传统贸易具有较强的稳健性。

表 4 – 14　增加值贸易与经济周期联动的 IV 估计结果(产出标准化)

	GO_corr (2SLS)			
	(1)	(2)	(3)	(4)
lnVA_GO	0.0516 * * *	0.0339 * * *	0.0325 * * *	0.0325 * * *
	(0.0096)	(0.0101)	(0.0104)	(0.0104)
POS_APL		– 0.9659 * * *	– 0.8394 * * *	– 0.8285 * * *
		(0.1280)	(0.1267)	(0.1267)
SIS			0.1639 * * *	0.1051
			(0.0616)	(0.0642)
IIT				0.1338 * * *
				(0.0459)
_cons	1.0717 * * *	1.0011 * * *	1.0551 * * *	0.9857 * * *
	(0.1387)	(0.1393)	(0.1346)	(0.1365)
N	12642	12642	12642	12642
Year	Yes	Yes	Yes	Yes
FE	Yes	Yes	Yes	Yes
rk LM	1758.64 * * *	1579.14 * * *	1628.31 * * *	1625.93 * * *
Wald F	3563.08 * * *	3196.06 * * *	3293.25 * * *	3293.43 * * *
rk Wald F	3395.05 * * *	2987.47 * * *	3128.57 * * *	3127.37 * * *

注:(1) * * *、* *、*分别表示在 1%、5%、10% 的显著性水平下显著;(2)括号中为标准误;(3) lnTI_GDP 的工具变量为 open。

此外,考虑到经济周期的联动不仅仅发生于国家层面,同时也存在于行业层面,如 Giovanni 和 Levchenko(2010)就基于行业层面研究了垂直关联式生产结构对行业经济周期联动性的影响,因此本书也从行业层面验证增加值贸易是否也会对行业的经济周期联动性产生与国家层面一致的影响。

第二节　行业层面的经验事实

一、计量模型设定

本部分拟采用世界投入产出数据库提供的 43 个国家 56 个行业的双边贸易等相关数据实证检验增加值贸易与国际经济周期联动性之间的关系。因此，本书基于行业层面设定如下基准面板数据模型：

$$Corr_{ij,t}^{mn} = \beta_0 + \beta_1 \cdot VA\_Trade_{ij,t}^{mn} + \beta_2 \cdot Control_{ij,t}^{mn} + \mu + \varepsilon_{ij,t}^{mn} \quad (4-33)$$

其中，$Corr_{ij}^{mn}$ 表示 t 时刻 i 国 m 行业与 j 国 n 行业的产出或 GDP 相关性指标，$VA\_Trade_{ij}^{mn}$ 表示 t 时刻 i 国 m 行业与 j 国 n 行业的双边增加值贸易强度指标，$Control_{ij}^{mn}$ 表示 t 时刻 i 国 m 行业与 j 国 n 行业的相关控制变量，μ 表示固定效应，$\varepsilon_{ij,t}^{mn}$ 则为随机扰动项。借鉴 Giovanni 和 Levchenko(2010)和潘文卿等(2015)的做法，引入多种固定效应(即回归方程中的 μ)，以期最大可能地缓解内生性问题。其中，固定效应 μ 分为四种形式，第一种是控制年份的固定效应，即 μ_t；第二种是控制"国家 1""国家 2""行业 1""行业 2"四个维度的固定效应，定义为 μ_{cs}，即国家固定效应和行业固定效应，国家固定效应可以控制宏观政策、国家总体经济波动、国家规模和人口以及收入水平等国家特征，行业固定效应可以控制行业开放程度、资本与劳动密集度、研发程度、信贷依赖度、流动性需求以及制度化程度等行业特征；第三种是控制"国家 1 × 行业 1""国家 2 × 行业 2"的固定效应，定义为 μ_{cas}，即控制贸易伙伴国之间每个国家内的每个行业特征效应，如关税和非关税壁垒等；第四种是控制"国家 1 × 国家 2""行业 1 × 行业 2"的固定效应，定义为 μ_{ccss}，即国家对固定效应和行业对固定效应，国家对固定效应可以控制两国之间的关联度，如双边距离、语言文化、货币政策与财政政策的协同性、是否签订贸易协定等可能涉及的国家层面的因素，行业对固定效应可以控制两国行业之间的依存度以及上下游关系等与行业层面相关的因素。除此之外，本书进一步借鉴唐宜红等(2019)使用解释变量的滞后 1 期作为研究的核心解释变量来解决其他内生性问题的做法，其中滞后 1 期变量名称采用"Lag_"为前缀表示。

二、指标构建

(一)经济周期联动性

本部分采用 Cerqueira 和 Martins(2009)提出的瞬时相关系数计算方法，纳入时间因素，能够识别出单一年份各国经济活动之间的相关关系，有利于本书的实证检验采用面板数据进行分析。具体计算公式如下：

$$BCS_{ij,t}^{mn} = 1 - \frac{1}{2}\left(\frac{(d_{j,t}^{n} - \bar{d}_{j}^{n})}{\sqrt{\frac{1}{T}\sum_{t=1}^{T}(d_{j,t}^{n} - \bar{d}_{j}^{n})^2}} - \frac{(d_{i,t}^{m} - \bar{d}_{i}^{m})}{\sqrt{\frac{1}{T}\sum_{t=1}^{T}(d_{i,t}^{m} - \bar{d}_{i}^{m})^2}}\right) \quad (4-34)$$

其中，$BCS_{ij,t}^{mn}$ 表示 t 时期 i 国 m 行业和 j 国 n 行业的实际经济活动的双边经济周期联动性，即 GDP 联动性(BCS_GDP)和总产出联动性(BCS_GO)，$d_{j,t}^{n}$ 和 $d_{i,t}^{m}$ 分别表示 t 时期 j 国 n 行业和 i 国 m 行业的实际经济活动的增长率(本书采用 GDP 增长率和总产出增长率)，$\bar{d}_{j}^{n}$ 和 $\bar{d}_{i}^{m}$ 分别表示 j 国 n 行业和 i 国 m 行业在样本研究时间段内(本书为 2001—2014 年)的增长率均值。

(二)增加值贸易强度

增加值贸易是指一国创造的价值增加通过出口最终被目的国吸收的量，本书采用 Johnson 和 Noguera(2012)提出的方法加以测算，基于行业层面的世界投入产出表的具体计算公式为：

$$[\boldsymbol{VA\_EX_{ij}}] = diag(\boldsymbol{V}) \cdot \boldsymbol{B} \cdot [\boldsymbol{F_{ij}}] \quad (4-35)$$

其中，等式左边的列向量 $\boldsymbol{VA\_EX_{ij}}$ 表示 i 国对 j 国的增加值出口，$diag(\boldsymbol{V})$ 表示增加值占比的对角矩阵，$\boldsymbol{B}$ 表示里昂惕夫逆矩阵，列向量 $\boldsymbol{F_{ij}}$ 表示 i 国对 j 国的最终品出口。

参考 Di Giovanni 和 Levchenko(2010)、潘文卿等(2015)，本书构建的增加值贸易强度指标为：

$$VA\_trade_{ij,t}^{mn} = ln\frac{va\_ex_{ij,t}^{m} + va\_ex_{ji,t}^{n}}{W_t} \quad (4-36)$$

其中，$VA\_trade_{ij,t}^{mn}$ 表示 t 期 i 国 m 行业和 j 国 n 行业的双边增加值贸易强度，$va\_ex_{ij,t}^{m}$ 和 $va\_ex_{ji,t}^{n}$ 分别表示 t 时期 i 国 m 行业出口至 j 国的增加值和 j 国 n 行业出口 i 国的增加值，W_t 表示第 t 期进行标准化处理所用的"权"。本书的 W_t 分别采用两国的总产出之和和两国的 GDP 之和。VA_trade_gdp 表示

W_t 取两国的 GDP 之和，VA_trade_go 表示 W_t 取两国的总产出之和。

（三）其他控制变量

参考相关文献分别引入双边行业总贸易强度、生产结构相似度指数、行业间价值链相对位置、双向金融一体化指数，具体构造方法如下：

1. 总贸易强度（Total Trade Intensity，$To\_trade_{ij,t}^{mn}$）

Frankel 和 Rose（1998）最早提出国际贸易对经济周期联动具有显著的促进作用，表明总贸易是经济周期联动的一个重要影响因素。因此，本书参考增加值贸易强度构造了双边行业总贸易强度指标：

$$To\_trade_{ij,t}^{mn} = ln \frac{trade\_ex_{ij,t}^{m} + trade\_ex_{ji,t}^{n}}{W_t} \qquad (4-37)$$

其中，$To\_trade_{ij,t}^{mn}$ 表示 t 期 i 国 m 行业和 j 国 n 行业的双边传统贸易强度，$trade\_ex_{ij,t}^{m}$ 和 $trade\_ex_{ji,t}^{n}$ 分别表示 t 时期 i 国 m 行业出口至 j 国的总贸易和 j 国 n 行业出口 i 国的总贸易，W_t 表示第 t 期进行标准化处理所用的"权"。To_trade_gdp 表示 W_t 取两国的 GDP 之和，To_trade_go 表示 W_t 取两国的总产出之和。

2. 产业结构相似度指数（Industry Similarity Index，$ISI_{ij,t}^{mn}$）

Ng（2010）的研究显示产业结构相似度也是导致经济周期联动性增强的重要因素，因为如果两国国内的产业结构很相似，那么在受到共同的国际经济冲击时就会表现出很相似的经济周期变化特征，进而具有较强的周期联动性。因此，本书构建产业结构相似度指数：

$$ISI_{ij,t}^{mn} = - \left| S_{i,t}^{m} - S_{j,t}^{n} \right| \qquad (4-38)$$

其中，$S_{i,t}^{m}$ 和 $S_{j,t}^{n}$ 分别表示 t 期 i 国 m 行业价值增加占该国 GDP 的份额和 j 国 n 行业价值增加占该国 GDP 的份额，绝对值求和乘上（-1）表示将绝对值求和转换成相似度指标。

3. 行业间价值链相对位置（Position Similarity Index，$PSI_{ij,t}^{mn}$）

引用 Escaith 和 Inomata（2016）对价值链位置的定义，即一国在全球生产网络中的相对位置，并采用其提出的计算方法构建行业间平均价值链相对位置相似度指数：

$$PSI_{ij,t}^{mn} = - \left| Se\_Pos_{i,t}^{m} - Se\_Pos_{j,t}^{n} \right| \qquad (4-39)$$

其中，$Se\_Pos_{i,t}^{m}$ 和 $Se\_Pos_{j,t}^{n}$ 分别表示 i 国 m 行业和 j 国 n 行业在 t 时刻

处于全球生产网络中的相对位置，它们均由基于平均传导长度的前向行业关联和后向行业关联的比值得到。

4. 双向金融一体化指数（Finance Integration Index，$FII_{ij,t}^{mn}$）

Imbs（2004）较早将金融一体化纳入相关研究并证实了其在传导经济周期的重要性。本书采用 Svirydzenka（2016）构建的金融发展指数，该指数是涵盖金融机构和金融市场的深度（规模和流动性）、进入（个人和企业获取金融服务的能力）和效率（机构提供低成本且持续收益的金融服务能力和资本市场的活跃水平）的综合性指标，具体使用中将双边贸易国的金融发展指数取均值作为双向金融一体化指数。

三、数据来源及说明

本部分实证检验使用的数据主要来自世界投入产出数据库（World Input Output Database，WIOD）（2016 版）、全球价值链数据库（UIBE GVC Index）和货币基金组织的国际金融统计（International Financial Statistics，IFS）数据库，时间跨度从 2001 年至 2014 年共 14 年，国家或经济体共 43 个，每个国家具有 56 个行业。

其中，经济周期联动性、增加值贸易强度、总贸易强度、产业结构相似度指数均根据相应的计算公式采用世界投入产出数据库计算得到；行业间价值链相对位置使用全球价值链数据库中的平均价值链位置数据计算得到；双向金融一体化指数来源于货币基金组织的国际金融统计数据库。针对各变量的统计性描述如表 4 - 15 所示，由于数据量过于庞大，本书分年份给出被解释变量和核心解释变量的图形描述，详见图集 4 - 1 和图集 4 - 2。

表 4 - 15　2001—2014 年行业层面的变量统计性描述

变量	观测值数目	均值	方差	最小值	最大值
BCS_GDP	39，645，312	0.3401254	0.9810851	- 22.74	1
BCS_GO	39，645，312	0.4053394	0.8724388	- 21.25195	1
VA_trade_gdp	39，469，836	- 11.12548	1.848665	- 27.85026	- 3.948013
VA_trade_go	39，469，836	- 11.82831	1.845079	- 28.56397	- 4.865549
To_trade_gdp	39，208，888	- 12.45591	3.222319	- 84.29143	- 3.353265
To_trade_go	39，208，888	- 13.15878	3.220347	- 84.91567	- 4.23271
PSI	39，645，312	- 0.2368111	0.3118908	- 1.5974	0
ISI	39，645，312	- 0.0206877	0.0244055	- 0.39124	0
FII	39，645，312	0.5930887	0.1463167	0.16225	0.9742

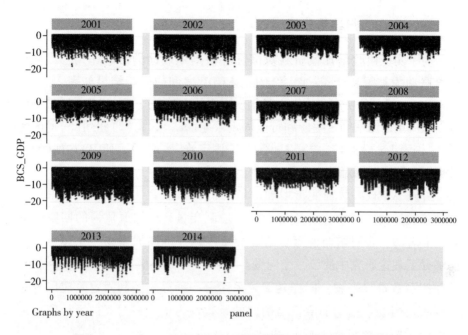

图集 4 - 1 2001—2014 年双边行业 GDP 瞬时相关系数图形描述

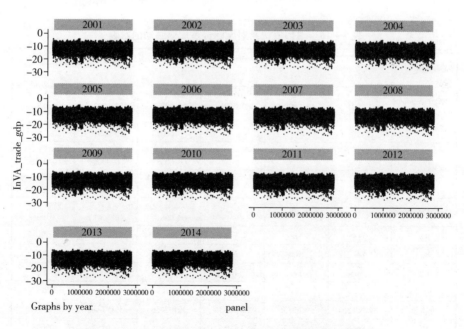

图集 4 - 2 2001—2014 年双边行业增加值贸易强度图形描述

四、实证回归结果分析

为了实证检验增加值贸易对国际经济周期联动的影响作用，以两国 GDP 联动为被解释变量，W_t 等于两国 GDP 之和的回归结果如表 3 所示。表 4 - 16 中显示的所有列均引入了年份固定效应（μ_t），列（1）和列（4）同时也引入两国的国家固定效应和行业固定效应（μ_{cs}），列（2）和列（5）同时也引入"国家 1 × 行业 1""国家 2 × 行业 2"固定效应（μ_{cas}），列（3）和列（6）同时也引入国家对固定效应和行业对固定效应（μ_{ccss}）。

首先，从核心解释变量增加值贸易的回归显著性来看，无论采用哪一种方式控制固定效应以及是否引入控制变量，增加值贸易的回归结果均是显著的，表明增加值贸易的确会对国际经济周期联动产生影响，从而解释了理论研究中的第一个问题。其次，从核心解释变量增加值贸易的回归系数符号来看，同样是无论采用哪一种方式控制固定效应以及是否引入控制变量，增加值贸易的回归系数均为正，表明双边增加值贸易强度越大两国经济周期联动就越强，从而解释了理论研究中的第二个问题。

表 4 - 16 增加值贸易对国际经济周期联动的影响

变量	两国 GDP 联动为被解释变量，W_t 等于两国 GDP 之和					
	（1）	（2）	（3）	（4）	（5）	（6）
VA_trade_gdp	0.0270 * * * (0.0001)	0.0248 * * * (0.0002)	0.0164 * * * (0.0001)	0.0207 * * * (0.0002)	0.0138 * * * (0.0002)	0.0163 * * * (0.0002)
To_trade_gdp				0.0024 * * * (0.0001)	0.0012 * * * (0.0001)	0.0019 * * * (0.0001)
PSI				0.2799 * * * (0.0005)	0.2870 * * * (0.0005)	0.0165 * * * (0.0018)
ISI				0.1715 * * * (0.0076)	0.0467 * * * (0.008)	0.7263 * * * (0.0112)
FII				1.0068 * * * (0.0061)	0.9941 * * * (0.0061)	0.9897 * * * (0.006)
μ_t	Yes	Yes	Yes	Yes	Yes	Yes
μ_{cs}	Yes	No	No	Yes	No	No
μ_{cas}	No	Yes	No	No	Yes	No
μ_{ccss}	No	No	Yes	No	No	Yes
样本量	39469836	39469836	39469836	39197446	39197446	39197446
R^2	0.0666	0.0713	0.0955	0.071	0.0757	0.096

注：（1）* * *、* *、* 分别表示在 1%、5%、10% 的显著性水平下显著；（2）括号中为标准误。

此外，考虑到可能存在的其他内生性问题，本部分选用增加值贸易的滞后1期作为核心解释变量进行回归，回归结果如表4-17所示。可以发现，回归结果与表4-16基本一致，表明增加值贸易对国际经济周期联动具有显著的正向影响作用，换言之，增加值贸易越大两国经济周期的联动性就越强。

表4-17　增加值贸易对国际经济周期联动的影响（核心解释变量滞后一期）

变量	两国 GDP 联动为被解释变量，W_t 等于两国 GDP 之和					
	(1)	(2)	(3)	(4)	(5)	(6)
$LagVAtrade\_gdp$	0.0262 * * * (0.0001)	0.0250 * * * (0.0002)	0.0145 * * * (0.0001)	0.0178 * * * (0.0002)	0.0109 * * * (0.0002)	0.0124 * * * (0.0002)
To_trade_gdp				0.0035 * * * (0.0001)	0.0027 * * * (0.0001)	0.0032 * * * (0.0001)
PSI				0.2864 * * * (0.0005)	0.2930 * * * (0.0006)	0.0137 * * * (0.0019)
ISI				0.0256 * * * (0.0078)	0.0724 * * * (0.0082)	0.6354 * * * (0.0116)
FII				1.0114 * * * (0.0066)	0.9980 * * * (0.0066)	0.9918 * * * (0.0065)
μ_t	Yes	Yes	Yes	Yes	Yes	Yes
μ_{cs}	Yes	No	No	Yes	No	No
μ_{cas}	No	Yes	No	No	Yes	No
μ_{ccss}	No	No	Yes	No	No	Yes
样本量	36650562	36650562	36650562	36399593	36399593	36399593
R^2	0.07	0.0746	0.1023	0.0746	0.0791	0.1028

注：（1）* * *、* *、*分别表示在1%、5%、10%的显著性水平下显著；（2）括号中为标准误。

因此，通过以上计量模型的实证检验，可以认为增加值贸易对国际经济周期联动存在显著的正向影响作用，也即是双边增加值贸易强度越大，两国经济周期的联动性就越强，而这也正好与国家层面的结论完全一致。

五、稳健性检验

为了确保实证研究结论的可靠性，本书采用了以下两个方式进行稳健性检验：其一，替换被解释变量和核心解释变量，即采用总产出联动作为被解释变量，同时增加值贸易强度采用两国总产出之和进行标准化；其二，对样本进行多种方式的处理：第一，剔除贸易依存度较高的国家（通过计算2001年至2014年43个国家的平均贸易开放度排序后剔除前50%的国家或地区），排除高开放度国家对研究结论的影响，因为开放度较高的国家更容易受到国际经济波动的影响；第二，剔除欧元区成员国样本①，因为最优货币区会增强国际经济周期联动（Frankel 和 Rose，1998）；第三，剔除世界前7大经济体②，排除大经济体对世界整体的影响。

第一种方式的稳健性检验结果如表4－18和表4－19所示，其中，表4－18的结果同表4－16基本一致，核心解释变量增加值贸易强度无论采用哪一种方式控制固定效应以及是否引入控制变量，回归结果均是显著且为正，表明增加值贸易正向影响国际经济周期联动的结论是稳健的。

表4－18　增加值贸易对国际经济周期联动的影响

变量	两国总产出联动为被解释变量，W_t 等于两国总产出之和					
	（1）	（2）	（3）	（4）	（5）	（6）
VA_trade_go	0.0276＊＊＊ （0.0001）	0.0252＊＊＊ （0.0002）	0.0164＊＊＊ （0.0001）	0.0201＊＊＊ （0.0002）	0.0112＊＊＊ （0.0002）	0.0170＊＊＊ （0.0002）
To_trade_go				0.0030＊＊＊ （0.0001）	0.0026＊＊＊ （0.0001）	0.0013＊＊＊ （0.0001）
PSI				0.3184＊＊＊ （0.0005）	0.3252＊＊＊ （0.0005）	0.0148＊＊＊ （0.0015）
ISI				0.2427＊＊＊ （0.007）	0.0985＊＊＊ （0.0074）	0.5680＊＊＊ （0.01）
FII				0.8351＊＊＊ （0.0054）	0.8169＊＊＊ （0.0054）	0.8220＊＊＊ （0.0053）
μ_t	Yes	Yes	Yes	Yes	Yes	Yes
μ_{cs}	Yes	No	No	Yes	No	No
μ_{cas}	No	Yes	No	No	Yes	No
μ_{ccas}	No	No	Yes	No	No	Yes
样本量	39469836	39469836	39469836	39197446	39197446	39197446
R^2	0.0809	0.0867	0.1168	0.0875	0.0933	0.1171

注：（1）＊＊＊、＊＊、＊分别表示在1%、5%、10%的显著性水平下显著；（2）括号中为标准误。

此外，对比表4－19和表4－17，可以发现回归结果同样是一致的，增加值贸易对经济周期联动的正向影响作用存在且稳健。

───────────

① 本书的欧元区指代以欧元为唯一合法货币的19个国家，即包括德国、法国、意大利、荷兰、比利时、卢森堡、爱尔兰、西班牙、葡萄牙、奥地利、芬兰、立陶宛、拉脱维亚、爱沙尼亚、斯洛伐克、斯洛文尼亚、希腊、马耳他、塞浦路斯。

② 由于本书的样本期限最高是2014年，故采用IMF2014年全球经济展望公布的全球前七大经济体，即美国、中国、日本、德国、英国、法国、巴西。

表 4 – 19　增加值贸易对国际经济周期联动的影响（核心解释变量滞后一期）

变量	两国总产出联动为被解释变量，W_t 等于两国总产出之和					
	（1）	（2）	（3）	（4）	（5）	（6）
$LagVAtrade\_go$	0.0269 * * * (0.0001)	0.0253 * * * (0.0002)	0.0146 * * * (0.0001)	0.0173 * * * (0.0002)	0.0084 * * * (0.0002)	0.0134 * * * (0.0002)
To_trade_go				0.0041 * * * (0.0001)	0.0041 * * * (0.0001)	0.0023 * * * (0.0001)
PSI				0.3261 * * * (0.0005)	0.3322 * * * (0.0005)	0.0092 * * * (0.0015)
ISI				0.1529 * * * (0.0073)	0.0314 * * * (0.0077)	0.4840 * * * (0.0103)
FII				0.7639 * * * (0.0058)	0.7451 * * * (0.0058)	0.7476 * * * (0.0057)
μ_t	Yes	Yes	Yes	Yes	Yes	Yes
μ_{cs}	Yes	No	No	Yes	No	No
μ_{cas}	No	Yes	No	No	Yes	No
μ_{ccss}	No	No	Yes	No	No	Yes
样本量	39469836	39469836	39469836	39197446	39197446	39197446
R^2	0.0839	0.0897	0.1235	0.0907	0.0964	0.1237

注：（1）* * *、* *、*分别表示在1%、5%、10%的显著性水平下显著；（2）括号中为标准误。

第二种方式的稳健性检验结果如表 4 – 20 至表 4 – 23 所示，这些表中的列（1）至列（3）显示剔除欧元区国家情形下的回归结果，列（4）至列（6）显示剔除前七大经济体情形下的回归结果，列（7）至列（9）显示剔除开放度前 50% 国家情形下的回归结果。表 4 – 20 至表 4 – 23 的结果表明，无论在何种情形下，不管是以两国 GDP 联动还是以总产出联动作为被解释变量，无论是否对增加值贸易强度采取滞后一期处理，以及引入何种固定效应，回归结果均证明增加值贸易对国际经济周期联动具有显著的正向影响作用。

表 4 – 20　增加值贸易对经济周期联动的稳健性检验

变量	两国 GDP 联动为被解释变量，W_t 等于两国 GDP 之和								
	（1）	（2）	（3）	（4）	（5）	（6）	（7）	（8）	（9）
	剔除欧元区国家			剔除前七大经济体			剔除开放度前50%国家		
$VAtradegdp$	0.0240 * * * (0.0003)	0.0057 * * * (0.0004)	0.0216 * * * (0.0003)	0.0220 * * * (0.0002)	0.0186 * * * (0.0002)	0.0186 * * * (0.0002)	0.0308 * * * (0.0004)	0.0083 * * * (0.0004)	0.0245 * * * (0.0004)
To_trade_gdp	0.0035 * * * (0.0001)	0.0027 * * * (0.0001)	0.0033 * * * (0.0002)	0.0002 * (0.0001)	– 0.0011 * * * (0.0001)	– 0.0007 * * * (0.0001)	0.0052 * * * (0.0002)	0.0047 * * * (0.0002)	0.0064 * * * (0.0002)
PSI	0.3185 * * * (0.0008)	0.3334 * * * (0.0009)	0.0249 * * * (0.0031)	0.3088 * * * (0.0006)	0.3160 * * * (0.0006)	0.0239 * * * (0.0022)	0.2930 * * * (0.001)	0.3096 * * * (0.001)	0.0248 * * * (0.0034)

续　表

变量	两国 GDP 联动为被解释变量，W_i 等于两国 GDP 之和								
	(1)	(2)	(3)	(4)	(5)	(6)	(7)	(8)	(9)
	剔除欧元区国家			剔除前七大经济体			剔除开放度前 50% 国家		
ISI	0.3820	0.0871	0.9411	0.2305	0.1179	0.7453	0.3365	0.023	0.6016
	* * *	* * *	* * *	* * *	* * *	* * *	* * *	(0.0193)	* * *
	(0.0153)	(0.0164)	(0.0212)	(0.0087)	(0.0091)	(0.0128)	(0.0183)		(0.0235)
FII	1.1906	1.1535	1.1723	0.5988	0.5966	0.5886	1.6808	1.6362	1.6535
	* * *	* * *	* * *	* * *	* * *	* * *	* * *	* * *	* * *
	(0.0109)	(0.0109)	(0.0109)	(0.0071)	(0.0071)	(0.007)	(0.0129)	(0.0129)	(0.0127)
μ_t	Yes	Yes	Yes	Yes	Yes	Yes	Yes	Yes	Yes
μ_{cs}	Yes	No	No	Yes	No	No	Yes	No	No
μ_{cas}	No	Yes	No	No	Yes	No	No	Yes	No
μ_{ccss}	No	No	Yes	No	No	Yes	No	No	Yes
样本量	11873546	11873546	11873546	27366727	27366727	27366727	9051350	9051350	9051350
R^2	0.0652	0.0692	0.0868	0.0718	0.0757	0.098	0.0821	0.089	0.1041

注：(1) * * *、* *、* 分别表示在 1%、5%、10% 的显著性水平下显著；(2) 括号中为标准误。

表 4 - 21　增加值贸易对经济周期联动的稳健性检验(核心解释变量滞后一期)

变量	两国 GDP 联动为被解释变量，W_i 等于两国 GDP 之和								
	(1)	(2)	(3)	(4)	(5)	(6)	(7)	(8)	(9)
	剔除欧元区国家			剔除前七大经济体			剔除开放度前 50% 国家		
Lag_VAtrade_gdp	0.0225	0.0052	0.0185	0.0199	0.0169	0.0161	0.0323	0.0089	0.0271
	* * *	* * *	* * *	* * *	* * *	* * *	* * *	* * *	* * *
	(0.0003)	(0.0004)	(0.0004)	(0.0002)	(0.0003)	(0.0002)	(0.0004)	(0.0004)	(0.0005)
To_trade_gdp	0.0034	0.0030	0.0035	0.0011	0.0001	0.0002	0.0055	0.0052	0.0066
	* * *	* * *	* * *	* * *	(0.0001)	(0.0001)	* * *	* * *	* * *
	(0.0001)	(0.0002)	(0.0002)	(0.0001)			(0.0002)	(0.0002)	(0.0002)
PSI	0.3321	0.3459	0.0070	0.3173	0.3241	0.0255	0.2963	0.3128	0.0132
	* * *	* * *	* *	* * *	* * *	* * *	* * *	* * *	* * *
	(0.0009)	(0.0009)	(0.0032)	(0.0007)	(0.0007)	(0.0023)	(0.001)	(0.001)	(0.0035)
ISI	0.2377	− 0.0058	0.8902	0.0884	0.0096	0.6716	0.2773	− 0.0167	0.5966
	* * *	(0.0167)	* * *	* * *	(0.0093)	* * *	* * *	(0.0198)	* * *
	(0.0153)		(0.0216)	(0.0089)		(0.0133)	(0.0188)		(0.0242)
FII	1.2557	1.2202	1.2309	0.5678	0.5656	0.5572	1.6787	1.6322	1.6516
	* * *	* * *	* * *	* * *	* * *	* * *	* * *	* * *	* * *
	(0.0118)	(0.0117)	(0.0117)	(0.0078)	(0.0078)	(0.0077)	(0.0135)	(0.0135)	(0.0134)
μ_t	Yes	Yes	Yes	Yes	Yes	Yes	Yes	Yes	Yes
μ_{cs}	Yes	No	No	Yes	No	No	Yes	No	No
μ_{cas}	No	Yes	No	No	Yes	No	No	Yes	No
μ_{ccss}	No	No	Yes	No	No	Yes	No	No	Yes
样本量	11026339	11026339	11026339	25413162	25413162	25413162	8405227	8405227	8405227
R^2	0.07	0.0735	0.0955	0.0756	0.0795	0.1054	0.0873	0.0944	0.1121

注：(1) * * *、* *、* 分别表示在 1%、5%、10% 的显著性水平下显著；(2) 括号中为标准误。

表4－22　增加值贸易对经济周期联动的稳健性检验

变量	两国总产出联动为被解释变量，W_i等于两国总产出之和								
	（1）	（2）	（3）	（4）	（5）	（6）	（7）	（8）	（9）
	剔除欧元区国家			剔除前七大经济体			剔除开放度前50%国家		
VA_trade_go	0.0266 *** (0.0003)	0.0038 *** (0.0003)	0.0254 *** (0.0003)	0.0223 *** (0.0002)	0.0180 *** (0.0002)	0.0194 *** (0.0002)	0.0288 *** (0.0003)	0.0023 *** (0.0004)	0.0258 *** (0.0004)
To_trade_go	0.0027 *** (0.0001)	0.0027 *** (0.0001)	0.0022 *** (0.0001)	0.0004 *** (0.0001)	−0.0002 * (0.0001)	−0.0014 *** (0.0001)	0.0054 *** (0.0001)	0.0057 *** (0.0002)	0.0053 *** (0.0002)
PSI	0.3509 *** (0.0007)	0.3672 *** (0.0007)	0.0516 *** (0.0026)	0.3400 *** (0.0006)	0.3460 *** (0.0006)	0.0153 *** (0.0018)	0.3457 *** (0.0008)	0.3643 *** (0.0009)	0.0599 *** (0.003)
ISI	0.4258 *** (0.0133)	0.0493 *** (0.0142)	0.6757 *** (0.0184)	0.2915 *** (0.0081)	0.1713 *** (0.0086)	0.6116 *** (0.0114)	0.4497 *** (0.0163)	0.0948 *** (0.0171)	0.5449 *** (0.021)
FII	1.0454 *** (0.0093)	0.9948 *** (0.0093)	1.0309 *** (0.0092)	0.4866 *** (0.0065)	0.4824 *** (0.0064)	0.4783 *** (0.0063)	1.2807 *** (0.0109)	1.2212 *** (0.0109)	1.2606 *** (0.0108)
μ_t	Yes	Yes	Yes	Yes	Yes	Yes	Yes	Yes	Yes
μ_{cs}	Yes	No	No	Yes	No	No	Yes	No	No
μ_{cst}	No	Yes	No	No	Yes	No	No	Yes	No
μ_{ccss}	No	No	Yes	No	No	Yes	No	No	Yes
样本量	11873546	11873546	11873546	27366727	27366727	27366727	9051350	9051350	9051350
R^2	0.0897	0.0956	0.1149	0.0909	0.0953	0.1219	0.105	0.1146	0.1301

注：（1）＊＊＊、＊＊、＊分别表示在1%、5%、10%的显著性水平下显著；（2）括号中为标准误。

表4－23　增加值贸易对经济周期联动的稳健性检验（核心解释变量滞后一期）

变量	两国总产出联动为被解释变量，W_i等于两国总产出之和								
	（1）	（2）	（3）	（4）	（5）	（6）	（7）	（8）	（9）
	剔除欧元区国家			剔除前七大经济体			剔除开放度前50%国家		
Lag_VAtrade_go	0.0243 *** (0.0003)	0.0015 *** (0.0003)	0.0217 *** (0.0003)	0.0203 *** (0.0002)	0.0164 *** (0.0002)	0.0167 *** (0.0002)	0.0301 *** (0.0003)	0.0019 *** (0.0004)	0.0281 *** (0.0004)
To_trade_go	0.0031 *** (0.0001)	0.0035 *** (0.0001)	0.0026 *** (0.0001)	0.0013 *** (0.0001)	0.0010 *** (0.0001)	0.0005 *** (0.0001)	0.0057 *** (0.0002)	0.0064 *** (0.0002)	0.0054 *** (0.0002)
PSI	0.3683 *** (0.0007)	0.3837 *** (0.0008)	0.0412 *** (0.0027)	0.3510 *** (0.0006)	0.3563 *** (0.0006)	0.0139 *** (0.0019)	0.3460 *** (0.0009)	0.3647 *** (0.0009)	0.0510 *** (0.0031)
ISI	0.3203 *** (0.0135)	−0.0201 (0.0145)	0.6194 *** (0.0187)	0.2167 *** (0.0084)	0.1223 *** (0.0088)	0.5362 *** (0.0118)	0.3672 *** (0.0167)	0.0128 (0.0175)	0.5445 *** (0.0217)
FII	0.9017 *** (0.0099)	0.8507 *** (0.0099)	0.8810 *** (0.0098)	0.3917 *** (0.007)	0.3880 *** (0.007)	0.3819 *** (0.0068)	1.2462 *** (0.0116)	1.1839 *** (0.0115)	1.2270 *** (0.0114)

续 表

变量	两国总产出联动为被解释变量，W_t 等于两国总产出之和								
	(1)	(2)	(3)	(4)	(5)	(6)	(7)	(8)	(9)
	剔除欧元区国家			剔除前七大经济体			剔除开放度前50%国家		
μ_t	Yes	Yes	Yes	Yes	Yes	Yes	Yes	Yes	Yes
μ_{cs}	Yes	No	No	Yes	No	No	Yes	No	No
μ_{cas}	No	Yes	No	No	Yes	No	No	Yes	No
μ_{ccss}	No	No	Yes	No	No	Yes	No	No	Yes
样本量	11026339	11026339	11026339	25413162	25413162	25413162	8405227	8405227	8405227
R^2	0.0956	0.1009	0.1249	0.0943	0.0987	0.1291	0.1102	0.1203	0.1377

注：(1) ＊＊＊、＊＊、＊分别表示在1%、5%、10%的显著性水平下显著；(2)括号中为标准误。

此外，值得注意的是，表4-21、表4-22以及表4-23中显示双边贸易强度的回归结果出现不显著或者出现系数为负且显著，从而一定程度反映出双边贸易强度对经济周期联动的作用并不稳健，这也正好同国家层面的回归结果相对应。若进一步从稳健性的方式来看，造成双边贸易强度对国际经济周期联动性的影响不显著主要出现在剔除前七大经济体之后，由此表明大规模经济体的存在是引起双边贸易强度对经济周期联动性产生影响的主因。

第三节 本章小结

本章针对上一章提出的猜想，即日益深化的全球价值链分工和日益趋同的国际经济周期是否存在某种关联，以及对现有研究国际经济周期贸易传导渠道的结论不一现象同时进行了实证检验，不仅为了研究证明增加值贸易在国际经济周期传导中的作用，也为了揭示国际经济周期贸易传导的核心渠道，解决当前研究结论不一现象。

本章首先从国家层面实证分析增加值贸易对国际经济周期联动性的影响，研究结果显示，增加值贸易对国际经济周期传导的正向效应始终显著存在，但传统贸易在以贸易开放度作为工具变量的回归结果中出现了不显著，而且稳健性检验过程中同样证实了该不显著仍存在。然后从行业层面实证分析增加值贸易对经济周期联动性的影响，研究结果同样显示，无论在何种情形下，不管是以两国 GDP 联动还是以总产出联动作为被解释变量，无论是否对增加值贸易采取滞后一期处理，以及引入何种固定效应，回归结果均证明增加值贸易对国际经济周期联动具有显著的正向影响作用，但双边贸易强度对经济周期联动的作用并不稳健，并且这种不稳健性主要出现在剔除大型经济体之后。

因此，本书得出如下三点经验事实结论：

第一，增加值贸易对国际经济周期的联动性具有稳健且显著的正向影响效应，即两国的增加值贸易越大经济周期联动性就越强；

第二，传统贸易对国际经济周期的传导作用存在，但影响效应不稳健，即同 Canova 和 Della，1993 和 Ng，2010 等的研究结论一致，而本书猜测这是由传统贸易数据中存在重复计算和传统贸易数据核算过程中的先天缺陷①造成的，具体见下文的理论分析；

第三，相比较于传统贸易，增加值贸易才是真正的国际经济周期传导的核心贸易渠道，尽管传统贸易可以进行分解（诸如产业内贸易或贸易边际）但其统计的先天缺陷仍然存在。

针对上述三点实证研究的经验事实，本书接下来将通过构建动态理论模型对该经验事实进行理论模拟验证。

---

① 传统贸易统计的仅仅是双边的直接进出口贸易额，然这种统计口径排除了通过第三方出口国的贸易路径，因此传统贸易统计核算存在先天缺陷。

第五章 增加值贸易影响国际经济周期联动：两国模型

第一节 两国动态理论模型构建

一、两国动态理论模型构建基础

在封闭经济环境下，真实经济周期模型(即 RBC 模型)较好地刻画了美国在第二次世界大战之后的许多国内经济周期特征(Backus et al.，1992)，但是，一旦将单个封闭经济扩展至开放的两国经济时，扩展的国际经济周期模型(即 IRBC 模型)却不能较好地描述开放宏观经济特征，产生了两大异常现象，其一是两国之间的消费、产出和生产率相关性在实际数据和理论结果中出现反常，如两国的经济周期呈负相关等，其二是两国的相对价格变动在实际数据和理论结果中出现反常(Backus et al.，1993)。这样的异常结果致使 IRBC 模型在解释开放经济特征时表现出了一定的局限性，例如，Kose 和 Yi(2001)在利用标准的 IRBC 模型去研究贸易与国际经济周期联动性问题时产生了"贸易联动性困惑"。

针对这个困惑，许多学者在试图解释时主要从两个角度进行了思考：其一是依据现实情境引入相关模型结构，如垂直关联的生产结构。李嘉图的比较优势理论表明国际分工促使了贸易的产生，各个国家的生产会逐渐专业化。然而，一旦这种专业化生产的商品作为中间投入品进行贸易时，国家之间就会产生一种关联，即垂直生产关联抑或是生产共享结构。而传统的 IRBC 模型仅考虑单一且同质的最终品贸易，于是，将垂直关联的生产结构引入标准 IRBC 模型进行扩展，如 Kose 和 Yi(2001)在传统的 IRBC 模型中把最终品也纳入可贸易品，形成一种简单的垂直贸易关联；Burstein et. al（2008）在两国模型中假定每个国家专业化生产一种中间品，然后利用这些中间品生产两种组合商品，分别是生产共享商品和水平差异化商品，同时假定生产共享商品只被其中一国消费，从而组建了一种外生且单向的生产垂直关联；Arkolakis 和 Ramanarayanan（2009）在 EK 模型（Eaton 和 Kortum，2002）的基础上构建两国模型，将连续商品的生产分成两个环节，第二环节的生产需要第一环节的产品作为中间投入品，形成了具有内生垂直专业化的生产结构。其二是将传统贸易进行分解，如二元边际或三元边际，因为传统贸易是一个相对整体的概念，就如传统的 IRBC 模型所定义的那样，但是整体的影响往往是其各分量影响的加总。因此，将贸易进行分解有助于发现传统贸易背后的真正主导因素，如 Liao 和 Santacreu（2015）基于 Ghironi 和 Melilz（2005）的异质性企业进入与退出两国模型，引入企业进入与退出结构，将贸易分解为集约边际和扩展边际，其中集约边际即是单个企业的出口量，而扩展边际则是出口企业数。

综合以上两国动态模型研究贸易与经济周期联动性的基础上，本章在构建模型时结合以下几点考虑：

第一，生产结构的选择。本书主要研究增加值贸易对经济周期联动性的影响，同时对比传统贸易的影响效应来揭示国际经济周期贸易传导的核心渠道。考虑到试图在模型中区分传统贸易和增加值贸易，假若中间品生产函数仍是传统 IRBC 模型中的 $y_{i,t} = z_{i,t} k_{i,t}^{\theta} n_{i,t}^{1-\theta}$ 就会导致传统贸易与增加值贸易无异，而这也正是当前许多模型对传统贸易和增加值贸易的混淆之处，因为由该生产函数生产的商品就是国内价值增加，所以出口的商品即为增加值出口而非传统出口。因此，为了凸显两种贸易的差异，本书将生产函数采用具有中间品投入要素的生产结构，即 $y_{i,t} = (k_{i,t}^{\theta} n_{i,t}^{1-\theta})^{\eta} q_{m,i,t}^{1-\eta}$，其中，$q_m$ 即是生产中投入的中间品数量。此外，在投入产出核算中，额外一单位最终产品所引致的总国内价值增加等于直接国内价值增加和多重循环的间接国内价值增加之和（Koopman、Wang 和 Wei，2008），也即是投入产出循环，所以本书同时引入投入产出循环结构，不同于单向一次垂直结构（Burstein、Kurz 和 Tesar，2008）或双向一次垂直结构（Arkolakis 和 Ramanarayanan，2009）。

第二，基础贸易理论的选择。正如 Ghironi 和 Melitz（2005）所言，标准 IRBC 模型在研究国际经济周期联动的贸易渠道时，通常潜在地假定国际贸易模式、商品市场结构和要素市场结构均是外生的（Lane，2001），从而使得模型无法对动态变化的贸易模式进行描述，无法对长期以及动态增长过程进行比较，也无法考虑中短期的经济周期动态性及对贸易模式的影响，同时也忽视了宏观现象对其微观基础的影响，这种现象的产生源于类似于标准 IRBC 的国际宏观经济模型和贸易理论出现了脱节。鉴于此，本书将在 IRBC 模型框架下结合当前国际贸易理论，针对当前以 Melilz（2003）为代表的异质性企业理论和以 Eaton 和 Kortum（2002）为代表的生产异质性理论，但是考虑到全球价值链分工模式，由于 Melilz（2003）模型在构建时存在一个隐含的前提假设，即每个国家可以生产所有商品（Eaton 和 Kortum，2011），因为一国的企业生产率分布涵盖了所有商品，只是商品存在能出口和不能出口的区分，所以在该前提下很难实现价值链分工模式内生，也即垂直专业化内生。因此，本书决定采用 E－K 模型作为基础贸易理论，该模型不仅可以实现内生的垂直专业化，也更贴近增加值贸易的现实情形。

第三，最终商品的生产选择。由于最终品通常用作消费和投资，所以往往将最终品设定为非出口商品。同时，对于最终品的生产也有多种方式，如无价值增加的 $Y_{i,t} = \left(\int_{z \in \Omega_t} (y_{i,t}(z))^{(\theta-1)/\theta} \right)^{\theta/(\theta-1)}$（Liao 和 Santacreu，2015）和有价值增加的 $Y_{i,t} = A_{i,t} z \ (k(z)_{i,t}^{\alpha} l(z)_{i,t}^{1-\alpha})^{\eta} \left(\int_{z \in \Omega_t} (y_{i,t}(z))^{(\theta-1)/\theta} \right)^{(1-\eta)\theta/(\theta-1)}$（Arkolakis 和 Ramanarayanan，2009）。因此，考虑到本书建模主要为了凸显增加值贸易，同时也为了方便模型对结果的处理，决定将生产的最终商品设定为既可以用作中间投入品，也可以用作消费品和投资品[①]。

第四，增加值贸易的定义。从最早 Hummels et. al（2001）提出 VS 来衡量垂直专业化以来，即出口产品中含有进口中间品的量，增加值贸易的衡量指标不断推陈出新，如之后 Hummels et. al（2001）又提出的 VS1，即中间品出口间接地通过第三国出口至目的国的量；Daudin et. al（2011）提出的 VS1*，即一国出口的商品被其余国家用作中间投入品生产最终品并运输至国内的量；Johnson 和 Noguera（2012a）提出的 VAX，即每个目的国最终支出

---

① Eaton 和 Kortum（2002）在构建生产异质性模型时同样采用这种形式的，即最终品即可用于中间投入品再生产，也可以用作消费和投资。

中含有的本国价值增加量，以及 Koopman et. al(2014)提出的统一核算框架 *VB*。本书采用 Johnson 和 Noguera(2012a)提出的增加值贸易概念，将增加值贸易界定为一国国内价值增加经过投入产出循环最终被他国吸收的量，同时借鉴 Wang et. al(2013)的 *VBY* 测算方法测算增加值贸易。

结合以上几点考虑，以及为了同当前研究贸易与国际经济周期联动性的两国模型进行比较，本章接下来将在传统 IRBC 模型的框架下，以生产异质性 E－K 模型(Eaton 和 Kortum，2002)为微观基础，垂直专业化内生，具有投入产出循环，连续商品且多样化使用，构建两国动态模型，以期对上一章的经验事实进行理论验证。此外，本章对模型内部结构的调整，不仅抓住了研究对象的特性，也更贴近了现实。

二、两国动态理论模型构建理路

假定世界上只有两个国家，分别是国家 i 和国家 j, $n = \{i,j\}$，每个国家中都只有一个无限期存活的代表性家庭和两个生产部门。两个生产部门分别是可贸易品生产部门，即利用生产要素和中间品进行生产，和最终品生产部门，即购买可贸易中间品生产最终商品。模型中的时间轴是无限且离散的，而某一时期是由字母 $t = 0,1,\cdots$ 来表示。由于存在生产的异质性，可贸易品生产部门生产的单个可贸易商品是存在差异的，所以由 ω 来表示。当然，商品市场是完全竞争的[①]。此外，当变量下面同时出现国家 i 和 j 时，第一个字母代表商品来源国，第二个字母代表商品目的国。

Heathcote 和 Perri(2002)在其研究中指出，相比较于具有完全竞争资本市场的国际商业周期模型，没有国际金融资本市场的模型更能匹配现实数据。同时，考虑到本书重点研究国际经济周期的贸易传导渠道，于是控制金融等经济周期的传导渠道，所以模型假定金融市场独立。本部分构建的基准模型在生产过程中暂时不投入资本，而将引入资本作为后续模型的拓展研究，同时也作为模型的稳健性检验[②]。

---

① E－K 模型就是一个完全竞争的市场结构。

② 因为基础的 E－K 模型并没有引入资本，而且也有众多文献均采用以单要素劳动的模型作为主要研究分析，而将基础模型进行扩展，如引入资本、金融市场等，作为理论模型的稳健性检验，如 Ghironi 和 Melitz(2005)、Zlate(2016)、Florin et al. (2012)等。

(一)代表性家庭

每一个国家中的代表性家庭在每一期具有一单位的可用时间，其中 $L_{n,t}$ 比例的时间用于国内商品生产，$1 - L_{n,t}$ 比例的剩余时间则用于闲暇。代表性家庭通过劳动可以获取一定的工资收入，并将收入用以购买消费品。对于代表性家庭而言，闲暇和消费均能提高其效用水平。因此，每个国家的代表性家庭的效用函数可以表示为：

$$U_{n,t} = \frac{\left[C_{n,t}^{\mu} \left(1 - L_{n,t} \right)^{1-\mu} \right]^{1-\varepsilon}}{1 - \varepsilon} \qquad (5-1)$$

其中，$C_{n,t}$ 表示 n 国的代表性家庭在 t 期的消费；$L_{n,t}$ 表示 n 国的代表性家庭在 t 期所提供的劳动时间比例；参数 $\mu \in (0,1)$ 表示消费在代表性家庭的效用中所占的份额；参数 $\varepsilon > 0$ 表示代表性家庭的跨期替代弹性。

那么，代表性家庭最大化其预期终生效用可以表示为：

$$Max\, E_{n,t} \sum_{t=0}^{\infty} \beta^t \frac{\left[C_{n,t}^{\mu} \left(1 - L_{n,t} \right)^{1-\mu} \right]^{1-\varepsilon}}{1 - \varepsilon} \qquad (5-2)$$

其中，$E_{n,t}$ 定义为对所有时间过程的预期；$\beta \in (0,1)$ 表示代表性家庭的折现因子。

一国的代表性家庭在每一期提供劳动后可以获得工资收入，而收入可以购买价格为 $P_{n,t}$ 的消费品进行消费。那么，代表性家庭在每一期的预算约束为：

$$w_{n,t} L_{n,t} = P_{n,t} C_{n,t} \qquad (5-3)$$

因此，代表性家庭的决策问题可以描述为在预算约束的条件下，如何选择消费和劳动来最大化其预期终生效用水平。所以，由一阶条件可知：

$$C_{n,t} = \frac{\mu}{1 - \mu} \frac{w_{n,t}}{P_{n,t}} (1 - L_{n,t}) \qquad (5-4)$$

(二)最终商品生产部门

最终商品生产部门主要通过进口和国内采购的方式购买连续且异质的单个可贸易中间品 $q_{i,t}(\omega)$，然后采用对称的 Spence – Dixit – Stiglitz 加总法进行生产，且不需要劳动等生产要素投入。最终商品生产部门生产的最终商品一方面可以直接用于消费，另一方面也可以用作中间投入品再进行生产。其生产函数为：

$$Q_{n,t} = \left[\int_0^1 q_{n,t}(\omega)^{\frac{\eta-1}{\eta}} d\omega \right]^{\frac{\eta}{\eta-1}} \tag{5-5}$$

其中，$Q_{n,t}$ 表示 n 国最终商品的产出，参数 $\eta > 1$ 表示连续且异质的单个可贸易中间品之间的替代弹性。

根据 E - K 模型对特定商品生产技术的定义，对于国家 n 和商品 ω，商品的生产技术 $z(\omega)$ 服从 Fréchet 分布，该分布的累积分布函数为：

$$F_n(z) = e^{-T_n z^{-\frac{1}{\theta}}} \tag{5-6}$$

其中，$T_n > 0, \frac{1}{\theta} > 1$。根据 Eaton 和 Kortum(2002)对上述参数的解释，T_n 在各个国家之间存在差异，该差异可以表现为商品生产过程中的绝对优势，即 T_n 越大，对任何商品的生产均具有较高的生产效率，而参数 $\frac{1}{\theta}$ 则决定了商品之间的异质性，即商品生产的比较优势。所以，参数 T_n 和 $\frac{1}{\theta}$ 能够很好地描述世界各国在生产连续商品中存在的绝对优势和比较优势差异的基本李嘉图思想。

为了方便后续模型的推导处理，将 Fréchet 分布变换成指数分布，令 $z(\omega) = x(\omega)^{-\theta}$，那么，$x(\omega)$ 则是服从参数为 T_n 的指数分布①。所以，通过转换后，最终商品生产部门的生产函数变为：

$$Q_{n,t} = \left[\int_0^\infty q_{n,t}(x)^{\frac{\eta-1}{\eta}} \Phi(x) dx \right]^{\frac{\eta}{\eta-1}} \tag{5-7}$$

其中，$\Phi(x)$ 是国家 i 和国家 j 的特定商品生产技术联合密度，也是"商品 x"的联合密度②。

任何厂商或部门都会追求利润最大化，与之对应的则是生产的成本最小化。那么，最终商品生产部门的生产成本最小化问题就为如下表达式：

$$Min \int_0^\infty p_{i,t}(x) q_{i,t}(x) \Phi(x) dx \tag{5-8}$$

据此，最终商品生产部门的决策问题就可以描述为在其产出约束条件

---

① Alvarez 和 Lucas(2007)也采用这种变换方便模型的推导处理。
② 因为最终商品生产部门生产商品需要购买国内和国外中间品，所以投入的中间品种类集合就是国内与国外的加总。此外，假设两国特定商品生产技术是相互独立的。

下，即 $Q_{n,t} = \left[\int_0^\infty q_{n,t}(x)^{\frac{\eta-1}{\eta}} \Phi(x) dx \right]^{\frac{\eta}{\eta-1}}$，如何选择商品 x 的数量 $q_{n,t}(x)$ 来最小化其生产成本。所以，由一阶条件可知：

$$P_{n,t} = \left[\int_0^\infty p_{n,t}(x)^{1-\eta} \Phi(x) dx \right]^{\frac{1}{1-\eta}} \tag{5-9}$$

$$q_{n,t}(x) = \left(\frac{P_{n,t}}{p_{n,t}(x)} \right)^\eta Q_{n,t} \tag{5-10}$$

其中，$P_{n,t}$ 表示 t 期国家 n 的最终商品价格指数。

(三)可贸易中间品生产部门

可贸易中间品生产部门通过购买劳动 $L_{n,t}$ 和最终商品 $Q_{n,t}$ 来生产可贸易中间品，生产的中间品则销往国内市场和国外市场。假定可贸易中间品生产部门采用柯布道格拉斯生产技术，那么，对于某一特定的中间品 x，其具体的生产函数形式为[①]：

$$q_{n,t}(x) = A_{n,t} x_n^{-\theta} L_{n,t}(x)^\alpha q_{m,n,t}(x)^{1-\alpha} \tag{5-11}$$

其中，$q_{n,t}(x)$ 表示 n 国可贸易中间品生产部门生产的中间品 x 的产出；$A_{n,t}$ 表示 n 国的外生技术冲击，满足一阶自回归过程，即：$ln A_{n,t} = \rho ln A_{n,t-1} + \epsilon_{n,t}$；$x_n$ 表示 n 国的特定商品技术；$L_{n,t}(x)$ 表示 n 国可贸易中间品生产部门在生产中间品 x 中投入的劳动量；$q_{m,n,t}(x)$ 表示 n 国可贸易中间品生产部门在生产中间品 x 中投入的最终商品数量；参数 α 表示中间品 x 的生产过程中劳动投入的份额。

那么，可贸易中间品生产部门生产中间品 x 的成本最小化问题就为如下表达式：

$$Min\ w_{n,t} L_{n,t} + P_{n,t} q_{m,n,t}(x) \tag{5-12}$$

据此，可贸易中间品生产部门的决策问题就可以描述为在其产出约束条件下，即 $q_{n,t}(x) = A_{n,t} x_n^{-\theta} L_{n,t}(x)^\alpha q_{m,n,t}(x)^{1-\alpha}$，如何选择劳动和最终商品投入来最小化其生产成本。所以，由一阶条件可知：

$$L_{n,t}(x) = \left(\frac{\alpha}{1-\alpha} \right)^{1-\alpha} \frac{x_n^\theta}{A_{n,t}} \left(\frac{P_{n,t}}{w_{n,t}} \right)^{1-\alpha} q_{n,t}(x) \tag{5-13}$$

---

① 依据 EK 模型，该生产函数的原型应该是 $q_{n,t}(x) = A_{n,t} z_n(x) L_{n,t}(x)^\alpha q_{m,n,t}(x)^{1-\alpha}$，文中的表述则是通过转换之后的形式。

$$q_{m,n,t}(x) = \left(\frac{\alpha}{1-\alpha}\right)^{-\alpha} \frac{x_n^\theta}{A_{n,t}} \left(\frac{P_{n,t}}{w_{n,t}}\right)^{-\alpha} q_{n,t}(x) \qquad (5-14)$$

进而可得：

$$p_{n,t}(x) = Y \frac{x_n^\theta}{A_{n,t}} w_{n,t}^\alpha P_{n,t}^{1-\alpha} \qquad (5-15)$$

其中，$Y = \alpha^{-\alpha}(1-\alpha)^{\alpha-1}$。

（四）最终商品价格指数

在开放贸易之后，国与国之间就会产生商品的进出口贸易。由于模型存在内生的垂直专业化，只有单个可贸易中间品 $q_{n,t}(x)$ 进行了贸易，所以，最终商品生产部门会以进口或国内采购的方式购买中间品。在 E-K 模型中，商品市场是完全竞争的，那么一国的最终商品生产部门在采购中间品 x 时就只会挑选最低价格的中间品 x，由此可知一国购买单个可贸易中间品 x 的购买价格可以表示为（以 i 国代表第一身份国）：

$$p_{i,t}(x) = \min\{\tau_{ii}\,p_{i,t}(x), \tau_{ji}\,p_{j,t}(x)\} \qquad (5-16)$$

其中，τ_{ij} 表示国家之间商品贸易的冰山运输成本，意味着 τ_{ij} 单位的商品从国家 i 运输至国家 j 时，最终只有一单位商品到达，即 $\tau_{ij} > 1$。等式左边的 $p_{i,t}(x)$ 指代 i 国最终商品生产部门购买中间品 x 的购买价格，等式右边的 $p_{i,t}(x)$ 和 $p_{j,t}(x)$ 分别指代 i 国和 j 国的中间品生产部门出售中间品 x 的出厂价格。

根据可贸易中间品生产部门的决策问题可知出售中间品 x 的出厂价格，然后代入上述购买价格表达式，可进一步推得 i 国最终商品生产部门的购买价格为：

$$p_{i,t}(x) = \min\left\{\frac{Y w_{i,t}^\alpha P_{i,t}^{1-\alpha} \tau_{ii}}{A_{i,t}} x_i^\theta, \frac{Y w_{j,t}^\alpha P_{j,t}^{1-\alpha} \tau_{ji}}{A_{j,t}} x_j^\theta\right\} \qquad (5-17)$$

即：$p_{i,t}(x)^{\frac{1}{\theta}} = \min\left\{\left(\frac{Y w_{i,t}^\alpha P_{i,t}^{1-\alpha} \tau_{ii}}{A_{i,t}}\right)^{\frac{1}{\theta}} x_i, \left(\frac{Y w_{j,t}^\alpha P_{j,t}^{1-\alpha} \tau_{ji}}{A_{j,t}}\right)^{\frac{1}{\theta}} x_j\right\}$

令 $g_{ij,t} = \left(\frac{Y w_{i,t}^\alpha P_{i,t}^{1-\alpha} \tau_{ij}}{A_{i,t}}\right)^{\frac{1}{\theta}}$，则：

$$p_{i,t}(x)^{\frac{1}{\theta}} = \min\{g_{ii,t}\,x_i, g_{ji,t}\,x_j\} \qquad (5-18)$$

根据指数分布的特性，即：如果某个随机变量 x 服从参数为 a 的指数分布，那么，bx 则服从参数为 $\frac{a}{b}$ 的指数分布。所以，$g_{ii,t}\,x_i$ 和 $g_{ji,t}\,x_j$ 分别是

服从参数为 $\dfrac{T_i}{g_{ii,t}}$ 和 $\dfrac{T_j}{g_{ji,t}}$ 的指数分布。因此，可由指数分布的另一特性①可

知，$p_{i,t}(x)^{\frac{1}{\theta}}$ 是服从参数为 $(\varphi_{ii,t} + \varphi_{ji,t})$ 的指数分布，其中，$\varphi_{ij,t} = \dfrac{T_i}{g_{ij,t}}$。

然后，令 $u_{i,t} = p_{i,t}(x)^{\frac{1}{\theta}}$，则 $p_{i,t}(x) = u_{i,t}^{\ \theta}$，代入最终商品的价格指数公式，得出：

$$P_{i,t}^{\ 1-\eta} = \int_0^\infty u_{i,t}^{\ \theta(1-\eta)} (\varphi_{ii,t} + \varphi_{ji,t}) e^{-(\varphi_{ii,t}+\varphi_{ji,t})u_{i,t}} d\,u_{i,t} \qquad (5-19)$$

并令 $r_{i,t} = (\varphi_{ii,t} + \varphi_{ji,t}) u_{i,t}$，则：

$$P_{i,t} = (\varphi_{ii,t} + \varphi_{ji,t})^{-\theta} \left[\int_0^\infty r_{i,t}^{\ \theta(1-\eta)} e^{-r_{i,t}} dr_{i,t} \right]^{\frac{1}{1-\eta}} \qquad (5-20)$$

令 $T(\theta,\eta) = \left[\int_0^\infty r_{i,t}^{\ \theta(1-\eta)} e^{-r_{i,t}} dr_{i,t} \right]^{\frac{1}{1-\eta}}$，即：

$$T(\theta,\eta)^{1-\eta} = \int_0^\infty r_{i,t}^{\ \theta(1-\eta)} e^{-r_{i,t}} dr_{i,t} \qquad (5-21)$$

其中，令 $\xi = 1 + \theta(1-\eta) > 0$，则等式右边就是 Gamma 函数：

$$\Gamma(\xi) = \int_0^\infty r_{i,t}^{\ \xi} e^{-r_{i,t}} dr_{i,t} \qquad (5-22)$$

因此，i 国国内的最终商品价格指数最终可以表示为：

$$P_{i,t} = T (\varphi_{ii,t} + \varphi_{ji,t})^{-\theta} = T \left[T_i \left(\frac{Y w_{i,t}^\alpha P_{i,t}^{1-\alpha} \tau_{ii}}{A_{i,t}} \right)^{-\frac{1}{\theta}} + T_j \left(\frac{Y w_{j,t}^\alpha P_{j,t}^{1-\alpha} \tau_{ji}}{A_{j,t}} \right)^{-\frac{1}{\theta}} \right]^{-\theta}$$

$$(5-23)$$

类似的，j 国国内的最终商品价格指数最终可以表示为：

$$P_{j,t} = T (\varphi_{jj,t} + \varphi_{ij,t})^{-\theta} = T \left[T_i \left(\frac{Y w_{i,t}^\alpha P_{i,t}^{1-\alpha} \tau_{ij}}{A_{i,t}} \right)^{-\frac{1}{\theta}} + T_j \left(\frac{Y w_{j,t}^\alpha P_{j,t}^{1-\alpha} \tau_{jj}}{A_{j,t}} \right)^{-\frac{1}{\theta}} \right]^{-\theta}$$

$$(5-24)$$

（五）贸易平衡

在没有资本市场的条件下，两国会在任何时期均处于贸易平衡的状态下，即 i 国向 j 国购买的商品支出一定等于 j 国向 i 国购买的商品支出。

---

① 该特性即：如果某个随机变量 x 服从参数为 a 的指数分布，另一个随机变量 y 服从参数为 b 的指数分布，那么，对于随机变量 c = min{x, y}，可知 c 是服从参数为 a + b 的指数分布。

定义支出比例 $D_{ij,t}$，具体代表在 t 期国家 j 购买国家 i 的商品支出占 j 国总支出的比例，即：

$$P_{j,t}\, Q_{j,t}\, D_{ij,t} = \int_{B_{ij,t}} p_{ij,t}(x)\, q_{ij,t}(x)\, \Phi(x)\, dx \qquad (5-25)$$

其中，$B_{ij,t}$ 代表 t 期国家 j 从国家 i 购买的商品种类集合，$p_{ij,t}(x) = p_{i,t}(x)\,\tau_{ij}$ 表示 t 期国家 j 向国家 i 购买商品 x 的价格，$q_{ij,t}(x)$ 表示 t 期国家 j 向国家 i 购买商品 x 的数量。

那么，支出比例 $D_{ji,t}$ 就代表在 t 期国家 i 购买国家 j 的商品支出占 i 国总支出的比例，即：

$$P_{i,t}\, Q_{i,t}\, D_{ji,t} = \int_{B_{ji,t}} p_{ji,t}(x)\, q_{ji,t}(x)\, \Phi(x)\, dx \qquad (5-26)$$

其中，$B_{ji,t}$ 代表 t 期国家 i 从国家 j 购买的商品种类集合，$p_{ji,t}(x) = p_{j,t}(x)\,\tau_{ji}$ 表示 t 期国家 i 向国家 j 购买商品 x 的价格，$q_{ji,t}(x)$ 表示 t 期国家 i 向国家 j 购买商品 x 的数量。

因此，贸易平衡条件可以表示为：

$$P_{i,t}\, Q_{i,t}\, D_{ji,t} = P_{j,t}\, Q_{j,t}\, D_{ij,t} \qquad (5-27)$$

由于市场是完全竞争的，其实 $D_{ij,t}$ 也如在 E - K 模型中所描述那样，代表 j 国会购买 i 国商品的概率，换言之就是 j 国进口 i 国商品 x 的进口价格小于其国内售价的概率，即：

$$D_{ij,t} = Pr\{p_{ij,t}(x) \leqslant p_{jj,t}(x)\} = Pr\{p_{i,t}(x)\,\tau_{ij} \leqslant p_{j,t}(x)\,\tau_{jj}\} \qquad (5-28)$$

因为价格 $p_{i,t}(x)$ 和 $p_{j,t}(x)$ 可由各国的中间品生产部门的一阶条件可知，那么，代入具体表达式，可推得：

$$D_{ij,t} = Pr\{g_{ij,t}\, x_i \leqslant g_{jj,t}\, x_j\} \qquad (5-29)$$

在指数分布中，假若 x 和 y 是两个独立的随机变量，且 x 服从参数为 a 的指数分布，y 服从参数为 b 的指数分布，那么随机变量 x 小于 y 的概率则为 $\dfrac{a}{a+b}$。所以，可推得：

$$D_{ij,t} = \frac{T_i / g_{ij,t}}{T_i / g_{ij,t} + T_j / g_{jj,t}} \qquad (5-30)$$

即：

$$D_{ij,t} = \frac{\varphi_{ij,t}}{\varphi_{ij,t} + \varphi_{jj,t}} \qquad (5-31)$$

那么，$D_{jj,t} = \dfrac{\varphi_{jj,t}}{\varphi_{ij,t} + \varphi_{jj,t}}$；$D_{ji,t} = \dfrac{\varphi_{ji,t}}{\varphi_{ji,t} + \varphi_{ii,t}}$；$D_{ii,t} = \dfrac{\varphi_{ii,t}}{\varphi_{ji,t} + \varphi_{ii,t}}$。

最终，贸易平衡条件可以表述为：

$$P_{i,t} Q_{i,t} = P_{i,t} Q_{i,t} D_{ii,t} + P_{j,t} Q_{j,t} D_{ij,t} \tag{5-32}$$

$$P_{j,t} Q_{j,t} = P_{i,t} Q_{i,t} D_{ji,t} + P_{j,t} Q_{j,t} D_{jj,t} \tag{5-33}$$

（六）市场出清

当经济体处于均衡状态时，商品市场会处于出清状态，即：

$$Q_{n,t} = q_{m,n,t} + C_{n,t} \tag{5-34}$$

假设 $B_{n,t}$ 代表国家 n 生产的可贸易中间品种类，那么，一国的总劳动：

$$L_{n,t} = \int_{B_{n,t}} L_{n,t}(x) \Phi(x) dx \tag{5-35}$$

总中间品投入：

$$q_{m,n,t} = \int_{B_{n,t}} q_{m,n,t}(x) \Phi(x) dx \tag{5-36}$$

最后，经济体的总收入也将等于总支出，即：

$$w_{n,t} L_{n,t} = P_{n,t} C_{n,t} \tag{5-37}$$

（七）模型均衡

对于国家 i 和国家 j 组成的这个世界经济体，在每一期内，代表性家庭实现了效用最大化，生产部门实现了成本最小化以及市场处于出清状态，那么称该种状态为经济的均衡状态，也即代表性家庭的一阶条件、所有生产部门的一阶条件以及市场出清条件在每一期均得到了满足。

第二节　传统贸易与增加值贸易的理论推导

一、传统贸易的理论推导

本书将传统贸易界定为一国出口商品至另一国的总额，所以在两国模型下，传统贸易也就是单个国家的出口总额。因此，定义 $EX_{ij,t}$ 代表国家 i 出口至国家 j 的贸易额；定义 $EX_{ji,t}$ 代表国家 j 出口至国家 i 的贸易额。那么，根据两国的贸易平衡等式就可以直接得出两国的各自出口额分别是：

$$EX_{ij,t} = P_{j,t} Q_{j,t} D_{ij,t} \qquad (5-38)$$

$$EX_{ji,t} = P_{i,t} Q_{i,t} D_{ji,t} \qquad (5-39)$$

二、增加值贸易的理论推导

本书将增加值贸易界定为一国国内价值增加经过投入产出循环最终被目的国吸收的量。其中，投入产出循环（如图 5 - 1 所示）分两种情形，其一是国内投入产出循环，即一国生产的中间品被加工成最终商品后又被用作中间投入用于可贸易中间品的生产；其二是跨国投入产出循环，即 i 国生产的可贸易中间品 $x1$ 出口至 j 国，而 j 国又将其用作中间投入品生产可贸易中间品 $x2$ 并出口至 i 国，然后 i 国又将其用作中间投入品生产可贸易中间品 $x3$，这就是一次跨国投入产出循环。当然，这样的循环可以出现两次、三次甚至无数次。与此同时，由于每一次生产都有劳动投入，所以隐含在某一可贸易中间品中的国内增加值每经历一次循环就会比上一次上涨相应的增加值。而这些国内价值增加值在经历了多次生产循环后，直到被用作消费品才算终止，也就意味着被某一国吸收了。

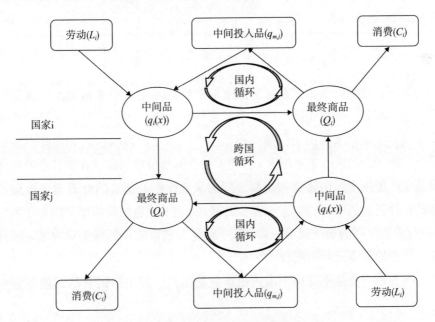

图 5 - 1　两国模型的投入产出循环结构示意图

增加值贸易的概念最早是由 Daudin et al. (2011) 提出的，但对增加值贸易的测算方法是由 Koopman et al. (2014) 集大成，创建了统一框架。而 Wang et. al(2013) 则将 Koopman et al.，(2014) 统一核算框架从国家层面深入至行业层面，并对中间品和总出口进行了分解①。本部分将借鉴 Wang et. al(2013) 中的 $\hat{V}B\hat{Y}$，即国家/行业层面的价值增加和最终商品生产的分解表达式，来推导出本书界定的增加值贸易计算公式。

在 Wang et. al(2013) 的测算方法中，假定世界有两个国家组成，分别是国家 s 和国家 r，其中，国家 s 和国家 r 各有两个行业，分别是行业 1 和行业 2。那么，其国家/行业层面的价值增加和最终商品生产的分解表达式：

$$\hat{V}B\hat{Y} = \begin{bmatrix} v_1^s & 0 & 0 & 0 \\ 0 & v_2^s & 0 & 0 \\ 0 & 0 & v_1^r & 0 \\ 0 & 0 & 0 & v_2^r \end{bmatrix} \begin{bmatrix} b_{11}^{ss} & b_{12}^{ss} & b_{11}^{sr} & b_{12}^{sr} \\ b_{21}^{ss} & b_{22}^{ss} & b_{21}^{sr} & b_{22}^{sr} \\ b_{11}^{rs} & b_{12}^{rs} & b_{11}^{rr} & b_{12}^{rr} \\ b_{21}^{rs} & b_{22}^{rs} & b_{21}^{rr} & b_{22}^{rr} \end{bmatrix} \begin{bmatrix} y_1^s & 0 & 0 & 0 \\ 0 & y_2^s & 0 & 0 \\ 0 & 0 & y_1^r & 0 \\ 0 & 0 & 0 & y_2^r \end{bmatrix} =$$

$$\begin{bmatrix} v_1^s \, b_{11}^{ss} \, y_1^s & v_1^s \, b_{12}^{ss} \, y_2^s & v_1^s \, b_{11}^{sr} \, y_1^r & v_1^s \, b_{12}^{sr} \, y_2^r \\ v_2^s \, b_{21}^{ss} \, y_1^s & v_2^s \, b_{22}^{ss} \, y_2^s & v_2^s \, b_{21}^{sr} \, y_1^r & v_2^s \, b_{22}^{sr} \, y_2^r \\ v_1^r \, b_{11}^{rs} \, y_1^s & v_1^r \, b_{12}^{rs} \, y_2^s & v_1^r \, b_{11}^{rr} \, y_1^r & v_1^r \, b_{12}^{rr} \, y_2^r \\ v_2^r \, b_{21}^{rs} \, y_1^s & v_2^r \, b_{22}^{rs} \, y_2^s & v_2^r \, b_{21}^{rr} \, y_1^r & v_2^r \, b_{22}^{rr} \, y_2^r \end{bmatrix} \quad (5-40)$$

其中，该矩阵给出了在每个国家的最终商品生产中价值增加的来源国和行业的部分，并且矩阵中的每个元素代表来自一国一个行业的价值增加直接或间接地被来源国用作最终商品生产，即被该国的国内和国外市场所吸收。例如，$v_1^s b_{11}^{ss} y_1^s$ 表示国家 s 行业 1 创造的价值增加隐含在该行业的最终商品生产中用于国内销售和出口，即国家 s 行业 1 创造的价值增加被该行业的最终商品所吸收；$v_1^s b_{12}^{ss} y_2^s$ 表示国家 s 行业 1 创造的价值增加隐含在国家 s 的行业 2 生产的最终商品，即国家 s 行业 1 创造的价值增加被国家 s 的行业 2 生产的最终商品所吸收。

因为最终商品不是用于国内销售就是出口，而出口的目的国就是国内

---

① 因为 Wang et. al(2013) 是工作论文，而 Koopman et al.，(2014) 已发表，所以前者年份较早。

价值增加最终被吸收的地方，所以可以利用上述矩阵引出本部分需要计算的增加值贸易计算表达式。

首先，根据 C - D 形式的单个可贸易中间品的生产函数性质，可知：

$$P_{i,t} \, q_{m,i,t}(x) = (1 - \alpha)(p_{i,t}(x) \, q_{i,t}(x)) \qquad (5-41)$$

$$w_{i,t} \, L_{i,t}(x) = \alpha(p_{i,t}(x) \, q_{i,t}(x)) \qquad (5-42)$$

因为生产的可贸易中间品不是用于国内最终商品的生产就是用于出口，所以：

$$P_{i,t} \, q_{m,i,t} = (1 - \alpha) \left[\int_{B_{\ddot{u},t}} p_{\ddot{u},t}(x) \, q_{\ddot{u},t}(x) \Phi(x) dx + \int_{B_{ij,t}} p_{ij,t}(x) \, q_{ij,t}(x) \Phi(x) dx \right]$$

$$(5-43)$$

$$w_{i,t} \, L_{i,t} = \alpha \left[\int_{B_{\ddot{u},t}} p_{\ddot{u},t}(x) \, q_{\ddot{u},t}(x) \Phi(x) dx + \int_{B_{ij,t}} p_{ij,t}(x) \, q_{ij,t}(x) \Phi(x) dx \right]$$

$$(5-44)$$

那么，结合两国之间的贸易平衡条件和一国的收支平衡条件，可得：

$$P_{i,t} \, q_{m,i,t} = (1 - \alpha) P_{i,t} \, Q_{i,t} \qquad (5-45)$$

$$P_{i,t} \, C_{i,t} = \alpha P_{i,t} \, Q_{i,t} \qquad (5-46)$$

进而可知（国家 j 亦是如此），

$$q_{m,i,t} = (1 - \alpha) \, Q_{i,t} \qquad (5-47)$$

$$C_{i,t} = \alpha \, Q_{i,t} \qquad (5-48)$$

所以，在最终商品的总产出中，α 比例的最终商品用于消费，$(1 - \alpha)$ 比例的最终商品用作中间投入品继续投入生产。因此，根据以上条件，贸易平衡等式可以进一步改写为：

$$P_{i,t} \, Q_{i,t} = (1 - \alpha) P_{i,t} \, Q_{i,t} \, D_{\ddot{u},t} + (1 - \alpha) P_{j,t} \, Q_{j,t} \, D_{ij,t} +$$
$$\alpha P_{i,t} \, Q_{i,t} \, D_{\ddot{u},t} + \alpha P_{j,t} \, Q_{j,t} \, D_{ij,t} \qquad (5-49)$$

$$P_{j,t} \, Q_{j,t} = (1 - \alpha) P_{i,t} \, Q_{i,t} \, D_{ji,t} + (1 - \alpha) P_{j,t} \, Q_{j,t} \, D_{jj,t} +$$
$$\alpha P_{i,t} \, Q_{i,t} \, D_{ji,t} + \alpha P_{j,t} \, Q_{j,t} \, D_{jj,t} \qquad (5-50)$$

其中，$(1 - \alpha) P_{i,t} \, Q_{i,t} \, D_{\ddot{u},t}$ 代表 i 国购买本国生产的可贸易中间品用于生产最终商品然后用作中间投入品继续投入生产的部分；$(1 - \alpha) P_{j,t} \, Q_{j,t} \, D_{ij,t}$ 代表 j 国购买 i 国生产的可贸易中间品用于生产最终商品然后用作中间投入品继续投入生产的部分；$\alpha P_{i,t} \, Q_{i,t} \, D_{\ddot{u},t}$ 代表 i 国购买本国生产的可贸易中间品用于生产最终商品然后用作最终消费的部分；$\alpha P_{j,t} \, Q_{j,t} \, D_{ij,t}$ 代表 j 国购买 i

国生产的可贸易中间品用于生产最终商品然后用作最终消费的部分。第二个等式的 j 国情形以此类推。

令 $P_{i,t}Q_{i,t} = X_{i,t}$，$P_{j,t}Q_{j,t} = X_{i,t}$，那么，$X_{i,t}$ 和 $X_{i,t}$ 就分别代表国家 i 和国家 j 的总支出，也即总产出。因此，上述贸易平衡条件等式可以转化为：

$$X_{i,t} = (1 - \alpha)X_{i,t}D_{ii,t} + (1 - \alpha)X_{j,t}D_{ij,t} + \alpha X_{i,t}D_{ii,t} + \alpha X_{j,t}D_{ij,t} \quad (5-51)$$

$$X_{j,t} = (1 - \alpha)X_{i,t}D_{ji,t} + (1 - \alpha)X_{j,t}D_{jj,t} + \alpha X_{i,t}D_{ji,t} + \alpha X_{j,t}D_{jj,t} \quad (5-52)$$

借鉴 WWZ(2013) 的 $\hat{V}B\hat{Y}$ 测算方法，将上述两个等式进一步转换成如下的矩阵形式：

$$\begin{bmatrix} X_{i,t} \\ X_{i,t} \end{bmatrix} = \begin{bmatrix} (1 - \alpha)D_{ii,t} & (1 - \alpha)D_{ij,t} \\ (1 - \alpha)D_{ji,t} & (1 - \alpha)D_{jj,t} \end{bmatrix} \begin{bmatrix} X_{i,t} \\ X_{j,t} \end{bmatrix} + \begin{bmatrix} Y_{i,t} \\ Y_{j,t} \end{bmatrix} \quad (5-53)$$

其中，$Y_{i,t} = y_{ii,t} + y_{ij,t} = \alpha X_{i,t}D_{ii,t} + \alpha X_{j,t}D_{ij,t}$，即世界购买 i 国可贸易中间品最终用于最终消费的支出总和；$Y_{j,t} = y_{ji,t} + y_{jj,t} = \alpha X_{i,t}D_{ji,t} + \alpha X_{j,t}D_{jj,t}$，即世界购买 j 国可贸易中间品最终用于最终消费的支出总和。

经过简单处理，进一步可得：

$$\begin{bmatrix} X_{i,t} \\ X_{i,t} \end{bmatrix} = \begin{bmatrix} b_{ii,t} & b_{ij,t} \\ b_{ji,t} & b_{jj,t} \end{bmatrix} \begin{bmatrix} Y_{i,t} \\ Y_{j,t} \end{bmatrix} \quad (5-54)$$

其中，$b = \begin{bmatrix} b_{ii,t} & b_{ij,t} \\ b_{ji,t} & b_{jj,t} \end{bmatrix} = \begin{bmatrix} 1 - (1 - \alpha)D_{ii,t} & -(1 - \alpha)D_{ij,t} \\ -(1 - \alpha)D_{ji,t} & 1 - (1 - \alpha)D_{jj,t} \end{bmatrix}^{-1}$ 代表

Leontief 逆矩阵，即总需求矩阵，如元素 $b_{ij,t}$ 表示 j 国额外增加一单位最终消费所引起的 i 国总产出的增加量。

根据已有的贸易平衡条件，i 国的劳动价值增加 $w_{i,t}L_{i,t} = \alpha P_{i,t}Q_{i,t} = \alpha X_{i,t}$，$j$ 国的劳动价值增加 $w_{j,t}L_{j,t} = \alpha P_{j,t}Q_{j,t} = \alpha X_{j,t}$，所以，两国的直接价值增加系数均为：

$$\alpha = \frac{w_{i,t}L_{i,t}}{X_{i,t}} = \frac{w_{j,t}L_{j,t}}{X_{j,t}} \quad (5-55)$$

所以，直接价值增加系数的对角矩阵可以表示为：

$$v = \begin{bmatrix} v_1 & 0 \\ 0 & v_2 \end{bmatrix} = \begin{bmatrix} \alpha & 0 \\ 0 & \alpha \end{bmatrix} \quad (5-56)$$

那么，本章两国模型对应于 WWZ(2013) 中的 $\hat{V}B\hat{Y}$，即国家/行业层面

的价值增加和最终商品生产的分解表达式为：

$$\hat{V}B\hat{Y} = \begin{bmatrix} \alpha & 0 \\ 0 & \alpha \end{bmatrix} \begin{bmatrix} b_{ii,t} & b_{ij,t} \\ b_{ji,t} & b_{jj,t} \end{bmatrix} \begin{bmatrix} Y_{i,t} & 0 \\ 0 & Y_{j,t} \end{bmatrix} \qquad (5-57)$$

即：

$$\hat{V}B\hat{Y} = \begin{bmatrix} \alpha & 0 \\ 0 & \alpha \end{bmatrix} \begin{bmatrix} 1 - (1-\alpha)D_{ii,t} & -(1-\alpha)D_{ij,t} \\ -(1-\alpha)D_{ji,t} & 1 - (1-\alpha)D_{jj,t} \end{bmatrix}^{-1} \begin{bmatrix} Y_{i,t} & 0 \\ 0 & Y_{j,t} \end{bmatrix} =$$

$$\begin{bmatrix} \alpha b_{ii,t} Y_{i,t} & \alpha b_{ij,t} Y_{j,t} \\ \alpha b_{ji,t} Y_{i,t} & \alpha b_{jj,t} Y_{j,t} \end{bmatrix} \qquad (5-58)$$

其中，结合本章两国模型的设定条件，$\alpha b_{ii,t} Y_{i,t}$ 表示 i 国的国内投入产出循环中增加的总国内价值增加隐含在世界向 i 国购买的可贸易中间品并最终被目的国消费吸收的部分；$\alpha b_{ij,t} Y_{j,t}$ 表示 i 国的跨国投入产出循环中增加的总国内价值增加隐含在世界向 j 国购买的可贸易中间品并最终被目的国消费吸收的部分；$\alpha b_{ji,t} Y_{i,t}$ 表示 j 国的跨国投入产出循环中增加的总国内价值增加隐含在世界向 i 国购买的可贸易中间品并最终被目的国消费吸收的部分；$\alpha b_{jj,t} Y_{j,t}$ 表示 j 国的国内投入产出循环中增加的总国内价值增加隐含在世界向 j 国购买的可贸易中间品并最终被目的国消费吸收的部分。

因为世界向 i 国购买可贸易中间品并最终被目的国消费吸收的支出总和 $Y_{i,t}$ 包括 i 国的购买支出 $y_{ii,t}$ 和 j 国的购买支出 $y_{ij,t}$，即 $Y_{i,t} = y_{ii,t} + y_{ij,t}$；世界向 j 国购买可贸易中间品并最终被目的国消费吸收的支出总和 $Y_{j,t}$ 包括 i 国的购买支出 $y_{ji,t}$ 和 j 国的购买支出 $y_{jj,t}$，即 $Y_{j,t} = y_{ji,t} + y_{jj,t}$。

所以，

$$\hat{V}B\hat{Y} = \begin{bmatrix} \alpha b_{ii,t}(y_{ii,t} + y_{ij,t}) & \alpha b_{ij,t}(y_{ji,t} + y_{jj,t}) \\ \alpha b_{ji,t}(y_{ii,t} + y_{ij,t}) & \alpha b_{jj,t}(y_{ji,t} + y_{jj,t}) \end{bmatrix} \qquad (5-59)$$

进而由此可知：

$\alpha b_{ii,t} y_{ii,t} + \alpha b_{ij,t} y_{ji,t}$ 代表国家 i 在国内投入产出循环和跨国投入产出循环中共同创造的本国价值增加最终被本国吸收的部分；

$\alpha b_{ii,t} y_{ij,t} + \alpha b_{ij,t} y_{jj,t}$ 代表国家 i 在国内投入产出循环和跨国投入产出循环中共同创造的本国价值增加最终被国家 j 吸收的部分；

$\alpha b_{ji,t} y_{ii,t} + \alpha b_{jj,t} y_{ji,t}$ 代表国家 j 在国内投入产出循环和跨国投入产出循环中共同创造的本国价值增加最终被国家 i 吸收的部分；

$\alpha b_{ji,t}\, y_{ij,t} + \alpha b_{jj,t}\, y_{jj,t}$ 代表国家 j 在国内投入产出循环和跨国投入产出循环中共同创造的本国价值增加最终被本国吸收的部分；

最后，通过计算可得：

$$b_{ii,t} = \frac{1 - (1 - \alpha)\, D_{jj,t}}{[1 - (1 - \alpha)\, D_{ii,t}][1 - (1 - \alpha)\, D_{jj,t}] - (1 - \alpha)^2\, D_{ij,t}\, D_{ji,t}}$$

$$(5-60)$$

$$b_{ij,t} = \frac{(1 - \alpha)\, D_{ij,t}}{[1 - (1 - \alpha)\, D_{ii,t}][1 - (1 - \alpha)\, D_{jj,t}] - (1 - \alpha)^2\, D_{ij,t}\, D_{ji,t}}$$

$$(5-61)$$

$$b_{ji,t} = \frac{(1 - \alpha)\, D_{ji,t}}{[1 - (1 - \alpha)\, D_{ii,t}][1 - (1 - \alpha)\, D_{jj,t}] - (1 - \alpha)^2\, D_{ij,t}\, D_{ji,t}}$$

$$(5-62)$$

$$b_{jj,t} = \frac{1 - (1 - \alpha)\, D_{ii,t}}{[1 - (1 - \alpha)\, D_{ii,t}][1 - (1 - \alpha)\, D_{jj,t}] - (1 - \alpha)^2\, D_{ij,t}\, D_{ji,t}}$$

$$(5-63)$$

即：

$$\boldsymbol{b} = \begin{bmatrix} \dfrac{1 - (1 - \alpha)\, D_{jj,t}}{[1 - (1 - \alpha)\, D_{ii,t}][1 - (1 - \alpha)\, D_{jj,t}] - (1 - \alpha)^2\, D_{ij,t}\, D_{ji,t}} \\[6pt] \dfrac{(1 - \alpha)\, D_{ij,t}}{[1 - (1 - \alpha)\, D_{ii,t}][1 - (1 - \alpha)\, D_{jj,t}] - (1 - \alpha)^2\, D_{ij,t}\, D_{ji,t}} \\[6pt] \dfrac{(1 - \alpha)\, D_{ji,t}}{[1 - (1 - \alpha)\, D_{ii,t}][1 - (1 - \alpha)\, D_{jj,t}] - (1 - \alpha)^2\, D_{ij,t}\, D_{ji,t}} \\[6pt] \dfrac{1 - (1 - \alpha)\, D_{ii,t}}{[1 - (1 - \alpha)\, D_{ii,t}][1 - (1 - \alpha)\, D_{jj,t}] - (1 - \alpha)^2\, D_{ij,t}\, D_{ji,t}} \end{bmatrix} \quad (5-64)$$

那么，根据本书对增加值贸易的概念界定，定义 $VA_{ij,t}$ 代表国家 i 的价值增加最终被国家 j 吸收的部分，即增加值贸易，则：

$$VA_{ij,t} = \alpha b_{ii,t}\, y_{ij,t} + \alpha b_{ij,t}\, y_{jj,t} =$$

$$\frac{\alpha^2\, D_{ij,t}}{[1 - (1 - \alpha)\, D_{ii,t}][1 - (1 - \alpha)\, D_{jj,t}] - (1 - \alpha)^2\, D_{ij,t}\, D_{ji,t}}\, P_{j,t}\, Q_{j,t}$$

$$(5-65)$$

$$VA_{ji,t} = \alpha b_{ji,t}\, y_{ii,t} + \alpha b_{jj,t}\, y_{ji,t} =$$

$$\frac{\alpha^2\, D_{ji,t}}{[1 - (1 - \alpha)\, D_{ii,t}][1 - (1 - \alpha)\, D_{jj,t}] - (1 - \alpha)^2\, D_{ij,t}\, D_{ji,t}}\, P_{i,t}\, Q_{i,t}$$

$$(5-66)$$

三、传统贸易与增加值贸易的比较分析

通过上文对传统贸易和增加值贸易的模型推导，最终得出本章两国动态模型的两种贸易表达式，即：

i 国对 j 国的出口：

$$\begin{cases} EX_{ij,t} = P_{j,t}Q_{j,t}D_{ij,t} \\ VA_{ij,t} = \dfrac{\alpha^2}{[1-(1-\alpha)D_{ii,t}][1-(1-\alpha)D_{jj,t}]-(1-\alpha)^2 D_{ij,t}D_{ji,t}}P_{j,t}Q_{j,t}D_{ij,t} \end{cases}$$

$$(5-67)$$

j 国对 i 国的出口：

$$\begin{cases} EX_{ji,t} = P_{i,t}Q_{i,t}D_{ji,t} \\ VA_{ji,t} = \dfrac{\alpha^2}{[1-(1-\alpha)D_{ii,t}][1-(1-\alpha)D_{jj,t}]-(1-\alpha)^2 D_{ij,t}D_{ji,t}}P_{i,t}Q_{i,t}D_{ji,t} \end{cases}$$

$$(5-68)$$

首先，通过对两种贸易表达式的直观比较可以发现，两种贸易之间存在着某种联系，即：

$$VA_{ij,t} = \frac{\alpha^2}{[1-(1-\alpha)D_{ii,t}][1-(1-\alpha)D_{jj,t}]-(1-\alpha)^2 D_{ij,t}D_{ji,t}}EX_{ij,t}$$

$$(5-69)$$

$$VA_{ji,t} = \frac{\alpha^2}{[1-(1-\alpha)D_{ii,t}][1-(1-\alpha)D_{jj,t}]-(1-\alpha)^2 D_{ij,t}D_{ji,t}}EX_{ji,t}$$

$$(5-70)$$

令参数 $\partial \rho_t = \dfrac{\alpha^2}{[1-(1-\alpha)D_{ii,t}][1-(1-\alpha)D_{jj,t}]-(1-\alpha)^2 D_{ij,t}D_{ji,t}}$，可以通过简单的证明发现，$\rho_t \in (0,1)$。换言之，增加值贸易是小于传统贸易的，且占传统贸易 ρ_t 的比例。从现实数据来看，Koopman et. al(2014)利用2004 年的相应数据计算发现，全世界平均重复计算部分占总出口的25.6%，也即表明，在以 2004 年为例的现实数据中，增加值贸易也是小于传统贸易，且占传统贸易 74.4% 的比例。

既然传统贸易与增加值贸易在现实数据中是存在差异的，而这种差异来源于国外增加值以及统计过程中的重复计算，那么，仅从重复计算部分

来讲，重复计算的出现势必会造成统计误差，降低传统贸易反应两国贸易真实情况的准确性，即夸大了两国之间的贸易开放度（2004 年的数据显示，全世界真实贸易情况平均夸大了 34.4%）。但以增加值吸收来衡量的增加值贸易则排除了重复计算，所以相比较而言，增加值贸易比传统贸易更能反映两国之间的真实贸易情况。因此，正如 Johnson（2012）提到的，标准的 IRBC 模型框架没有甄别贸易数据中的重复计算部分，导致构建的理论模型经济过于的开放。因为在传统的 IRBC 模型中，生产结构就是标准的无中间投入品的新古典生产函数，所以一国出口的商品就是纯百分百的国内价值增加，即增加值贸易。但是模型在参数校准和模型现实数据匹配时采用的却是包含重复计算的总出口或总进口数据，导致现实数据没有准确地对应理论模型中的变量，引起研究结论的偏差。

聚焦于本书的研究方向，在两国模型研究贸易与经济周期联动性问题中，先前的研究鲜有甄别现实数据指标与理论模型变量的真实对应。如 Kose 和 Yi（2001）构建的生产结构就是无中间投入品的新古典生产函数，但是采用总进口数据；又如 Liao 和 Santacreu（2015）也用无中间投入品的新古典生产函数构建中间品的生产结构，但其在现实经验中的回归数据扔采用传统贸易数据。尽管部分研究可能不影响最终结论，但在本书的研究方向上值得商榷，而这也正是本书需要解决的一个重要问题。

最后，考虑一种特殊情形，即在假定 i 国与 j 国是对称的情况下，传统贸易与增加值贸易的关系。当两国没有外部技术冲击且处于经济稳态时，对称的假设条件意味着 $T_i = T_j, \tau_{ij} = \tau_{ji}, \tau_{ii} = \tau_{jj}$ 以及 $w_i = w_j$，且令 $\tau_{ij} = \tau_{ji} = \tau, \tau_{ii} = \tau_{jj} = 1$，那么，令矩阵 D 代表两国家之间的购买比例，则：

$$D = \begin{bmatrix} D_{ii} & D_{ij} \\ D_{ji} & D_{jj} \end{bmatrix} = \begin{bmatrix} \dfrac{1}{1+\tau^{\frac{1}{\theta}}} & \dfrac{\tau^{\frac{1}{\theta}}}{1+\tau^{\frac{1}{\theta}}} \\ \dfrac{\tau^{\frac{1}{\theta}}}{1+\tau^{\frac{1}{\theta}}} & \dfrac{1}{1+\tau^{\frac{1}{\theta}}} \end{bmatrix} \qquad (5-71)$$

代入传统贸易与增加值贸易关系式可得：

$$VA_{ij} = \frac{(\tau^{\frac{1}{\theta}}+1)\alpha}{(\tau^{\frac{1}{\theta}}-1)\alpha+2} EX_{ij} \qquad (5-72)$$

$$VA_{ji} = \frac{(\tau^{\frac{1}{\theta}}+1)\alpha}{(\tau^{\frac{1}{\theta}}-1)\alpha+2} EX_{ji} \qquad (5-73)$$

若将参数 $\rho = \dfrac{(\tau^{\frac{1}{\theta}}+1)\alpha}{(\tau^{\frac{1}{\theta}}-1)\alpha+2}$ 对冰山运输成本 τ 求导发现，$\dfrac{\partial\rho}{\partial\tau} =$

$\dfrac{\dfrac{2\alpha(1-\alpha)}{\theta}\tau^{\frac{1-\theta}{\theta}}}{[(\tau^{\frac{1}{\theta}}-1)\alpha+2]^2} > 0$，即表明了随着两国之间贸易成本的上升，增加值贸易就越接近于传统贸易。另一方面，增加值贸易会随着贸易成本的下降逐渐扩大与传统贸易的差距，取极端情况 $\tau = 1$ 时，即自由贸易条件下，参数 ρ 最终收敛至 α，即：

$$VA_{ij} = \alpha\, EX_{ij} \tag{5-74}$$

$$VA_{ji} = \alpha\, EX_{ji} \tag{5-75}$$

上述等式表明了在对称两国且自由贸易条件下，两国处于稳态时的增加值贸易与传统贸易的比值为固定的 β，也即是两国单个可贸易中间品生产函数中的劳动投入份额。

综上所述，在开放两国模型中，传统贸易与增加值贸易最显著的差异在于增加值贸易是传统贸易的 ρ_t（$0 < \rho_t < 1$）比例，且在两国对称条件下，该比例参数会随着两国贸易成本的上升而扩大，进一步假定为自由贸易时，该比例等于可贸易中间品生产函数中的劳动投入份额 α。

四、两国模型下的增加值贸易传导机制

在标准的 IRBC 模型中，存在两股相反的作用力影响着两国贸易-产出联动性，其一是需求供给溢出效应，即更多的贸易导致更强的联动性主要通过对国外商品需求的提升；其二是资源转移效应，即资源更多的转移至更具生产力的国家导致联动性下降。此外还有一股作用方向未知的力，即贸易条件效应，因为一国在经历正向生产率冲击时会受益于较低的价格进而占领更多的市场份额，这意味着两国产出联动性下降，但是国外也会受益于较低的进口商品，扩大产出进而增强联动性。第三种渠道的影响方向最终由可贸易商品之间的替代弹性抑或是国外经济体对进口商品的支出份额决定。

着眼于本章的动态模型，模型中包含内生的垂直专业化以及可贸易中间品，在国家 i 受到正向的技术冲击时，首先，国家 i 的可贸易中间品生产部门会增加对中间投入品的需求，从而带动了国家 i 最终商品的产出，继

而增加了对国家 j 生产的可贸易中间品的需求，进而吸收更多国家 j 创造的价值增加（即国家 j 出口至国家 i 的增加值贸易增加），并带动了国家 j 的产出增加，该过程即是典型的供给需求溢出效应。然后，国家 i 的可贸易生产部门在正向技术冲击下，生产的可贸易中间品相对价格下降，从而减少了国家 j 最终商品生产部门的边际生产成本，一方面提高了其产出，另一方面因最终商品的价格下降刺激了国家 j 的最终消费，从而吸收了更多国家 i 创造的价值增加（即国家 i 出口至国家 j 的增加值贸易增加），该过程即是贸易条件效应。最后，由于模型存在内生的垂直专业化，国家 i 在受到正向技术冲击的条件下会增加商品的生产种类，引起出口商品种类的增加，从而提高国家 j 的内生性 TFP，这不仅扩大了其产出，也增加了对国家 i 的单个可贸易中间品的需求（也即增加了国家 i 出口至国家 j 的增加值贸易），该渠道就是放大了供给需求效应（Liao 和 Santacreu，2015）。

第三节　两国动态理论模型的模拟与定量分析

本章构建的两国动态理论模型①，可以在引入技术冲击②的条件下实现定量分析增加值贸易与经济周期联动性的关联机制。首先，在进行动态模拟之前需要对模型中的所有参数进行校准，确定每一个参数的具体取值；然后，估计研究对象国的生产技术一阶自回归过程，选定技术冲击的标准差；之后，将模拟数据和现实数据匹配，评判模型对现实的解释力；最后，采用脉冲响应分析国际经济周期的传导过程。

一、参数校准

本章假定对称的两个国家，所以模型中的所有参数 η、ε、μ、α、θ 在各国中均是相等的。对于部分参数，参数值已经相对准确，且已经过多次使用，

---

①　理论模拟分析假定两国是对称的。

②　引入技术冲击其实就是外生的给予一次技术提升，然后观察其余变量的响应情况，因为真实经济周期理论认为经济波动的产生是外生的。

故会沿用前人文献的估计结果[①]，而剩余部分参数则通过对应的现实数据进行计算得出，从而使参数值更贴近本章模型的需要。

对于替代弹性参数 η，根据最终商品生产部门的生产函数，该参数决定了最终商品生产部门在对可贸易中间品进行加总时购买中间商品的差异性，包括国内和国外可贸易中间品之间的差异性，其中，替代弹性值越小，商品之间的差异性就越明显（Broda et al.，2006）。Backus et al.（1994）通过 SITC 商品分类在国外和国内商品之间对该替代弹性进行了估计，他们的估计结果认为 η = 1.5。此外，Broda 和 Weinstein（2006）在其文献中将替代弹性定为所有行业中弹性值的中值2.5。但是，Liao 和 Santacreu（2015）在其论文中指出，在贸易和产业组织文献中，商品替代弹性值的取值范围处于3和10之间，同时他们也指明了宏观经济研究通常会采用替代弹性值2。最后，Alvarez 和 Lucas（2007）在参数校准时也取值替代弹性为2，他们认为替代弹性取值的大小不影响各国的支出份额，也不影响均衡工资价格。因此，本章对替代弹性参数的基准取值为 η = 2。

对于另一替代弹性参数 ε，即跨期替代弹性，也是相对风险厌恶系数，表述的是消费者对当前消费和未来消费的抉择。参考众多已有文献，对该参数的取值基本上保持一致，取值为2（Kose 和 Yi，2003；Arkolakis 和 Ramanarayanan，2009；Burstein et al.，2008；Liao 和 Santacreu，2015 等）。因此，本章对跨期替代弹性的取值定为 ε = 2。

对于参数 μ，其指代消费在效用函数中的份额，依据当前的8小时工作制，那么在一天24小时下，一个工作者将三分之一的时间用于工作，即三分之二的时间用于闲暇，所以，参数 μ 通常取值为0.33左右，如 Kose 和 Yi（2003），Arkolakis 和 Ramanarayanan（2009）取值0.34，Burstein et al.（2008）取值0.36，Liao 和 Santacreu（2015）取值0.38。因此，本章对份额参数定为 μ = 0.34，取最接近于三分之一的值。

对于劳动份额参数 α 的校准，考虑到本章模型设定中的生产函数中未包含资本，但其隐含着劳动投入要素内含资本，即劳动投入要素等同于"劳

[①] 众多基于 RBC 模型扩展的理论模型通常沿用标准 RBC 模型中的参数估计值，或者其他成熟研究的估计值，如 Arkolakis 和 Ramanarayanan，2009；Burstein et al.，2008；Liao 和 Santacreu，2015 等。

动 + 资本",抑或是"附有装备的劳动力",所以劳动数量与劳动工资之积并不等同于劳动报酬,而是总价值增加,沿用 Alvarez 和 Lucas(2007)的取值,将劳动份额参数定为 $\alpha = 0.5$。

参数 θ 描述了异质性部分对生产率的变化率,也是本章模型定量应用的关键部分。该参数的作用类似于商品替代弹性在基于 Armington 假设基础上的理论中的作用。不管是对替代弹性的估计还是对变化率参数 θ 的估计,都需要对运输成本以及其他成本的估计,因为这些因素的出现均会对贸易模式产生一定的影响。在 Eaton 和 Kortum(2001)的论文中,他们利用理论和双边贸易数据以及单个商品价格估计的双边引力等式首次获取了参数 θ 的取值,其结果是 $\theta = 0.12$。除此之外,其他文献的估计结果大致范围在 0.08 至 0.28 之间。同时依据 Anderson 和 Wincoop(2004)和 Alvarez 和 Lucas (2007)的参数 θ 的取值,他们均认为 $\theta \in [0.11, 0.25]$。所以,基于以上对参数 θ 的探讨,本章的数值模拟将分别对参数 θ 取值 0.25。

表 5-1   两国模型所有参数校准值及释义汇总表

参数	值	描述
η	2	可贸易中间品之间的替代弹性
ε	2	消费者的跨期替代弹性
μ	0.34	消费在效用中所占的份额
α	0.5	生产中劳动投入份额
θ	0.25	异质性部分对生产率的变化率

二、二阶矩比较

本部分主要通过对两国模型进行动态模拟,模拟结果一方面同现实数据进行匹配,评价本模型对现实的解释力,为后续研究分析打好扎实的铺垫,另一方面同标准的 IRBC 模型以及进入与退出结构的 IRBC 模型进行比较,评判本模型在引入国际贸易理论微观基础、内生的垂直专业化、投入产出循环结构、连续商品等特性后的结果表现。因此,本部分引用 Backus et al.(1992)估计的美国和欧盟自 1970 年至 1986 年技术冲击二元自回归过程的结果,其回归系数矩阵为 $A = \begin{bmatrix} 0.906 & 0.088 \\ 0.088 & 0.906 \end{bmatrix}$。因为标准 IRBC 假定两个对称的国家，所以技术冲击系数矩阵 **A** 也是一个对称的矩阵，其中，矩阵中的对角元素代表一国国内的技术冲击一阶自回归系数，非对角元素代表一国对另一国的技术溢出系数。此外，通过计算美国和欧盟的技术冲击标准差并取两者的均值，0.00852，作为模型中两国的技术冲击标准差，而两国的技术冲击相关系数则取实际计算结果，0.258。最后模拟结果如表 5-2 所示[①]：

表 5-2　两国模型的二阶矩比较

变量	现实数据		标准 IRBC		进入与退出结构 IRBC		本章两国模型	
	标准差		标准差		标准差		标准差	
	百分数	相对于产出	百分数	相对于产出	百分数	相对于产出	百分数	相对于产出
产出	1.71	1.00	1.55	1.00	0.7950	1.00	1.60	1.00
消费	0.82	0.49	0.62	0.40	0.4681	0.5888	0.80	0.50
净出口比产出	0.45		2.90		1.0178		0.40	

根据表 5-2 中的结果可以发现：首先，本章两国模型的模拟结果总体表现较好，直接从标准差结果来看，模拟的产出标准差与实际值仅仅相差 0.11 个百分点，可以解释实际产出数据的 93.57%；模拟的消费标准差与实际值相差更小，仅为 0.2 个百分点，解释力高达 97.56%；模拟的净出口比产出的标准差与实际值相差 0.05 个百分点，解释力也高达 88.89%，所以仅从实际数据标准差匹配程度可见本章构建的两国模型总体具有较好的现实解释力。若从消费与产出的相对值来看，本模型的结果几乎和实际数据一样，结果非常的接近，从而再次表明本模型对现实数据的匹配程度较高。然后，相对于标准 IRBC 模型和进入与退出结构的 IRBC 模型，本章的两国模型表现均优于前两者，因为无论从直接变量的标准差还是与产出相对值的标准差，本章两国模型的结果均更接近于实际数据。

最后，值得一提的是，现实数据的净出口采用的是传统贸易数据，而标准 IRBC 模型和进入与退出结构的 IRBC 模型均没有区分传统贸易和增加

---

① 因为本章模型没有引入资本以及存货等变量，所以表中仅比较和标准 IRBC 共有的变量。此外，表中的现实数据和标准 IRBC 数据均来自 Backus et al.（1992）文中，进入与退出结构 IRBC 数据来自 Ghironi 和 Melitz（2005），而本章两国模型数据通过模拟获得。

值贸易，并且从两种模型对生产函数的构建可知，标准 IRBC 模型和进入与退出结构的 IRBC 模型中的出口实际上都是增加值出口，并非是含有国外增加值的传统贸易出口，所以标准 IRBC 模型和进入与退出结构的 IRBC 模型在净出口匹配中是不严谨的。但令人遗憾的是即使采用实际增加值贸易数据，结果可能也未必好转，因为增加值贸易小于传统贸易，实际增加值贸易的标准差则也小于传统贸易，那么标准 IRBC 模型和进入与退出结构的 IRBC 模型的模拟结果同实际值相差更大了。而本章两国模型同实际净出口匹配时选用的则是对应的传统贸易模拟数据，而且匹配程度较高。

综上表明，本章构建的在传统 IRBC 模型的框架下，以生产异质性 E – K 模型为基础，垂直专业化内生，具有投入产出循环，连续商品且多样化使用的两国动态随机一般均衡模型具有较强的现实解释力，模型模拟结论相对可靠。

三、脉冲响应分析

本部分主要通过模拟国内经济受到一个正向的技术冲击①来分析该冲击对传统贸易、增加值贸易、产出以及 GDP 的影响。此外，在设定技术冲击过程中通常存在两种情况，即无技术溢出和有技术溢出，考虑到本章仅研究国际经济周期的贸易传导渠道，以及针对 Dellas（1986）提出的共同冲击而非贸易传导国际经济周期结论，故而尽可能地排除其他因素的影响，故而主要围绕无技术溢出的技术冲击过程进行分析，而在分析两国贸易越大经济周期联动越强时将同时考虑存在技术溢出的情况。具体分析过程分成两部分进行探讨：第一部分试图通过将本章的两国模型和标准的 IRBC 模型进行比较，来揭示引入本章建模基础的几点考虑后能否实现国际经济周期通过贸易传导实现正向联动；第二部分则试图通过改变两国的贸易成本来揭示是否存在双边贸易量越大经济周期联动越明显，以及增加值贸易和传统贸易在传导中的差异。

---

① 因为真实经济周期理论认为经济周期源自于经济体系之外的一些真实因素的冲击，亦称外部冲击，而技术冲击是一种主要的外部冲击，许多相关研究均以技术冲击进行模拟，如 RBC 模型就是引入技术冲击进行模型，将模拟数据和美国在第二次世界大战之后的经济数据进行比对，IR-BC 模型也是如此。

（一）两国模型和标准 IRBC 模型的模拟比较

依据 Backus et al. (1992) 在模拟标准 IRBC 模型时采用的技术冲击标准差大小，即 0.852 个百分点，本书采用同等大小的技术冲击标准差来进行模拟。具体模拟结果如图集 5.1 所示，其中实线显示的是标准 IRBC 模型的脉冲响应结果，虚线则是本章两国模型的脉冲响应结果。

首先，通过比对两种线条的变动幅度可以发现，标准 IRBC 模型的脉冲响应明显强于本章的两国模型[1]，尤其是传统贸易和增加值贸易的脉冲响应，而这正好证实了 Backus et al. (1992) 在其文中所说的标准 IRBC 模型模拟的贸易结果显著高于实际数据，而且从上一节的二阶矩比较亦可发现。

然后，重点关注国外总产出脉冲响应可以发现，在国内技术冲击下，标准 IRBC 模型显示国外总产出呈负向增长趋势，也就意味着两国经济周期呈现负相关性。相比较而言，本章两国模型的模拟结果却表现出国内总产出和国外总产出的共同增长，意味着两国的经济周期出现了正向联动。

最后，重点关注两国的传统贸易出口和增加值贸易出口，由于标准 IRBC 没有区分传统贸易和增加值贸易，所以在标准 IRBC 模型中传统贸易等同于增加值贸易。从模拟结果中发现，标准 IRBC 模型显示在国内技术冲击下国外出口呈现了负向响应，即国外出口在下降，但是本章两国模型显示了不管是国内还是国外，传统贸易出口和增加值贸易出口均是正向响应，意味着两国贸易受到国内技术冲击影响下均有所增加。

综合上述分析可知，在标准 IRBC 模型中引入本章的几点建模基础考虑，尤其是投入产出循环生产结构和内生垂直专业化，能够产生国际经济周期通过贸易进行正向联动传导，即国内受技术冲击提高了产出通过贸易（包括传统贸易和增加值贸易）进而带动了国外产出的增长。其中，投入产出循环结构作用主要表现在当国内受到正向技术冲击引起国内产出增加时，导致国内中间品价格下降，由于跨国投入产出循环结构使得国外因进口了较低价格的国内中间品降低了其产出边际成本，进而引起总产出增加；内

---

[1]　标准 IRBC 模型的脉冲响应图均有明显的波折，这主要是因为标准 IRBC 模型引入了资本制造时间，而本章模型并没有引入资本，所以相对平顺。

生垂直专业化的作用表现在国内因受到正向技术冲击使得国内能够专业化生产更多的商品种类，如图集 5 - 1 所示，国外从国内购买了更多比例的商品，从而提升了国外的内生性 TFP 进而引起总产出的增加。最终，两种作用的加总实现了产出的正向联动。

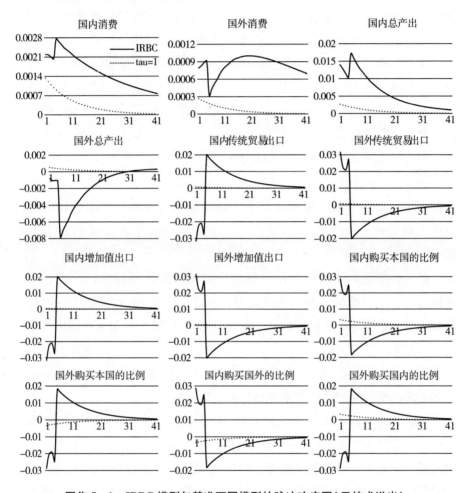

图集 5 - 1　IRBC 模型与基准两国模型的脉冲响应图 (无技术溢出)

但是，该传导现象在标准 IRBC 模型中难以实现，因为国内的正向技术冲击虽然提高了国内产出，产生了需求互补效应，但由于资源转移效应的存在，仍不足以抵消，最终导致国外产出下降。其实这正是标准 IR-BC 模型匹配现实数据所表现出来的一种异常现象，即两国的产出相关性是负的 (Backus et al. 1992)。因此，以上分析表明，本章两国模型通过在标准 IRBC 模型中引入几点建模思考后已然解决了标准 IRBC 模型的产出负相关异常现象，意味着国际经济周期通过贸易传导渠道实现了正向联动。

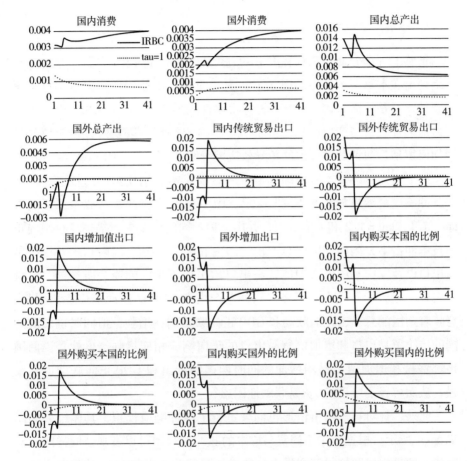

图集 5 - 2 IRBC 模型与基准两国模型的脉冲响应图(存在技术溢出)

除此之外，本章又针对 Dellas(1986)的结论进行具有技术溢出效应的模拟，具体模拟结果如图集 5 - 2 所示。在标准的 IRBC 模型中，由于国外受到国内技术冲击的溢出效应，其产出出现了正向响应，引起了国内与国外产出的同向联动。但是，两国的贸易出口仍是反向响应，意味着两国产出的正向联动仅仅是因为技术溢出的作用。而这正好符合了 Dellas(1986)的研究结论。然对于本章两国模型而言，技术溢出效应的存在增强了两国产出的同向联动性，因为国外产出相对于无技术溢出时出现了较大提升。

观察两国的传统贸易和增加值贸易发现仍是正向响应，以及国外购买国内商品的比例，意味着经济周期波动通过贸易渠道产生正向联动效应仍存在，而技术溢出效应仅仅是增强了已有的正向联动而已。

（二）进一步分析

虽然上一部分通过比较标准 IRBC 模型和本章两国模型的脉冲响应已经总结得出在本章两国模型的框架下实现了两国产出经述贸易渠道实现了正向联动，但是，能否进一步对"贸易联动性困惑"，即标准 IRBC 模型无法有力地解释贸易与产出联动之间的关联，做出解释，以及区分传统贸易和增加值贸易这两种贸易渠道的传导效应差异呢？

接下来通过改变本章两国模型中的贸易成本分别模拟国内技术冲击下的脉冲响应，结果如图集 5 - 3 所示，图中显示了三种贸易成本，分别取 tau = 1.1，tau = 1.2 和 tau = 1.3，并用三种不同的线条进行描述。在国内正向技术冲击下，国内和国外总产出、国内和国外 GDP、国内和国外传统贸易出口以及国内和国外增加值贸易出口均出现了正向响应，而且进一步可以发现，随着贸易成本的下降，国外总产出和 GDP 的正向响应逐渐增强，意味着两国的总产出正向联动和 GDP 正向联动均在增强，但同时也发现两国的传统贸易出口和增加值贸易出口的正向响应相应增强，也就是说两国传统贸易和增加值贸易均增加的同时两国的产出和 GDP 正向联动也在增强，从而解释了所谓的"贸易联动性困惑"。

此外，针对技术溢出情形也同样进行了脉冲响应模拟，具体结果如图集 5 - 4 所示。根据图中不同贸易成本的脉冲曲线图可以发现，同样随着双边传统贸易出口和增加值贸易出口的增加两国总产出和 GDP 的正向联动也在逐渐增强，意味着即使存在技术溢出，国际经济周期的贸易传导效应仍然存在。

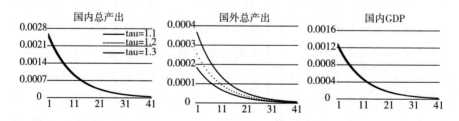

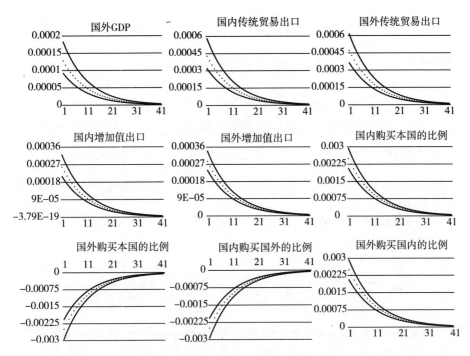

图集5-3　国内技术冲击下不同贸易成本的两国脉冲响应图（无技术溢出）

但是，令人遗憾的是两国传统贸易和增加值贸易的脉冲响应表现基本无异，唯一的区别仅仅是脉冲响应幅度大小，而这对区分两种贸易对产出联动的影响差异无能为力。因此，通过本节的脉冲响应分析，本书得出以下几点结论：第一，两国产出或GDP均可以通过增加值贸易渠道实现正向联动；第二，两国产出或GDP也均可以通过传统贸易渠道实现正向联动；第三，本章两国模型无法区分两种贸易对产出联动的影响差异；第四，本章两国模型解释了"贸易联动性困惑"；第五，本章两国模型通过模拟解释了双边传统贸易或增加值贸易越大经济周期联动性越强的现象。

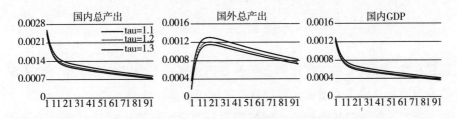

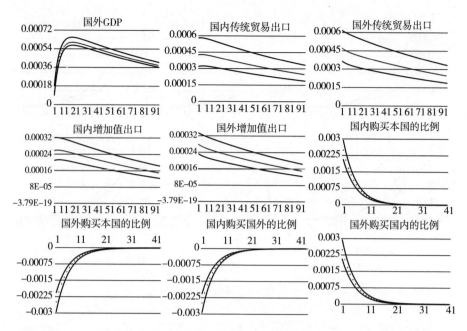

图集 5-4　国内技术冲击下不同贸易成本的两国脉冲响应图(存在技术溢出)

第四节　本章小结

本章首先通过梳理当前已有研究贸易与国际经济周期联动性的两国动态模型框架，并结合本书研究需要构建了在传统 IRBC 模型的框架下，以生产异质性 E-K 模型为微观基础，垂直专业化内生，具有投入产出循环，连续商品且多样化使用的两国动态随机一般均衡模型。然后依据本书研究需要推导得出传统贸易和增加值贸易变量，并进行了详细的模型均衡分析以及增加值贸易的传导机制分析。最后对两国模型采用了动态模拟的方法分析了传统贸易和增加值贸易对国际经济周期联动性的影响。

通过以上过程的研究，总结本章主要研究结论如下：

第一，通过两国动态理论模型的均衡分析发现，增加值贸易和传统贸易存在某一比例关系，该比例会随着双边贸易成本的增加而增加，意味着随着双边贸易成本的增加，增加值贸易越接近于传统贸易。

第二，通过同其他相关两国模型进行二阶矩比较发现，本章两国动态理论模型表现出对现实数据（包括产出、消费和进出口贸易）较强的解释力和匹配程度。

第三，通过同标准 IRBC 模型的模拟比较发现，本章两国动态理论模型帮助解释了"贸易联动性困惑"，意味着在标准 IRBC 模型的框架下引入国际贸易理论微观基础、内生的垂直专业化、投入产出循环结构、连续商品等特性后改进了标准 IRBC 模型对现实解释的不足。

第四，通过动态理论模拟，本章两国动态理论模型不仅验证了增加值贸易可以传导国际经济周期，也证实了双边增加值贸易越大经济周期联动性越强的经验事实一。

第五，通过动态理论模拟，本章两国动态理论模型同样不仅验证了传统贸易可以传导国际经济周期，也证实了双边传统贸易越大经济周期联动性越强，但同经验事实二不尽相同，意味着两国模型需要做进一步调整。

第六，本章两国动态理论模型无法区分传统贸易和增加值贸易对经济周期联动性的影响差异；

最后，针对结论五与经济事实的不一致现象以及结论六[①]，本书认为这可能是因两国假设条件引起的，因为在现状描述中增加值贸易存在直接贸易途径和间接贸易途径，所以在两国条件下，增加值贸易的间接贸易途径已然被强行掐断，而这有可能导致两国模型无法对传统贸易和增加值贸易的影响差异做出解释，或许也有可能引起结论三。因此，本书将在下一章对本章两国模型进行拓展，以期解决上述两个问题。

---

① 经验事实表明增加值贸易和传统贸易是存在差异的，而且如果无法区分二者的差异，也就无法得出核心贸易传导渠道。

第六章 增加值贸易影响国际经济周期联动：三国模型

第一节 三国动态理论模型构建

一、三国动态理论模型构建基础

通过上一章的基准两国动态随机一般均衡模型的动态模拟分析，论证了两国产出或 GDP 均可以通过增加值贸易渠道实现正向联动，但同样也得出了两国产出或 GDP 也均可以通过传统贸易渠道实现正向联动的结论，所以在两国模型框架下很难区分增加值贸易和传统贸易对经济周期传导的影响差异。但究其原因，也正如上一章最后提到的，可能是两国框架条件下限制了增加值贸易间接贸易途径。根据增加值贸易的定义，即每个目的国最终支出中含有的本国价值增加量(Johnson 和 Noguera，2012a)，而其雏形来源于 Hummels et. al(2001)提出的垂直专业化，他们认为一条垂直专业化链包含三个国家，其中国家 1 生产中间品并出口至国家 2，国家 2 则将进口中间品结合本国的劳动、资本以及本国生产的中间品生产最终品，最后出口至国家 3(具体过程如图 6 – 1 所示①)。其中，垂直专业化衡量的是国家 2 出口中所占的国家 1 价值增加的量，也就意味着国家 3 从国家 2 进口的商品中显然含有国家 1 的价值增加。而且，在 Koopman et. al(2014)提出的国家总出口分解和 Wang et. al(2013)提出的行业总出口分解中，均存在着第三国效应，即除了国家 1 和国家 3 的直接贸易外，国家 3 从国家 2 进口的商品中也是含有国家 1 创造的价值增加。因此，综合以上考虑，研究增加

---

① 垂直专业化图形结构来自于 Hummels et. al(2001)。

值贸易对经济周期联动的影响需要以三国为研究框架，才能完美诠释增加值贸易的内在特性。

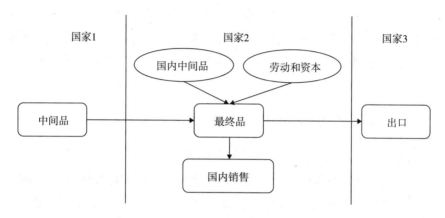

图 6 - 1　垂直专业化示意图

除此之外，也有构建三国模型研究国际经济周期的贸易传导渠道，如Zimmermann(1997)构建的三国 IRBC 模型能够解释了大部分传统两国模型研究结论的异常现象；又如 Kose 和 Yi(2006)构建的三国 IRBC 模型相较于之前的两国 IRBC 模型(Kose 和 Yi, 2001)也产生了较好的结论①。而这些研究现象主要是因为在传统的两国模型中，其中一个国家是排除另一个国家的剩余国家加总，而在现实中，这个剩余国家的规模往往要比另一个国家大的非常多，且同实证回归中的国家对具有明显差异，所以便会导致一国对另一个国家的影响被过于放大。但是当引入第三个国家时，可以将第三个国家作为剩余国家的加总，其余两个国家作为研究对象，从而解决了两国情况下的不足。以 IRBC 模型为例，在两国情况下，一国受到正向的技术冲击时，两国的产出相关性是负的，但是在三国情况下，若其中一个国家受到同样的技术冲击，那么其余两国与该国的产出相关性是负的，然而其余两国之间的产出相关性就是正的了。此外，Ishise(2014)就专门对标准 IRBC 模型中国家数量对国际产出相关性的影响做了研究，其研究结论证实了标准 IRBC 模型中的跨国相关性严重地依赖于模型设定的国家

---

① 不管是 Zimmermann(1997)还是 Kose 和 Yi(2006)，他们都只是标准 IRBC 模型的简单扩展，并没有引入诸如连续商品、垂直生产结构、国际贸易理论等内在要素。

数量。

因此，综合以上几点考虑，本章将对上一章的两国模型进行扩展，构建一个三国两部门的动态随机一般均衡模型。模型的结构特点仍以生产异质性的 E–K 模型为微观基础，垂直专业化内，具有投入产出循环，连续商品且多样化使用等特点，其中，三国情况下的垂直专业化更符合增加值贸易的本质特征。

二、三国动态理论模型构建理路

假定世界上只有三个国家，分别是国家 i，国家 j 以及国家 z，令 $n = \{i,j,z\}$，每个国家中都只有一个无限期存活的代表性家庭和两个生产部门。两个生产部门分别是可贸易品生产部门，即利用生产要素和中间品进行生产，和最终品生产部门，即购买可贸易中间品进行加总生产一种复合型商品。模型中的时间轴是无限且离散的，而某一时期是由字母 $t = 0,1,\cdots$ 来表示。由于存在生产的异质性，可贸易品生产部门生产的单个可贸易商品是存在差异的，所以由 ω 来表示。当然，商品市场是完全竞争的。此外，当变量下面同时出现国家 i、j 或 z 时，第一个字母代表商品来源国，第二个字母代表商品目的国。

出于模型可处理的方便性，本部分构建的基准模型在生产过程中暂时不投入资本，而将引入资本作为后续模型的拓展研究，同时也作为模型的稳健性检验。

(一) 代表性家庭

每一个国家中的代表性家庭在每一期具有一单位的可用时间，其中 $L_{n,t}$ 比例的时间用于国内商品生产，$1 - L_{n,t}$ 比例的剩余时间则用于闲暇。代表性家庭通过劳动可以获取一定的工资收入，并将收入用以购买消费品。对于代表性家庭而言，闲暇和消费均能提高其效用水平。因此，每个国家的代表性家庭的效用函数可以表示为：

$$U_{n,t} = \frac{\left[C_{n,t}^{\mu} \left(1 - L_{n,t} \right)^{1-\mu} \right]^{1-\varepsilon}}{1 - \varepsilon} \tag{6-1}$$

其中，$C_{n,t}$ 表示 n 国的代表性家庭在 t 期的消费；$L_{n,t}$ 表示 n 国的代表性家庭在 t 期所提供的劳动时间比例；参数 $\mu \in (0,1)$ 表示消费在代表性家庭的效用中所占的份额；参数 $\varepsilon > 0$ 表示代表性家庭的跨期替代弹性。

那么，代表性家庭最大化其预期终生效用可以表示为：

$$Max\ E_{n,t} \sum_{t=0}^{\infty} \beta^t \frac{\left[C_{n,t}^{\mu} (1 - L_{n,t})^{1-\mu} \right]^{1-\varepsilon}}{1 - \varepsilon} \tag{6-2}$$

其中，$E_{n,t}$ 定义为对所有时间过程的预期；$\beta \in (0,1)$ 表示代表性家庭的折现因子。

一国的代表性家庭在每一期提供劳动后可以获得工资收入，而收入可以购买价格为 $P_{n,t}$ 的消费品进行消费。那么，代表性家庭在每一期的预算约束为：

$$w_{n,t} L_{n,t} = P_{n,t} C_{n,t} \tag{6-3}$$

因此，代表性家庭的决策问题可以描述为在预算约束的条件下，如何选择消费和劳动来最大化其预期终生效用水平。所以，由一阶条件可知：

$$C_{n,t} = \frac{\mu}{1 - \mu} \frac{w_{n,t}}{P_{n,t}} (1 - L_{n,t}) \tag{6-4}$$

(二)最终商品生产部门

最终商品生产部门主要通过进口和国内采购的方式购买连续且异质的单个可贸易中间品 $q_{i,t}(\omega)$，然后采用对称的 Spence - Dixit - Stiglitz 加总法进行生产，且不需要劳动等生产要素投入。最终商品生产部门生产的最终商品一方面可以直接用于消费，另一方面也可以用作中间投入品再进行生产。其生产函数为：

$$Q_{n,t} = \left[\int_0^1 q_{n,t}(\omega)^{\frac{\eta-1}{\eta}} d\omega \right]^{\frac{\eta}{\eta-1}} \tag{6-5}$$

其中，$Q_{n,t}$ 表示 n 国最终商品的产出，参数 $\eta > 1$ 表示连续且异质的单个可贸易中间品之间的替代弹性。

根据 E - K 模型(Eaton 和 Kortum，2002)对特定商品生产技术的定义，对于国家 n 和商品 ω，商品的生产技术 $z(\omega)$ 服从 Fréchet 分布，该分布的累积分布函数为：

$$F_n(z) = e^{-T_n z^{-\frac{1}{\theta}}} \tag{6-6}$$

其中，$T_n > 0$，$\frac{1}{\theta} > 1$。根据 Eaton 和 Kortum(2002)对上述参数的解释，

T_n 在各个国家之间存在差异，该差异可以表现为商品生产过程中的绝对优势，即 T_n 越大，对任何商品的生产均具有较高的生产效率，而参数 $\frac{1}{\theta}$ 则决定了商品之间的异质性，即商品生产的比较优势。所以，参数 T_n 和 $\frac{1}{\theta}$ 能够很好地描述世界各国在生产连续商品中存在的绝对优势和比较优势差异的基本李嘉图思想。

为了方便后续模型的推导处理，同样采用将 Fréchet 分布变换成指数分布，令 $z(\omega) = x(\omega)^{-\theta}$，那么，$x(\omega)$ 则是服从参数为 T_n 的指数分布。所以，通过转换后，最终商品生产部门的生产函数变为：

$$Q_{n,t} = \left[\int_0^\infty q_{n,t}(x)^{\frac{\eta-1}{\eta}} \Phi(x)dx \right]^{\frac{\eta}{\eta-1}} \qquad (6-7)$$

其中，$\Phi(x)$ 是国家 i 和国家 j 的特定商品生产技术联合密度，也是"商品 x"的联合密度。

任何厂商或部门都会追求利润最大化，与之对应的则是生产的成本最小化。那么，最终商品生产部门的生产成本最小化问题就为如下表达式：

$$Min \int_0^\infty p_{i,t}(x) q_{i,t}(x) \Phi(x)dx \qquad (6-8)$$

据此，最终商品生产部门的决策问题就可以描述为在其产出约束条件下，即 $Q_{n,t} = \left[\int_0^\infty q_{n,t}(x)^{\frac{\eta-1}{\eta}} \Phi(x)dx \right]^{\frac{\eta}{\eta-1}}$，如何选择商品 x 的数量 $q_{n,t}(x)$ 来最小化其生产成本。所以，由一阶条件可知：

$$P_{n,t} = \left[\int_0^\infty p_{n,t}(x)^{1-\eta} \Phi(x)dx \right]^{\frac{1}{1-\eta}} \qquad (6-9)$$

$$q_{n,t}(x) = \left(\frac{P_{n,t}}{p_{n,t}(x)} \right)^\eta Q_{n,t} \qquad (6-10)$$

其中，$P_{n,t}$ 表示 t 期国家 n 的最终商品价格指数。

（三）可贸易中间品生产部门

可贸易中间品生产部门通过购买劳动 $L_{n,t}$ 和最终商品 $Q_{n,t}$ 来生产可贸易中间品，生产的中间品则销往国内市场和国外市场。假定可贸易中间品生产部门采用柯布道格拉斯生产技术，那么，对于某一特定的中间品 x，其具体的生产函数形式为：

$$q_{n,t}(x) = A_{n,t} \, x_n^{-\theta} \, L_{n,t}(x)^\alpha \, q_{m,n,t}(x)^{1-\alpha} \qquad (6-11)$$

其中，$q_{n,t}(x)$ 表示 n 国可贸易中间品生产部门生产的中间品 x 的产出；$A_{n,t}$ 表示 n 国的外生技术冲击，满足一阶自回归过程，即：$ln A_{n,t} = \rho ln A_{n,t-1} + \epsilon_{n,t}$；$x_n$ 表示 n 国的特定商品技术；$L_{n,t}(x)$ 表示 n 国可贸易中间品生产部门在生产中间品 x 中投入的劳动量；$q_{m,n,t}(x)$ 表示 n 国可贸易中间品生产部门在生产中间品 x 中投入的最终商品数量；参数 α 表示中间品 x 的生产过程中劳动投入的份额。

那么，可贸易中间品生产部门生产中间品 x 的成本最小化问题就为如下表达式：

$$Min \; w_{n,t} \, L_{n,t} + P_{n,t} \, q_{m,n,t}(x) \qquad (6-12)$$

据此，可贸易中间品生产部门的决策问题就可以描述为在其产出约束条件下，即 $q_{n,t}(x) = A_{n,t} \, x_n^{-\theta} \, L_{n,t}(x)^\alpha \, q_{m,n,t}(x)^{1-\alpha}$，如何选择劳动和最终商品投入来最小化其生产成本。所以，由一阶条件可知：

$$L_{n,t}(x) = \left(\frac{\alpha}{1-\alpha}\right)^{1-\alpha} \frac{x_n^\theta}{A_{n,t}} \left(\frac{P_{n,t}}{w_{n,t}}\right)^{1-\alpha} q_{n,t}(x) \qquad (6-13)$$

$$q_{m,n,t}(x) = \left(\frac{\alpha}{1-\alpha}\right)^{-\alpha} \frac{x_n^\theta}{A_{n,t}} \left(\frac{P_{n,t}}{w_{n,t}}\right)^{-\alpha} q_{n,t}(x) \qquad (6-14)$$

进而可得：

$$p_{n,t}(x) = Y \frac{x_n^\theta}{A_{n,t}} w_{n,t}^\alpha P_{n,t}^{1-\alpha} \qquad (6-15)$$

其中，$Y = \alpha^{-\alpha}(1-\alpha)^{\alpha-1}$。

（四）最终商品价格指数

在开放贸易之后，国与国之间就会产生商品的进出口贸易。根据模型对商品贸易的设定，只有单个可贸易中间品 $q_{n,t}(x)$ 进行了贸易，所以，一国的最终商品生产部门会从另外两国进口或从本国国内采购的方式购买中间品。在 E-K 模型中，商品市场是完全竞争的，那么一国的最终商品生产部门在采购中间品 x 时就只会挑选最低价格的中间品 x，由此可知一国购买单个可贸易中间品 x 的购买价格可以表示为（以 i 国代表第一身份国）：

$$p_{i,t}(x) = \min\{\tau_{ii} \, p_{i,t}(x), \tau_{ji} \, p_{j,t}(x), \tau_{zi} \, p_{z,t}(x)\} \qquad (6-16)$$

其中，τ_{ij} 表示国家之间商品贸易的冰山运输成本，意味着 τ_{ij} 单位的商品从国家 i 运输至国家 j 时，最终只有一单位商品到达，即 $\tau_{ij} > 1$。同时，为了防止套利行为的出现，假定 $\tau_{ij} < \tau_{iz} \tau_{zj}$，即非套利条件。等式左边的 $p_{i,t}(x)$ 指代 i 国最终商品生产部门购买中间品 x 的购买价格，等式右边的 $p_{i,t}(x)$、$p_{j,t}(x)$ 和 $p_{z,t}(x)$ 分别指代 i 国、j 国和 z 国的中间品生产部门出售中间品 x 的出厂价格。

根据各国可贸易中间品生产部门的决策问题可知出售中间品 x 的出厂价格，然后代入上述购买价格表达式，可进一步推得 i 国最终商品生产部门的购买价格为：

$$p_{i,t}(x) = \min \left\{ \frac{Y w_{i,t}^{\alpha} P_{i,t}^{1-\alpha} \tau_{ii}}{A_{i,t}} x_i^{\theta}, \frac{Y w_{j,t}^{\alpha} P_{j,t}^{1-\alpha} \tau_{ji}}{A_{j,t}} x_j^{\theta}, \frac{Y w_{z,t}^{\alpha} P_{z,t}^{1-\alpha} \tau_{zi}}{A_{z,t}} x_z^{\theta} \right\}$$

$$(6-17)$$

即：
$$p_{i,t}(x)^{\frac{1}{\theta}} = \min \left\{ \left(\frac{Y w_{i,t}^{\alpha} P_{i,t}^{1-\alpha} \tau_{ii}}{A_{i,t}} \right)^{\frac{1}{\theta}} x_i, \left(\frac{Y w_{j,t}^{\alpha} P_{j,t}^{1-\alpha} \tau_{ji}}{A_{j,t}} \right)^{\frac{1}{\theta}} x_j, \right.$$
$$\left. \left(\frac{Y w_{z,t}^{\alpha} P_{z,t}^{1-\alpha} \tau_{zi}}{A_{z,t}} \right)^{\frac{1}{\theta}} x_z \right)$$

令 $g_{ij,t} = \left(\frac{Y w_{i,t}^{\alpha} P_{i,t}^{1-\alpha} \tau_{ij}}{A_{i,t}} \right)^{\frac{1}{\theta}}$，所以，根据指数分布的特性，$g_{ii,t} x_i$、$g_{ji,t} x_j$ 和 $g_{zi,t} x_z$ 分别是服从参数为 $\frac{T_i}{g_{ii,t}}$、$\frac{T_j}{g_{ji,t}}$ 和 $\frac{T_z}{g_{zi,t}}$ 的指数分布。因此，可由指数分布的另一特性可知，$p_{i,t}(x)^{\frac{1}{\theta}}$ 是服从参数为 $(\varphi_{ii,t} + \varphi_{ji,t} + \varphi_{zi,t})$ 的指数分布，其中，$\varphi_{ij,t} = \frac{T_i}{g_{ij,t}}$。

然后，令 $u_{i,t} = p_{i,t}(x)^{\frac{1}{\theta}}$，则 $p_{i,t}(x) = u_{i,t}^{\theta}$，将其代入最终商品的价格指数公式，得出：

$$P_{i,t}^{1-\eta} = \int_0^{\infty} u_{i,t}^{\theta(1-\eta)} (\varphi_{ii,t} + \varphi_{ji,t} + \varphi_{zi,t}) e^{-(\varphi_{ii,t} + \varphi_{ji,t} + \varphi_{zi,t}) u_{i,t}} d u_{i,t}$$

$$(6-18)$$

并令 $r_{i,t} = (\varphi_{ii,t} + \varphi_{ji,t} + \varphi_{zi,t}) u_{i,t}$，则：

$$P_{i,t} = (\varphi_{ii,t} + \varphi_{ji,t} + \varphi_{zi,t})^{-\theta} \left[\int_0^{\infty} r_{i,t}^{\theta(1-\eta)} e^{-r_{i,t}} dr_{i,t} \right]^{\frac{1}{1-\eta}} \quad (6-19)$$

令 $T(\theta, \eta) = \left[\int_0^\infty r_{i,t}^{\theta(1-\eta)} e^{-r_{i,t}} dr_{i,t}\right]^{\frac{1}{1-\eta}}$，即：

$$T(\theta, \eta)^{1-\eta} = \int_0^\infty r_{i,t}^{\theta(1-\eta)} e^{-r_{i,t}} dr_{i,t} \qquad (6-20)$$

其中，令 $\xi = 1 + \theta(1 - \eta) > 0$，则等式右边就是 Gamma 函数：

$$\Gamma(\xi) = \int_0^\infty r_{i,t}^\xi e^{-r_{i,t}} dr_{i,t} \qquad (6-21)$$

因此，i 国国内的最终商品价格指数最终可以表示为：

$$P_{i,t} = T(\varphi_{ii,t} + \varphi_{ji,t} + \varphi_{zi,t})^{-\theta} = T\left[T_i\left(\frac{Yw_{i,t}^\alpha P_{i,t}^{1-\alpha}\tau_{ii}}{A_{i,t}}\right)^{-\frac{1}{\theta}} + \right.$$
$$\left. T_j\left(\frac{Yw_{j,t}^\alpha P_{j,t}^{1-\alpha}\tau_{ji}}{A_{j,t}}\right)^{-\frac{1}{\theta}} + T_z\left(\frac{Yw_{z,t}^\alpha P_{z,t}^{1-\alpha}\tau_{zi}}{A_{z,t}}\right)^{-\frac{1}{\theta}}\right]^{-\theta} \qquad (6-22)$$

类似的，j 国国内的最终商品价格指数最终可以表示为：

$$P_{j,t} = T(\varphi_{jj,t} + \varphi_{ij,t} + \varphi_{zj,t})^{-\theta} = T\left[T_i\left(\frac{Yw_{i,t}^\alpha P_{i,t}^{1-\alpha}\tau_{ij}}{A_{i,t}}\right)^{-\frac{1}{\theta}} + \right.$$
$$\left. T_j\left(\frac{Yw_{j,t}^\alpha P_{j,t}^{1-\alpha}\tau_{jj}}{A_{j,t}}\right)^{-\frac{1}{\theta}} + T_z\left(\frac{Yw_{z,t}^\alpha P_{z,t}^{1-\alpha}\tau_{zj}}{A_{z,t}}\right)^{-\frac{1}{\theta}}\right]^{-\theta} \qquad (6-23)$$

z 国的国内商品价格指数最终可以表示为：

$$P_{z,t} = T(\varphi_{zz,t} + \varphi_{jz,t} + \varphi_{iz,t})^{-\theta} = T\left[T_i\left(\frac{Yw_{i,t}^\alpha P_{i,t}^{1-\alpha}\tau_{iz}}{A_{i,t}}\right)^{-\frac{1}{\theta}} + \right.$$
$$\left. T_j\left(\frac{Yw_{j,t}^\alpha P_{j,t}^{1-\alpha}\tau_{jz}}{A_{j,t}}\right)^{-\frac{1}{\theta}} + T_z\left(\frac{Yw_{z,t}^\alpha P_{z,t}^{1-\alpha}\tau_{zz}}{A_{z,t}}\right)^{-\frac{1}{\theta}}\right]^{-\theta} \qquad (6-24)$$

（五）贸易平衡

在没有资本市场的条件下，三国会在任何时期均处于贸易平衡的状态下，即 i 国向世界购买的商品支出一定等于世界向 i 国购买的商品支出。

定义支出比例 $D_{ij,t}$，具体代表在 t 期国家 j 购买国家 i 的商品支出占 j 国总支出的比例，即：

$$P_{j,t} Q_{j,t} D_{ij,t} = \int_{B_{ij,t}} p_{ij,t}(x) q_{ij,t}(x) \Phi(x) dx \qquad (6-25)$$

其中，$B_{ij,t}$ 代表 t 期国家 j 从国家 i 购买的商品种类集合，$p_{ij,t}(x) = p_{i,t}(x)\tau_{ij}$ 表示 t 期国家 j 向国家 i 购买商品 x 的价格，$q_{ij,t}(x)$ 表示 t 期国家 j 向国家 i 购买商品 x 的数量。

那么，支出比例 $D_{ji,t}$ 就代表在 t 期国家 i 购买国家 j 的商品支出占 i 国总支出的比例，即：

$$P_{i,t}\,Q_{i,t}\,D_{ji,t} = \int_{B_{ji,t}} p_{ji,t}(x)\,q_{ji,t}(x)\,\Phi(x)\,dx \qquad (6-26)$$

其中，$B_{ji,t}$ 代表 t 期国家 i 从国家 j 购买的商品种类集合，$p_{ji,t}(x) = p_{j,t}(x)\tau_{ji}$ 表示 t 期国家 i 向国家 j 购买商品 x 的价格，$q_{ji,t}(x)$ 表示 t 期国家 i 向国家 j 购买商品 x 的数量。

因此，贸易平衡条件可以表示为：

$$P_{i,t}\,Q_{i,t}\sum_n D_{ni,t} = \sum_n P_{n,t}\,Q_{n,t}\,D_{in,t} \qquad (6-27)$$

由于市场是完全竞争的，其实 $D_{ij,t}$ 也如在 E-K 模型中所描述那样，代表 j 国会购买 i 国商品的概率，换言之就是 j 国进口 i 国商品 x 的进口价格小于其国内售价的概率，即：

$$D_{ij,t} = Pr\{p_{ij,t}(x) \leqslant min\{p_{jj,t}(x), p_{zj,t}(x)\}\} =$$
$$Pr\{p_{i,t}(x)\,\tau_{ij} \leqslant min\{p_{j,t}(x)\,\tau_{jj}, p_{z,t}(x)\,\tau_{zj}\}\} \qquad (6-28)$$

因为价格 $p_{i,t}(x)$、$p_{j,t}(x)$ 和 $p_{z,t}(x)$ 可由各国的中间品生产部门的一阶条件可知，那么，代入具体表达式，可推得：

$$D_{ij,t} = Pr\{g_{ij,t}\,x_i \leqslant min\{g_{jj,t}\,x_j, g_{zj,t}\,x_z\}\} \qquad (6-29)$$

进而根据指数分布的特性可知：

$$D_{ij,t} = \frac{T_i / g_{ij,t}}{T_i / g_{ij,t} + T_j / g_{jj,t} + T_z / g_{zj,t}} \qquad (6-30)$$

即：

$$D_{ij,t} = \frac{\varphi_{ij,t}}{\varphi_{ij,t} + \varphi_{jj,t} + \varphi_{zj,t}} \qquad (6-31)$$

所以，$D_{ii,t} = \dfrac{\varphi_{ii,t}}{\varphi_{ii,t} + \varphi_{ji,t} + \varphi_{zi,t}}$；$D_{iz,t} = \dfrac{\varphi_{iz,t}}{\varphi_{iz,t} + \varphi_{jz,t} + \varphi_{zz,t}}$

$D_{ji,t} = \dfrac{\varphi_{ji,t}}{\varphi_{ii,t} + \varphi_{ji,t} + \varphi_{zi,t}}$；$D_{jj,t} = \dfrac{\varphi_{jj,t}}{\varphi_{ij,t} + \varphi_{jj,t} + \varphi_{zj,t}}$；$D_{jz,t} = \dfrac{\varphi_{jz,t}}{\varphi_{iz,t} + \varphi_{jz,t} + \varphi_{zz,t}}$

$$D_{zi,t} = \frac{\varphi_{zi,t}}{\varphi_{ii,t} + \varphi_{ji,t} + \varphi_{zi,t}}; D_{zj,t} = \frac{\varphi_{zj,t}}{\varphi_{ij,t} + \varphi_{jj,t} + \varphi_{zj,t}}; D_{zz,t} = \frac{\varphi_{zz,t}}{\varphi_{iz,t} + \varphi_{jz,t} + \varphi_{zz,t}}$$

令矩阵 D 代表两两国家之间的购买比例，则：

$$D = \begin{bmatrix} D_{ii} & D_{ij} & D_{iz} \\ D_{ji} & D_{jj} & D_{jz} \\ D_{zi} & D_{zj} & D_{zz} \end{bmatrix} = \begin{bmatrix} \dfrac{\varphi_{ii,t}}{\varphi_{ii,t} + \varphi_{ji,t} + \varphi_{zi,t}} & \dfrac{\varphi_{ij,t}}{\varphi_{ij,t} + \varphi_{jj,t} + \varphi_{zj,t}} & \dfrac{\varphi_{iz,t}}{\varphi_{iz,t} + \varphi_{jz,t} + \varphi_{zz,t}} \\ \dfrac{\varphi_{ji,t}}{\varphi_{ii,t} + \varphi_{ji,t} + \varphi_{zi,t}} & \dfrac{\varphi_{jj,t}}{\varphi_{ij,t} + \varphi_{jj,t} + \varphi_{zj,t}} & \dfrac{\varphi_{jz,t}}{\varphi_{iz,t} + \varphi_{jz,t} + \varphi_{zz,t}} \\ \dfrac{\varphi_{zi,t}}{\varphi_{ii,t} + \varphi_{ji,t} + \varphi_{zi,t}} & \dfrac{\varphi_{zj,t}}{\varphi_{ij,t} + \varphi_{jj,t} + \varphi_{zj,t}} & \dfrac{\varphi_{zz,t}}{\varphi_{iz,t} + \varphi_{jz,t} + \varphi_{zz,t}} \end{bmatrix}$$

$$(6-32)$$

最终，根据贸易平衡条件可以表述为：

$$P_{i,t} Q_{i,t} = P_{i,t} Q_{i,t} D_{ii,t} + P_{j,t} Q_{j,t} D_{ij,t} + P_{z,t} Q_{z,t} D_{iz,t} \qquad (6-33)$$

$$P_{j,t} Q_{j,t} = P_{i,t} Q_{i,t} D_{ji,t} + P_{j,t} Q_{j,t} D_{jj,t} + P_{z,t} Q_{z,t} D_{jz,t} \qquad (6-34)$$

$$P_{z,t} Q_{z,t} = P_{i,t} Q_{i,t} D_{zi,t} + P_{j,t} Q_{j,t} D_{zj,t} + P_{z,t} Q_{z,t} D_{zz,t} \qquad (6-35)$$

（六）市场出清

当经济体处于均衡状态时，商品市场也处于出清状态，即：

$$Q_{n,t} = q_{m,n,t} + C_{n,t} \qquad (6-36)$$

假设 $B_{n,t}$ 代表国家 n 生产的可贸易中间品种类，那么，一国的总劳动：

$$L_{n,t} = \int_{B_{n,t}} L_{n,t}(x) \Phi(x) dx \qquad (6-37)$$

总中间品投入：

$$q_{m,n,t} = \int_{B_{n,t}} q_{m,n,t}(x) \Phi(x) dx \qquad (6-38)$$

最后，经济体的总收入也将等于总支出，即：

$$w_{n,t} L_{n,t} = P_{n,t} C_{n,t} \qquad (6-39)$$

（七）模型均衡

对于国家 i、国家 j 和国家 z 组成的这个世界经济体，在每一期内，代表性家庭实现了效用最大化，生产部门实现了成本最小化以及市场处于出清状态，那么称该种状态为经济的均衡状态，也即代表性家庭的一阶条件、所有生产部门的一阶条件以及市场出清条件在每一期均得到了满足。

第二节　传统贸易和增加值贸易的理论推导

一、传统贸易的理论推导

本书将传统贸易界定为一国出口商品至另一国的总额，并定义 $EX_{nn',t}$ 代表国家 n 出口至国家 n' 的贸易额。所以在三国模型下，两两国家之间就存在六个出口额，分别是国家 i 和国家 j 之间的相互贸易，国家 i 和国家 z 之间的相互贸易，国家 j 和国家 z 之间的相互贸易。那么，根据三国的贸易平衡等式就可以直接得出两两国家之间的传统贸易分别是：

$$EX_{ij,t} = P_{j,t} \, Q_{j,t} \, D_{ij,t} ; EX_{ji,t} = P_{i,t} \, Q_{i,t} \, D_{ji,t} \qquad (6-40)$$

$$EX_{iz,t} = P_{z,t} \, Q_{z,t} \, D_{iz,t} ; EX_{zi,t} = P_{i,t} \, Q_{i,t} \, D_{zi,t} \qquad (6-41)$$

$$EX_{jz,t} = P_{z,t} \, Q_{z,t} \, D_{jz,t} ; EX_{zj,t} = P_{j,t} \, Q_{j,t} \, D_{zj,t} \qquad (6-42)$$

二、增加值贸易的理论推导

本书将增加值贸易界定为一国国内价值增加经过投入产出循环被他国最终吸收的部分。相对于两国模型中的三个投入产出循环，三国模型总共具有七个投入产出循环，分别是三个各自国内循环、三个两两国家间的跨国循环以及一个跨越三国的跨国循环。一国创造的价值增加会在不同的循环中穿梭，最终被某一个国家以最终消费的形式吸收。具体结构如图 6-2 所示：

本部分仍继续借鉴 Wang et. al（2013）中的 $\hat{V}B\hat{Y}$，即国家/行业层面的价值增加和最终商品生产的分解表达式，来引出本书界定的增加值贸易计算公式。

首先，根据 C-D 形式的单个可贸易中间品的生产函数性质，可知：

$$P_{i,t} \, q_{m,i,t}(x) = (1-\alpha)(p_{i,t}(x) \, q_{i,t}(x)) \qquad (6-43)$$

$$w_{i,t} \, L_{i,t}(x) = \alpha(p_{i,t}(x) \, q_{i,t}(x)) \qquad (6-44)$$

因为生产的可贸易中间品不是用于国内最终商品的生产就是用于出口，且 i 国可以出口至 j 国和 z 国，所以：

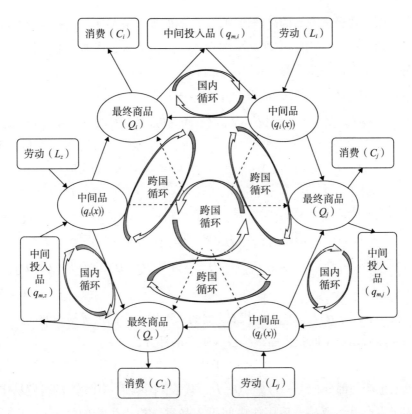

图 6 - 2　三国模型的投入产出循环结构示意图

$$P_{i,t} \, q_{m,i,t} = (1 - \beta) \Big[\int_{B_{ii,t}} p_{ii,t}(x) \, q_{ii,t}(x) \Phi(x) dx +$$

$$\int_{B_{ij,t}} p_{ij,t}(x) \, q_{ij,t}(x) \Phi(x) dx + \int_{B_{iz,t}} p_{iz,t}(x) \, q_{iz,t}(x) \Phi(x) dx \Big] \quad (6-45)$$

$$w_{i,t} \, L_{i,t} = \beta \Big[\int_{B_{ii,t}} p_{ii,t}(x) \, q_{ii,t}(x) \Phi(x) dx +$$

$$\int_{B_{ij,t}} p_{ij,t}(x) \, q_{ij,t}(x) \Phi(x) dx + \int_{B_{iz,t}} p_{iz,t}(x) \, q_{iz,t}(x) \Phi(x) dx \Big] \quad (6-46)$$

那么，结合三国之间的贸易平衡条件和一国的收支平衡条件，可得：

$$P_{i,t} \, q_{m,i,t} = (1 - \alpha) P_{i,t} Q_{i,t} \quad\quad\quad (6-47)$$

$$w_{i,t} \, L_{i,t} = \alpha P_{i,t} Q_{i,t} \quad\quad\quad (6-48)$$

进而可知（国家 j 和国家 z 亦是如此），

$$q_{m,i,t} = (1 - \alpha) \, Q_{i,t} \quad\quad\quad (6-49)$$

$$C_{i,t} = \alpha \, Q_{i,t} \quad\quad\quad (6-50)$$

所以，在最终商品的总产出中，α 比例的最终商品用于最终消费，$(1 - \alpha)$ 比例的最终商品用作中间品继续投入生产。那么，依据以上条件，贸易平衡等式可以进一步改写成：

$$P_{i,t} Q_{i,t} = (1 - \alpha) P_{i,t} Q_{i,t} D_{ii,t} + (1 - \alpha) P_{j,t} Q_{j,t} D_{ij,t} +$$
$$(1 - \alpha) P_{z,t} Q_{z,t} D_{iz,t} + \alpha P_{i,t} Q_{i,t} D_{ii,t} + \alpha P_{j,t} Q_{j,t} D_{ij,t} + \alpha P_{z,t} Q_{z,t} D_{iz,t}$$
$$(6 - 51)$$

$$P_{j,t} Q_{j,t} = (1 - \alpha) P_{i,t} Q_{i,t} D_{ji,t} + (1 - \alpha) P_{j,t} Q_{j,t} D_{jj,t} +$$
$$(1 - \alpha) P_{z,t} Q_{z,t} D_{jz,t} + \alpha P_{i,t} Q_{i,t} D_{ji,t} + \alpha P_{j,t} Q_{j,t} D_{jj,t} + \alpha P_{z,t} Q_{z,t} D_{jz,t}$$
$$(6 - 52)$$

$$P_{z,t} Q_{z,t} = (1 - \alpha) P_{i,t} Q_{i,t} D_{zi,t} + (1 - \alpha) P_{j,t} Q_{j,t} D_{zj,t} +$$
$$(1 - \alpha) P_{z,t} Q_{z,t} D_{zz,t} + \alpha P_{i,t} Q_{i,t} D_{zi,t} + \alpha P_{j,t} Q_{j,t} D_{zj,t} + \alpha P_{z,t} Q_{z,t} D_{zz,t}$$
$$(6 - 53)$$

其中，$(1 - \alpha) P_{i,t} Q_{i,t} D_{ii,t}$ 代表 i 国购买本国生产的可贸易中间品生产最终商品然后用作中间投入品继续投入生产的部分；$(1 - \alpha) P_{j,t} Q_{j,t} D_{ij,t}$ 代表 j 国购买 i 国生产的可贸易中间品用于生产最终商品然后用作中间投入品继续投入生产的部分；$(1 - \alpha) P_{z,t} Q_{z,t} D_{iz,t}$ 代表 z 国购买 i 国生产的可贸易中间品用于生产最终商品然后用作中间投入品继续投入生产的部分；$\alpha P_{i,t} Q_{i,t} D_{ii,t}$ 代表 i 国购买本国生产的可贸易中间品生产最终商品然后用作最终消费的部分；$\alpha P_{j,t} Q_{j,t} D_{ij,t}$ 代表 j 国购买 i 国生产的可贸易中间品生产最终商品然后用作最终消费的部分；$\alpha P_{z,t} Q_{z,t} D_{iz,t}$ 代表 z 国购买 i 国生产的可贸易中间品生产最终商品然后用作最终消费的部分。第二个等式的 j 国和第三个等式的 z 国情形以此类推。

令 $P_{i,t} Q_{i,t} = X_{i,t}$，$P_{j,t} Q_{j,t} = X_{j,t}$，$P_{z,t} Q_{z,t} = X_{z,t}$，那么，$X_{i,t}$、$X_{i,t}$ 和 $X_{z,t}$ 就分别代表国家 i、国家 j 和国家 z 的总支出，也即总产出。因此，上述三个贸易平衡条件等式可以转化为：

$$X_{i,t} = (1 - \alpha) X_{i,t} D_{ii,t} + (1 - \alpha) X_{j,t} D_{ij,t} +$$
$$(1 - \alpha) X_{z,t} D_{iz,t} + \alpha X_{i,t} D_{ii,t} + \alpha X_{j,t} D_{ij,t} + \alpha X_{z,t} D_{iz,t} \quad (6 - 54)$$
$$X_{j,t} = (1 - \alpha) X_{i,t} D_{ji,t} + (1 - \alpha) X_{j,t} D_{jj,t} +$$
$$(1 - \alpha) X_{z,t} D_{jz,t} + \alpha X_{i,t} D_{ji,t} + \alpha X_{j,t} D_{jj,t} + \alpha X_{z,t} D_{jz,t} \quad (6 - 55)$$
$$X_{z,t} = (1 - \alpha) X_{i,t} D_{zi,t} + (1 - \alpha) X_{j,t} D_{zj,t} +$$

$$(1 - \alpha)\, X_{z,t}\, D_{zz,t} + \alpha X_{i,t}\, D_{zi,t} + \alpha X_{j,t}\, D_{zj,t} + \alpha X_{z,t}\, D_{zz,t} \qquad (6-56)$$

借鉴 WWZ(2013)的 $\hat{V}B\hat{Y}$ 增加值测算方法，将上述三个等式进一步转换成如下的矩阵形式：

$$
\begin{bmatrix} X_{i,t} \\ X_{j,t} \\ X_{z,t} \end{bmatrix}
=
\begin{bmatrix}
(1-\alpha)D_{ii,t} & (1-\alpha)D_{ij,t} & (1-\alpha)D_{iz,t} \\
(1-\alpha)D_{ji,t} & (1-\alpha)D_{jj,t} & (1-\alpha)D_{jz,t} \\
(1-\alpha)D_{zi,t} & (1-\alpha)D_{zj,t} & (1-\alpha)D_{zz,t}
\end{bmatrix}
\begin{bmatrix} X_{i,t} \\ X_{j,t} \\ X_{z,t} \end{bmatrix}
+
\begin{bmatrix} Y_{i,t} \\ Y_{j,t} \\ Y_{z,t} \end{bmatrix}
$$

$$(6-57)$$

其中，$Y_{i,t} = y_{ii,t} + y_{ij,t} + y_{iz,t} = \alpha X_{i,t} D_{ii,t} + \alpha X_{j,t} D_{ij,t} + \alpha X_{z,t} D_{iz,t}$，即世界购买 i 国可贸易中间品最终用于最终消费的支出总和；$Y_{j,t} = y_{ji,t} + y_{jj,t} + y_{jz,t} = \alpha X_{i,t} D_{ji,t} + \alpha X_{j,t} D_{jj,t} + \alpha X_{z,t} D_{jz,t}$，即世界购买 j 国可贸易中间品最终用于最终消费的支出总和；$Y_{z,t} = y_{zi,t} + y_{zj,t} + y_{zz,t} = \alpha X_{i,t} D_{zi,t} + \alpha X_{j,t} D_{zj,t} + \alpha X_{z,t} D_{zz,t}$，即世界购买 z 国可贸易中间品最终用于最终消费的支出总和。

经简单处理后，进一步可得：

$$
\begin{bmatrix} X_{i,t} \\ X_{j,t} \\ X_{z,t} \end{bmatrix}
=
\begin{bmatrix}
b_{ii,t} & b_{ij,t} & b_{iz,t} \\
b_{ji,t} & b_{jj,t} & b_{jz,t} \\
b_{zi,t} & b_{zj,t} & b_{zz,t}
\end{bmatrix}
\begin{bmatrix} Y_{i,t} \\ Y_{j,t} \\ Y_{z,t} \end{bmatrix}
\qquad (6-58)
$$

其中，

$$
b =
\begin{bmatrix}
b_{ii,t} & b_{ij,t} & b_{iz,t} \\
b_{ji,t} & b_{jj,t} & b_{jz,t} \\
b_{zi,t} & b_{zj,t} & b_{zz,t}
\end{bmatrix}
=
\begin{bmatrix}
1-(1-\alpha)D_{ii,t} & -(1-\alpha)D_{ij,t} & -(1-\alpha)D_{iz,t} \\
-(1-\alpha)D_{ji,t} & 1-(1-\alpha)D_{jj,t} & -(1-\alpha)D_{jz,t} \\
-(1-\alpha)D_{zi,t} & -(1-\alpha)D_{zj,t} & 1-(1-\alpha)D_{zz,t}
\end{bmatrix}^{-1}
$$

$$(6-59)$$

表示的是 Leontief 逆矩阵，即总需求矩阵，如元素 $b_{ij,t}$ 表示 j 国额外增加一单位最终消费所引起的 i 国总产出的增加量。

根据已有的贸易平衡条件，i 国的劳动价值增加 $w_{i,t} L_{i,t} = \alpha P_{i,t} Q_{i,t} = \alpha X_{i,t}$，$j$ 国的劳动价值增加 $w_{j,t} L_{j,t} = \alpha P_{j,t} Q_{j,t} = \alpha X_{j,t}$，$z$ 国的劳动价值增加 $w_{z,t} L_{z,t} = \alpha P_{z,t} Q_{z,t} = \alpha X_{z,t}$ 所以，三国的直接价值增加系数均为：

$$\alpha = \frac{w_{i,t} L_{i,t}}{X_{i,t}} = \frac{w_{j,t} L_{j,t}}{X_{j,t}} = \frac{w_{z,t} L_{z,t}}{X_{z,t}} \qquad (6-60)$$

因此，直接价值增加系数的对角矩阵可以表示为：

$$v = \begin{bmatrix} v_1 & 0 & 0 \\ 0 & v_2 & 0 \\ 0 & 0 & v_3 \end{bmatrix} = \begin{bmatrix} \alpha & 0 & 0 \\ 0 & \alpha & 0 \\ 0 & 0 & \alpha \end{bmatrix} \qquad (6-61)$$

那么，本章两国模型对应于 WWZ(2013) 中的 $\hat{V}B\hat{Y}$，即国家/行业层面的价值增加和最终商品生产的分解表达式为：

$$\hat{V}B\hat{Y} = \begin{bmatrix} \alpha & 0 & 0 \\ 0 & \alpha & 0 \\ 0 & 0 & \alpha \end{bmatrix} \begin{bmatrix} b_{ii,t} & b_{ij,t} & b_{iz,t} \\ b_{ji,t} & b_{jj,t} & b_{jz,t} \\ b_{zi,t} & b_{zj,t} & b_{zz,t} \end{bmatrix} \begin{bmatrix} Y_{i,t} & 0 & 0 \\ 0 & Y_{j,t} & 0 \\ 0 & 0 & Y_{z,t} \end{bmatrix} \qquad (6-62)$$

即：

$$\hat{V}B\hat{Y} = \begin{bmatrix} \alpha & 0 & 0 \\ 0 & \alpha & 0 \\ 0 & 0 & \alpha \end{bmatrix} \begin{bmatrix} 1-(1-\alpha)D_{ii,t} & -(1-\alpha)D_{ij,t} & -(1-\alpha)D_{iz,t} \\ -(1-\alpha)D_{ji,t} & 1-(1-\alpha)D_{jj,t} & -(1-\alpha)D_{jz,t} \\ -(1-\alpha)D_{zi,t} & -(1-\alpha)D_{zj,t} & 1-(1-\alpha)D_{zz,t} \end{bmatrix}^{-1}$$

$$\begin{bmatrix} Y_{i,t} & 0 & 0 \\ 0 & Y_{j,t} & 0 \\ 0 & 0 & Y_{z,t} \end{bmatrix} = \begin{bmatrix} \alpha b_{ii,t}Y_{i,t} & \alpha b_{ij,t}Y_{j,t} & \alpha b_{iz,t}Y_{z,t} \\ \alpha b_{ji,t}Y_{i,t} & \alpha b_{jj,t}Y_{j,t} & \alpha b_{jz,t}Y_{z,t} \\ \alpha b_{zi,t}Y_{i,t} & \alpha b_{zj,t}Y_{j,t} & \alpha b_{zz,t}Y_{z,t} \end{bmatrix} \qquad (6-63)$$

其中，结合本章三国模型的设定条件，$\alpha b_{ii,t}Y_{i,t}$ 表示 i 国的国内投入产出循环中创造的总国内价值增加隐含在世界向 i 国购买的可贸易中间品并最终被目的国消费吸收的部分；$\alpha b_{ij,t}Y_{j,t}$ 表示 i 国与 j 国的跨国投入产出循环中 i 国创造的总国内价值增加隐含在世界向 j 国购买的可贸易中间品并最终被目的国消费吸收的部分；$\alpha b_{iz,t}Y_{z,t}$ 表示 i 国与 z 国的跨国投入产出循环中 i 国创造的总国内价值增加隐含在世界向 z 国购买的可贸易中间品并最终被目的国消费吸收的部分；$\alpha b_{ji,t}Y_{i,t}$ 表示国家 j 与 i 国的跨国投入产出循环中 j 国创造的总国内价值增加隐含在世界向 i 国购买的可贸易中间品并最终被目的国消费吸收的部分；$\alpha b_{jj,t}Y_{j,t}$ 表示 j 国的国内投入产出循环中创造的总国内价值增加隐含在世界向 j 国购买的可贸易中间品并最终被目的国消费吸收的部分；$\alpha b_{jz,t}Y_{z,t}$ 表示 j 国与 z 国的跨国投入产出循环中 j 国创造的总国内价值增加隐含在世界向 z 国购买的可贸易中间品并最终被目的国消费吸收的部分；$\alpha b_{zi,t}Y_{i,t}$ 表示国家 z 与 i 国的跨国投入产出循环中 z 国创造的总国内价值增加隐含在世界向 i 国购买的可贸易中间品并最终被目的国消费吸收的部分；$\alpha b_{zj,t} Y_{j,t}$ 表示国家 z 与 j 国的跨国投入产出循环中 z 国创造的总国内价值增加隐含在世界向 j 国购买的可贸易中间品并最终被目的国消费吸收的部分；$\alpha b_{zz,t} Y_{z,t}$ 表示 z 国的国内投入产出循环中创造的总国内价值增加隐含在世界向 z 国购买的可贸易中间品并最终被目的国消费吸收的部分。

因为世界向 i 国购买可贸易中间品并最终被目的国消费吸收的支出总和 $Y_{i,t}$，包括 i 国的购买支出 $y_{ii,t}$、j 国的购买支出 $y_{ij,t}$ 以及 z 国的购买支出 $y_{iz,t}$，即 $Y_{i,t} = y_{ii,t} + y_{ij,t} + y_{iz,t}$；世界向 j 国购买可贸易中间品并最终被目的国消费吸收的支出总和 $Y_{j,t}$，包括 i 国的购买支出 $y_{ji,t}$、j 国的购买支出 $y_{jj,t}$ 以及 z 国的购买支出 $y_{jz,t}$，即 $Y_{j,t} = y_{ji,t} + y_{jj,t} + y_{jz,t}$，世界向 z 国购买可贸易中间品并最终被目的国消费吸收的支出总和 $Y_{z,t}$，包括 i 国的购买支出 $y_{zi,t}$、j 国的购买支出 $y_{zj,t}$ 以及 z 国的购买支出 $y_{zz,t}$，即 $Y_{z,t} = y_{zi,t} + y_{zj,t} + y_{zz,t}$。

所以，

$$
\hat{V}B\hat{Y} = \begin{bmatrix}
\alpha b_{ii,t}(y_{ii,t} + y_{ij,t} + y_{iz,t}) & \alpha b_{ij,t}(y_{ji,t} + y_{jj,t} + y_{jz,t}) & \alpha b_{iz,t}(y_{zi,t} + y_{zj,t} + y_{zz,t}) \\
\alpha b_{ji,t}(y_{ii,t} + y_{ij,t} + y_{iz,t}) & \alpha b_{jj,t}(y_{ji,t} + y_{jj,t} + y_{jz,t}) & \alpha b_{jz,t}(y_{zi,t} + y_{zj,t} + y_{zz,t}) \\
\alpha b_{zi,t}(y_{ii,t} + y_{ij,t} + y_{iz,t}) & \alpha b_{zj,t}(y_{ji,t} + y_{jj,t} + y_{jz,t}) & \alpha b_{zz,t}(y_{zi,t} + y_{zj,t} + y_{zz,t})
\end{bmatrix}
$$

$$(6-64)$$

进而可知：

$\alpha b_{ii,t} y_{ii,t} + \alpha b_{ij,t} y_{ji,t} + \alpha b_{iz,t} y_{zi,t}$ 代表国家 i 在国内投入产出循环和跨国投入产出循环中共同创造的本国价值增加最终被本国吸收的部分；

$\alpha b_{ii,t} y_{ij,t} + \alpha b_{ij,t} y_{jj,t} + \alpha b_{iz,t} y_{zj,t}$ 代表国家 i 在国内投入产出循环和跨国投入产出循环中共同创造的本国价值增加最终被国家 j 吸收的部分；

$\alpha b_{ii,t} y_{iz,t} + \alpha b_{ij,t} y_{jz,t} + \alpha b_{iz,t} y_{zz,t}$ 代表国家 i 在国内投入产出循环和跨国投入产出循环中共同创造的本国价值增加最终被国家 z 吸收的部分；

$\alpha b_{ji,t} y_{ii,t} + \alpha b_{jj,t} y_{ji,t} + \alpha b_{jz,t} y_{zi,t}$ 代表国家 j 在国内投入产出循环和跨国投入产出循环中共同创造的本国价值增加最终被国家 i 吸收的部分；

$\alpha b_{ji,t} y_{ij,t} + \alpha b_{jj,t} y_{jj,t} + \alpha b_{jz,t} y_{zj,t}$ 代表国家 j 在国内投入产出循环和跨国投入产出循环中共同创造的本国价值增加最终被本国吸收的部分；

$\alpha b_{ji,t} y_{iz,t} + \alpha b_{jj,t} y_{jz,t} + \alpha b_{jz,t} y_{zz,t}$ 代表国家 j 在国内投入产出循环和跨国投入产出循环中共同创造的本国价值增加最终被国家 z 吸收的部分；

$\alpha b_{zi,t} y_{ii,t} + \alpha b_{zj,t} y_{ji,t} + \alpha b_{zz,t} y_{zi,t}$ 代表国家 z 在国内投入产出循环和跨国投入产出循环中共同创造的本国价值增加最终被国家 i 吸收的部分

$\alpha b_{zi,t} y_{ij,t} + \alpha b_{zj,t} y_{jj,t} + \alpha b_{zz,t} y_{zj,t}$ 代表国家 z 在国内投入产出循环和跨国投入产出循环中共同创造的本国价值增加最终被国家 j 吸收的部分；

$\alpha b_{zi,t} y_{iz,t} + \alpha b_{zj,t} y_{jz,t} + \alpha b_{zz,t} y_{zz,t}$ 代表国家 z 在国内投入产出循环和跨国投入产出循环中共同创造的本国价值增加最终被本国吸收的部分。

最后，通过计算可得：

$$b_{ii,t} = \frac{[1-(1-\alpha)D_{jj,t}][1-(1-\alpha)D_{zz,t}] - (1-\alpha)^2 D_{jz,t}D_{zj,t}}{B_t} \quad (6-65)$$

$$b_{ij,t} = \frac{(1-\alpha)[1-(1-\alpha)D_{zz,t}]D_{ij,t} + (1-\alpha)^2 D_{iz,t}D_{zj,t}}{B_t} \quad (6-66)$$

$$b_{iz,t} = \frac{(1-\alpha)[1-(1-\alpha)D_{jj,t}]D_{iz,t} + (1-\alpha)^2 D_{ij,t}D_{jz,t}}{B_t} \quad (6-67)$$

$$b_{ji,t} = \frac{(1-\alpha)[1-(1-\alpha)D_{zz,t}]D_{ji,t} + (1-\alpha)^2 D_{jz,t}D_{zi,t}}{B_t} \quad (6-68)$$

$$b_{jj,t} = \frac{[1-(1-\alpha)D_{ii,t}][1-(1-\alpha)D_{zz,t}] - (1-\alpha)^2 D_{iz,t}D_{zi,t}}{B_t} \quad (6-69)$$

$$b_{jz,t} = \frac{(1-\alpha)[1-(1-\alpha)D_{ii,t}]D_{jz,t} + (1-\alpha)^2 D_{ji,t}D_{iz,t}}{B_t} \quad (6-70)$$

$$b_{zi,t} = \frac{(1-\alpha)[1-(1-\alpha)D_{jj,t}]D_{zi,t} + (1-\alpha)^2 D_{zj,t}D_{ji,t}}{B_t} \quad (6-71)$$

$$b_{zj,t} = \frac{(1-\alpha)1-(1-\alpha)D_{ii,t}D_{zj,t} + (1-\alpha)^2 D_{zi,t}D_{ij,t}}{B_t} \quad (6-72)$$

$$b_{zz,t} = \frac{[1-(1-\alpha)D_{ii,t}][1-(1-\alpha)D_{jj,t}] - (1-\beta)^2 D_{ji,t}D_{ij,t}}{B_t} \quad (6-73)$$

即：

$$b = \begin{bmatrix} \frac{a_{jj,t}a_{zz,t}-(1-\alpha)^2 D_{jz,t}D_{zj,t}}{B_t} & \frac{(1-\alpha)a_{zz,t}D_{ij,t}+(1-\alpha)^2 D_{iz,t}D_{zj,t}}{B_t} & \frac{(1-\alpha)a_{jj,t}D_{iz,t}+(1-\alpha)^2 D_{ij,t}D_{jz,t}}{B_t} \\ \frac{(1-\alpha)a_{zz,t}D_{ji,t}+(1-\alpha)^2 D_{jz,t}D_{zi,t}}{B_t} & \frac{a_{ii,t}a_{zz,t}-(1-\alpha)^2 D_{iz,t}D_{zi,t}}{B_t} & \frac{(1-\alpha)a_{ii,t}D_{jz,t}+(1-\alpha)^2 D_{ji,t}D_{iz,t}}{B_t} \\ \frac{(1-\alpha)a_{jj,t}D_{zi,t}+(1-\alpha)^2 D_{zj,t}D_{ji,t}}{B_t} & \frac{(1-\alpha)a_{ii,t}D_{zj,t}+(1-\alpha)^2 D_{zi,t}D_{ij,t}}{B_t} & \frac{a_{jj,t}a_{ii,t}-(1-\alpha)^2 D_{jz,t}D_{ij,t}}{B_t} \end{bmatrix}$$

$$(6-74)$$

其中，$a_{ii,t} = 1-(1-\alpha)D_{ii,t}$；$a_{jj,t} = 1-(1-\alpha)D_{jj,t}$；$a_{zz,t} = 1-(1-\alpha)D_{zz,t}$；

$$B_t = a_{ii,t} a_{jj,t} a_{zz,t} - (1 - \alpha)^2 (a_{ii,t} D_{zj,t} D_{jz,t} + a_{jj,t} D_{zi,t} D_{iz,t} + a_{zz,t} D_{ij,t} D_{ji,t}) -$$
$$(1 - \alpha)^3 (D_{zi,t} D_{ij,t} D_{jz,t} + D_{zj,t} D_{ji,t} D_{iz,t})$$

那么，根据本书对增加值贸易的概念界定，定义 $VA_{ij,t}$ 代表国家 i 的价值增加最终被国家 j 吸收的部分，即增加值贸易，则：

$$VA_{ij,t} = \alpha b_{ii,t} y_{ij,t} + \alpha b_{ij,t} y_{jj,t} + \alpha b_{iz,t} y_{zj,t} =$$
$$\frac{\alpha^2 D_{ij,t} [1 - (1 - \alpha) D_{zz,t}] + \alpha^2 (1 - \alpha) D_{iz,t} D_{zj,t}}{B_t} P_{j,t} Q_{j,t} \quad (6-75)$$

$$VA_{iz,t} = \alpha b_{ii,t} y_{iz,t} + \alpha b_{ij,t} y_{jz,t} + \alpha b_{iz,t} y_{zz,t} =$$
$$\frac{\alpha^2 D_{iz,t} [1 - (1 - \alpha) D_{jj,t}] + \alpha^2 (1 - \alpha) D_{ij,t} D_{jz,t}}{B_t} P_{z,t} Q_{z,t} \quad (6-76)$$

$$VA_{jz,t} = \alpha b_{ji,t} y_{iz,t} + \alpha b_{jj,t} y_{jz,t} + \alpha b_{jz,t} y_{zz,t} =$$
$$\frac{\alpha^2 D_{jz,t} [1 - (1 - \alpha) D_{ii,t}] + \alpha^2 (1 - \alpha) D_{ji,t} D_{iz,t}}{B_t} P_{z,t} Q_{z,t} \quad (6-77)$$

$$VA_{ji,t} = \alpha b_{ji,t} y_{ii,t} + \alpha b_{jj,t} \acute{y}_{ji,t} + \alpha b_{jz,t} y_{zi,t} =$$
$$\frac{\alpha^2 D_{ji,t} [1 - (1 - \alpha) D_{zz,t}] + \alpha^2 (1 - \alpha) D_{jz,t} D_{zi,t}}{B_t} P_{i,t} Q_{i,t} \quad (6-78)$$

$$VA_{zi,t} = \alpha b_{zi,t} y_{ii,t} + \alpha b_{zj,t} y_{ji,t} + \alpha b_{zz,t} y_{zi,t} =$$
$$\frac{\alpha^2 D_{zi,t} [1 - (1 - \alpha) D_{jj,t}] + \alpha^2 (1 - \alpha) D_{zj,t} D_{ji,t}}{B_t} P_{i,t} Q_{i,t} \quad (6-79)$$

$$VA_{zj,t} = \alpha b_{zi,t} y_{ij,t} + \alpha b_{zj,t} y_{jj,t} + \alpha b_{zz,t} y_{zj,t} =$$
$$\frac{\alpha^2 D_{zj,t} [1 - (1 - \alpha) D_{ii,t}] + \alpha^2 (1 - \alpha) D_{zi,t} D_{ij,t}}{B_t} P_{j,t} Q_{j,t} \quad (6-80)$$

三、传统贸易与增加值贸易比较分析

通过上文对传统贸易和增加值贸易的模型推导，最终得出本章三国动态模型的两种贸易表达式，即：

i 国对 j 国的出口：

$$\begin{cases} EX_{ij,t} = P_{j,t} Q_{j,t} D_{ij,t} \\ VA_{ij,t} = \dfrac{\alpha^2 D_{ij,t} [1 - (1 - \alpha) D_{zz,t}] + \alpha^2 (1 - \alpha) D_{iz,t} D_{zj,t}}{B_t} P_{j,t} Q_{j,t} \end{cases}$$

$$(6-81)$$

i 国对 z 国的出口：

$$\begin{cases} EX_{iz,t} = P_{z,t}\,Q_{z,t}\,D_{iz,t} \\ VA_{iz,t} = \dfrac{\alpha^2\,D_{iz,t}\big[1-(1-\alpha)\,D_{jj,t}\big]+\alpha^2(1-\alpha)\,D_{ij,t}\,D_{jz,t}}{B_t}P_{z,t}\,Q_{z,t} \end{cases}$$

$$(6-82)$$

j 国对 i 国的出口：

$$\begin{cases} EX_{ji,t} = P_{i,t}\,Q_{i,t}\,D_{ji,t} \\ VA_{ji,t} = \dfrac{\alpha^2\,D_{ji,t}\big[1-(1-\alpha)\,D_{zz,t}\big]+\alpha^2(1-\alpha)\,D_{jz,t}\,D_{zi,t}}{B_t}P_{i,t}\,Q_{i,t} \end{cases}$$

$$(6-83)$$

j 国对 z 国的出口：

$$\begin{cases} EX_{jz,t} = P_{z,t}\,Q_{z,t}\,D_{jz,t} \\ VA_{jz,t} = \dfrac{\alpha^2\,D_{jz,t}\big[1-(1-\alpha)\,D_{ii,t}\big]+\alpha^2(1-\alpha)\,D_{ji,t}\,D_{iz,t}}{B_t}P_{z,t}\,Q_{z,t} \end{cases}$$

$$(6-84)$$

z 国对 i 国的出口：

$$\begin{cases} EX_{zi,t} = P_{i,t}\,Q_{i,t}\,D_{zi,t} \\ VA_{zi,t} = \dfrac{\alpha^2\,D_{zi,t}\big[1-(1-\alpha)\,D_{jj,t}\big]+\alpha^2(1-\alpha)\,D_{zj,t}\,D_{ji,t}}{B_t}P_{i,t}\,Q_{i,t} \end{cases}$$

$$(6-85)$$

z 国对 j 国的出口：

$$\begin{cases} EX_{zj,t} = P_{j,t}\,Q_{j,t}\,D_{zj,t} \\ VA_{zj,t} = \dfrac{\alpha^2\,D_{zj,t}\big[1-(1-\alpha)\,D_{ii,t}\big]+\alpha^2(1-\alpha)\,D_{zi,t}\,D_{ij,t}}{B_t}P_{j,t}\,Q_{j,t} \end{cases}$$

$$(6-86)$$

首先，通过简单对比发现，传统贸易与增加值贸易之间仍存在着一定的联系，即：

$$VA_{ij,t} = \dfrac{\alpha^2\big[1-(1-\alpha)\,D_{zz,t}\big]+\alpha^2(1-\alpha)\,D_{iz,t}\,D_{zj,t}/\,D_{ij,t}}{B_t}EX_{ij,t}$$

$$(6-87)$$

$$VA_{iz,t} = \frac{\alpha^2[1-(1-\alpha)D_{jj,t}] + \alpha^2(1-\alpha)D_{ij,t}D_{jz,t}/D_{iz,t}}{B_t}EX_{iz,t}$$

$$(6-88)$$

$$VA_{ji,t} = \frac{\alpha^2[1-(1-\alpha)D_{zz,t}] + \alpha^2(1-\alpha)D_{jz,t}D_{zi,t}/D_{ji,t}}{B_t}EX_{ji,t}$$

$$(6-89)$$

$$VA_{jz,t} = \frac{\alpha^2[1-(1-\alpha)D_{ii,t}] + \alpha^2(1-\alpha)D_{ji,t}D_{iz,t}/D_{jz,t}}{B_t}EX_{jz,t}$$

$$(6-90)$$

$$VA_{zi,t} = \frac{\alpha^2[1-(1-\alpha)D_{jj,t}] + \alpha^2(1-\alpha)D_{zj,t}D_{ji,t}/D_{zi,t}}{B_t}EX_{zi,t}$$

$$(6-91)$$

$$VA_{zj,t} = \frac{\alpha^2[1-(1-\alpha)D_{ii,t}] + \alpha^2(1-\alpha)D_{zi,t}D_{ij,t}/D_{zj,t}}{B_t}EX_{zj,t}$$

$$(6-92)$$

令参数 $\rho_{ij,t} = \dfrac{\alpha^2[1-(1-\alpha)D_{zz,t}] + \alpha^2(1-\alpha)D_{iz,t}D_{zj,t}/D_{ij,t}}{B_t}$，$\rho_{iz,t}$、$\rho_{ji,t}$、

$\rho_{jz,t}$、$\rho_{zi,t}$ 和 $\rho_{zj,t}$ 依次类推，可以通过简单的推导发现，参数 $\epsilon_{ij,t}$（以国家 i 和国家 j 为例）不再是如两国模型显示的 $\rho_t \in (0,1)$，而是 $\epsilon_{ij,t} \in (0,+\infty)$。换言之，两国之间的增加值贸易是有可能大于传统贸易的。考虑一种极端的情形，假如国家 i 不出口商品至国家 j，其他条件不变，那么，传统贸易 $EX_{ji,t} = 0$，即 $D_{ij,t} = 0$，但是增加值贸易 $VA_{ij,t} = \dfrac{\alpha^2(1-\alpha)D_{iz,t}D_{zj,t}}{B_t}P_{j,t}Q_{j,t}$，意味着只要 $D_{iz,t} \neq 0$ 并且 $D_{zj,t} \neq 0$，那么国家 i 和国家 j 之间的增加值贸易就是存在的，且大于零，表明了在两国之间没有直接贸易的情况下，两国的增加值贸易仍在潜在的继续。可见，假若采用传统贸易研究两国经济周期联动性时，直观的结论认为两国没有贸易那就不存在经济周期的联动性，但实际上通过增加值贸易两国仍存在着经济周期联动性，如：

$$\begin{cases} VA_{ij,t} = \dfrac{\alpha^2(1-\alpha)D_{iz,t}D_{zj,t}}{B_t}P_{j,t}Q_{j,t} \\[3mm] VA_{ji,t} = \dfrac{\alpha^2(1-\alpha)D_{jz,t}D_{zi,t}}{B_t}P_{i,t}Q_{i,t} \end{cases}$$

$$(6-93)$$

其中，$P_{j,t}Q_{j,t}$ 和 $P_{i,t}Q_{i,t}$ 分别代表 j 国和 i 国的总产出。因此，通过构建三国模型研究贸易与经济周期联动性关系时可以进一步发现，传统贸易传导两国的经济周期存在一定的不合理性，换言之，传统贸易不能完美地诠释两国的经济周期联动，而以一国创造的价值增加最终被吸收来衡量的增加值贸易则能完美地诠释"FR 效应"[①]。

最后，考虑三国对称的情形，且世界处于经济稳态，那么 $T_i = T_j = T_z$，$\tau_{ij} = \tau_{ji} = \tau_{zi} = \tau_{iz} = \tau_{jz} = \tau_{zj}$，$\tau_{ii} = \tau_{jj} = \tau_{zz}$ 以及 $w_i = w_j = w_z$。

首先，令两两国家之间的贸易成本均相等，即 $\tau_{ij} = \tau_{ji} = \tau_{zi} = \tau_{iz} = \tau_{jz} = \tau_{zj} = \tau$，$\tau_{ii} = \tau_{jj} = \tau_{zz} = 1$。那么，令矩阵 $\boldsymbol{D}$ 代表两两国家之间的购买比例，则：

$$\boldsymbol{D} = \begin{bmatrix} D_{ii} & D_{ij} & D_{iz} \\ D_{ji} & D_{jj} & D_{jz} \\ D_{zi} & D_{zj} & D_{zz} \end{bmatrix} = \begin{bmatrix} \dfrac{1}{1 + 2\tau^{-\frac{1}{\theta}}} & \dfrac{\tau^{-\frac{1}{\theta}}}{1 + 2\tau^{-\frac{1}{\theta}}} & \dfrac{\tau^{-\frac{1}{\theta}}}{1 + 2\tau^{-\frac{1}{\theta}}} \\ \dfrac{\tau^{-\frac{1}{\theta}}}{1 + 2\tau^{-\frac{1}{\theta}}} & \dfrac{1}{1 + 2\tau^{-\frac{1}{\theta}}} & \dfrac{\tau^{-\frac{1}{\theta}}}{1 + 2\tau^{-\frac{1}{\theta}}} \\ \dfrac{\tau^{-\frac{1}{\theta}}}{1 + 2\tau^{-\frac{1}{\theta}}} & \dfrac{\tau^{-\frac{1}{\theta}}}{1 + 2\tau^{-\frac{1}{\theta}}} & \dfrac{1}{1 + 2\tau^{-\frac{1}{\theta}}} \end{bmatrix} \quad (6-94)$$

代入传统贸易与增加值贸易的关系式可得（以国家 i 出口至国家 j 为例，其他国家之间的情形结果一致）：

$$VA_{ij} = \frac{(1 + 2\tau^{-\frac{1}{\theta}})\beta^2 + (\tau^{-\frac{1}{\theta}} - 1)\beta^2(1 - \alpha)}{2\tau^{-\frac{1}{\theta}} - 2 + 3\alpha + 3(1 - \alpha)^2(1 - \tau^{-\frac{2}{\theta}}) + (1 - \alpha)^3(3\tau^{-\frac{2}{\theta}} - 2\tau^{-\frac{3}{\theta}} - 1)} EX_{ij}$$

$$(6-95)$$

进而将参数 $\rho_{ij} = \dfrac{(1 + 2\tau^{-\frac{1}{\theta}})\alpha^2 + (\tau^{-\frac{1}{\theta}} - 1)\alpha^2(1 - \alpha)}{2\tau^{-\frac{1}{\theta}} - 2 + 3\alpha + 3(1 - \alpha)^2(1 - \tau^{-\frac{2}{\theta}}) + (1 - \alpha)^3(3\tau^{-\frac{2}{\theta}} - 2\tau^{-\frac{3}{\theta}} - 1)}$

对冰山运输成本 τ 求导，发现 $\dfrac{\partial \rho}{\partial \tau} > 0$，表明参数 ρ_{ij} 会随着 τ 的下降而下降。令 τ 取最小值 1 时，即世界处于自由贸易条件下，那么参数 $\rho_{ij} = \alpha$，等同于两国模型在自由贸易情形下的结果。

然后，令两两国家之间的贸易成本不相等，即 $\tau_{ij} = \tau_{ji} = \tau_1$，$\tau_{jz} = \tau_{zj} = \tau_2$，$\tau_{iz} = \tau_{zi} = \tau_3$。那么，令矩阵 D 代表两两国家之间的购买比例，则：

---

① 即，双边贸易越大经济周期联动性越强。

$$D = \begin{bmatrix} D_{ii} & D_{ij} & D_{iz} \\ D_{ji} & D_{jj} & D_{jz} \\ D_{zi} & D_{zj} & D_{zz} \end{bmatrix} = \begin{bmatrix} \dfrac{1}{1 + \tau_1^{-\frac{1}{\theta}} + \tau_3^{-\frac{1}{\theta}}} & \dfrac{\tau_1^{-\frac{1}{\theta}}}{1 + \tau_1^{-\frac{1}{\theta}} + \tau_2^{-\frac{1}{\theta}}} & \dfrac{\tau_3^{-\frac{1}{\theta}}}{1 + \tau_3^{-\frac{1}{\theta}} + \tau_2^{-\frac{1}{\theta}}} \\ \dfrac{\tau_1^{-\frac{1}{\theta}}}{1 + \tau_1^{-\frac{1}{\theta}} + \tau_3^{-\frac{1}{\theta}}} & \dfrac{1}{1 + \tau_1^{-\frac{1}{\theta}} + \tau_2^{-\frac{1}{\theta}}} & \dfrac{\tau_2^{-\frac{1}{\theta}}}{1 + \tau_3^{-\frac{1}{\theta}} + \tau_2^{-\frac{1}{\theta}}} \\ \dfrac{\tau_3^{-\frac{1}{\theta}}}{1 + \tau_1^{-\frac{1}{\theta}} + \tau_3^{-\frac{1}{\theta}}} & \dfrac{\tau_2^{-\frac{1}{\theta}}}{1 + \tau_1^{-\frac{1}{\theta}} + \tau_2^{-\frac{1}{\theta}}} & \dfrac{1}{1 + \tau_3^{-\frac{1}{\theta}} + \tau_2^{-\frac{1}{\theta}}} \end{bmatrix}$$

$$(6-100)$$

代入传统贸易与增加值贸易的关系式，并依次对 τ_1、τ_2 和 τ_3 求导发现，$\dfrac{\partial \rho}{\partial \tau_1} > 0$，表明随着国家 i 和国家 j 之间的贸易成本 τ_1 的增加，参数 ρ_{ij} 也在增加，直至 τ_1 增加到某一临界值时[1]，参数 $\rho_{ij} = 1$，即：$\tau_1 = \left(2\sqrt{13\alpha^2 + 206\alpha + 49} \times \cos\left(\arccos\left(\dfrac{902\alpha^3 + 2598\alpha^2 + 4326\alpha + 686}{2\sqrt{|13\alpha^2 + 206\alpha + 49|^3}} \right) \Big/ 3 \right) \Big/ 12\alpha \right)^{\theta}$，表明国家 i 出口至国家 j 的传统贸易与增加值贸易相同，若继续增加 τ_1 就会出现国家 i 出口至国家 j 的增加值贸易超过传统贸易；$\dfrac{\partial \rho}{\partial \tau_2} < 0$，表明国家 i 出口至国家 j 的增加值贸易与传统贸易的比值会随着国家 j 与国家 z 之间的贸易成本的下降而增加，其主要原因是 τ_2 的下降会使国家 j 从国家 z 进口更多，导致国家 i 出口至国家 j 的贸易减少；$\dfrac{\partial \rho}{\partial \tau_3} < 0$，表明国家 i 出口至国家 j 的增加值贸易与传统贸易的比值会随着国家 i 与国家 z 之间的贸易成本的下降而增加，其主要原因是 τ_3 的下降帮助了国家 i 将更多的国内价值增加通过国家 z 出口至国家 j。

综合以上分析可知，在三国对称模型下，如果两两国家之间的贸易成本不同，那么增加值贸易不再是始终小于传统贸易，且只要两国之间的贸易成本达到某一临界值，就会引起增加值贸易大于传统贸易的结果。与此同时，其他国家对之间的贸易成本同样会影响参数比值。但在自由贸易条

---

① 临界值存在的证明过程见附录。基于现实数据对参数赋值可以计算特殊临界值，当 $\theta = 0.1, \beta = 0.5$，且假定 $\tau_2 = \tau_3 = 1$ 时，临界值 $\tau_1 = 1.1831$，即当国家 i 和国家 j 之间的贸易成本为 1.1831 时，国家 i 出口至国家 j 的传统贸易等于增加值贸易。

件下，等同于两国模型，增加值贸易也是占传统贸易的 β 比例。

四、三国模型下的增加值贸易传导机制

在三国模型中，假定国家 z 代表剩余国家加总，研究国家 i 和国家 j 的贸易 - 产出联动性，那么，假若国家 i 受到正向的技术冲击，首先会分别同国家 j 和国家 z 产生需求供给溢出效应，国家 i 会分别从国家 j 和国家 z 进口更多的可贸易中间品，从而带动两国产出的增长。此外，国家 z 和国家 j 也会产生需求供给溢出效应，因为国家 z 供应更多的可贸易中间品至国家 i 会增加对国家 j 的可贸易中间品的需求，所以国家 j 因国家 z 的需求再一次扩大产出。因此，国家 i 的正向技术冲击会对国家 j 产生直接的需求供给溢出效应和间接的需求供给溢出效应，其中，直接需求供给溢出效应会引起国家 i 增加对国家 j 可贸易中间品的进口，促使吸收更多国家 j 创造的价值增加，而间接需求供给溢出效应则引起国家 i 增加对国家 z 可贸易中间品的进口，但是国家 z 生产的可贸易中间品隐含有国家 j 创造的价值增加（因为国家 z 生产可贸易中间品需要国家 j 生产的可贸易中间品），所以也促使了国家 i 吸收更多国家 j 创造的价值增加。相比较于传统贸易，传统贸易无法成为间接需求供给溢出效应的传导渠道。

然后是国家 i 会分别同国家 j 和国家 z 产生贸易条件效应，国家 j 和国家 z 均从国家 i 进口相对价格较低的可贸易中间品，降低了两国的生产边际成本，从而带动两国产出的增长。此外，国家 z 和国家 j 也会产生贸易条件效应，因为国家 z 进口的由国家 i 生产的可贸易中间品因相对价格下降引起国家 z 出口至国家 j 的可贸易中间品相对价格下降，所以国家 j 的生产边际成本再一次下降，进一步扩大其产出。因此，国家 i 的正向技术冲击会对国家 j 产生直接的贸易条件效应和间接的贸易条件效应，其中，直接贸易条件效应引起国家 j 增加对国家 i 可贸易中间品的进口，促使吸收更多国家 i 创造的价值增加，而间接贸易条件效应则引起国家 j 从国家 z 进口更多的可贸易中间品，但是国家 z 生产的可贸易中间品隐含有国家 i 创造的价值增加（因为国家 z 生产可贸易中间品需要国家 i 生产的可贸易中间品），所以也促使了国家 j 吸收更多国家 i 创造的价值增加。相比较于传统贸易，传统贸易仍无法成为间接贸易条件效应的传导渠道。

最后，模型中内生的垂直专业化使得国家 i 受到正向技术冲击时会增加商品的生产种类，引起出口商品种类增加，从而提高国家 j 和国家 z 的内

生性 TFP，进而扩大两国的产出，同时也会增加对可贸易中间品的进口，国家 j 一方面增加对国家 i 生产的可贸易中间品需求，促使国家 i 创造的价值增加被国家 j 吸收，另一方面也增加对国家 z 生产的可贸易中间品需求，而这一部分需求增加引致国家 z 增加对国家 i 生产的可贸易中间品需求，最终促使国家 i 创造的价值增加被国家 j 吸收（传统贸易无该渠道效应），该传导渠道放大了供给需求效应（Liao 和 Santacreu，2015）

第三节　三国动态理论模型的模拟分析

本章构建的三国动态模型[①]同样可以在引入技术冲击的条件下实现定量分析增加值贸易与经济周期联动性的关联机制，并且在上一章两国模型的基础上，三国模型的动态模拟目的在于区分增加值贸易和传统贸易对经济周期联动的影响差异，故而仅采用脉冲响应进行分析。

一、参数校准

引用上一章的所有参数校准值，并定义初始贸易成本为：所有国家国内贸易无贸易成本，但所有跨境贸易均有贸易成本，且两两国家之间相同。具体参数值如表 6 - 1 所示。

表 6 - 1　三国模型所有参数校准值及释义汇总表

参数	值	描述
η	2	可贸易中间品之间的替代弹性
ε	2	消费者的跨期替代弹性
μ	0.34	消费在效用中所占的份额
α	0.5	生产中劳动投入份额
θ	0.25	异质性部分对生产率的变化率
τ_{ii}、τ_{jj}、τ_{zz}	1	各国国内贸易成本
τ_{ij}、τ_{iz}、τ_{jz}、τ_{ji}、τ_{zj}、τ_{zi}	1.1、1.2、1.3	两两国家间跨国贸易成本

---

① 同样假定三个对称的国家。

二、脉冲响应分析

本部分主要通过模拟 i 国国内受到一个正向的技术冲击来分析该冲击下各国的传统贸易、增加值贸易、产出以及 GDP 的变动，一方面为了验证两国模型的研究结论，即实证研究得出的增加值贸易和传统贸易均能对国际经济周期联动性产生影响的经验事实，另一方面也主要为了揭示增加值贸易和传统贸易在传导国际经济周期时的影响差异。因此，本部分的脉冲响应分析主要分成两部分进行展开，第一部分是对上一章两国模型研究结论的再验证，第二部分则是揭示增加值贸易和传统贸易在传导国际经济周期时的影响差异，验证实证研究得出的增加值贸易具有稳健且显著的影响作用而传统贸易的影响作用不稳健的结论。

(一) 两国模型研究结论再验证

本部分首先在所有跨国贸易的贸易成本相同的条件下，取 tau = 1.1，模拟 i 国国内技术冲击下的脉冲响应，目的在于三国模型下能否继续验证两国模型得出的增加值贸易和传统贸易均能正向传导两国的产出联动[①]。具体脉冲响应结果如图集 6 - 1 所示，并且需要指出的是，由于模型设定的是三个对称的国家，所以若 i 国受到技术冲击，那么其余两国具有相同的表征。当 i 国国内受到正向技术冲击后，i 国的总产出、GDP 以及分别对 j 国和 z 国的出口均呈现正向响应，而这就是所谓的供给需求效应。与此同时，j 国和 z 国也呈现出总产出、GDP 以及分别对 i 国的出口均呈现正向响应，而这就是内生垂直专业化的作用，包括垂直生产链效应和内生性 TFP 效应，从而验证了国际经济周期的正向联动可以通过传统贸易和增加值贸易进行传导。

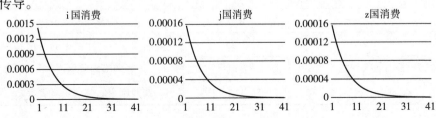

---

① 此处验证两国模型的结论主要考虑到第三国是否会影响之前的结论。

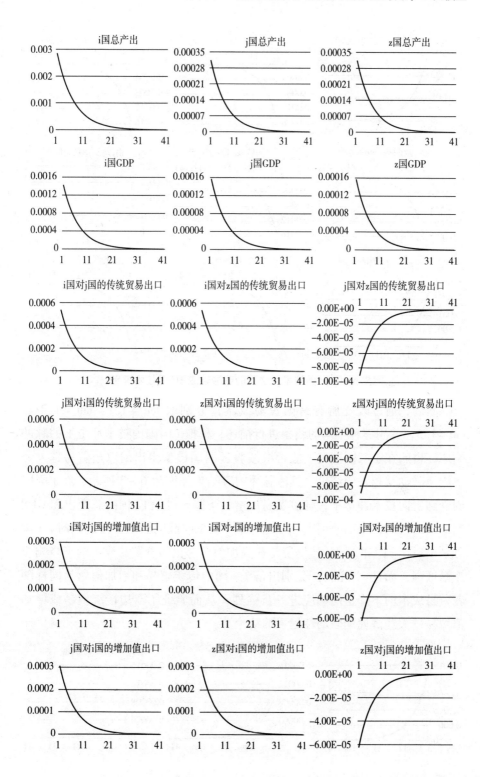

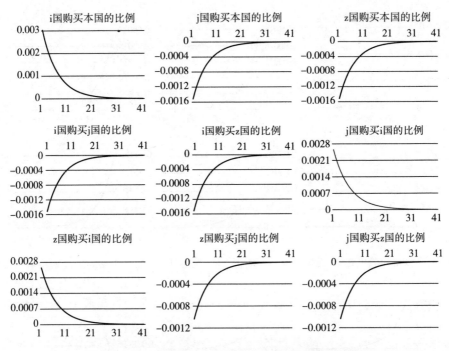

图集 6 - 1　*i* 国技术冲击下的脉冲响应图（无技术溢出）

　　然后，通过改变所有跨国贸易成本，分别取 tau = 1.1、tau = 1.2 和 tau = 1.3，并用三种不同的线条进行描述，模拟 i 国国内技术冲击下的脉冲响应，目的在于三国模型下能否继续验证两国模型得出的双边贸易越大经济周期联动就越强的结论。具体脉冲响应结果如图集 6 - 2 所示，在 i 国国内受到正向技术冲击下，随着贸易成本的下降，*j* 国和 *z* 国的总产出和 GDP 响应逐渐强烈，表明两国同 i 国的经济周期正向联动增强。与此同时，*i* 国分别出口至 *j* 国和 *z* 国的传统贸易和增加值贸易也随着贸易成本的下降响应逐渐增强，而且 *j* 国和 *z* 国分别出口至 *i* 国的传统贸易和增加值贸易同样随着贸易成本的下降正向响应进一步强烈，从而验证了双边传统贸易或增加值贸易越大经济周期联动性越强的结论。

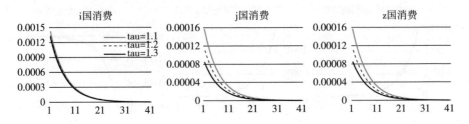

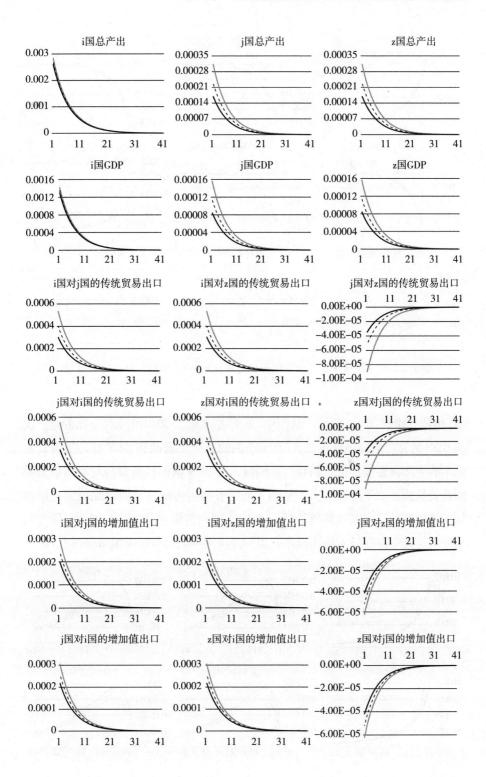

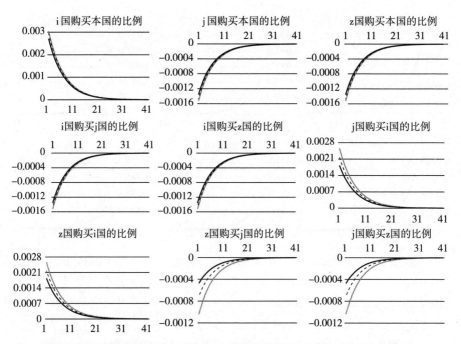

图集 6 - 2　*i* 国技术冲击下不同双边贸易成本的脉冲响应图（无技术溢出）

　　除此之外，本部分还对技术存在溢出情形进行了动态模拟，模拟的脉冲响应结果如图集 6 - 3 所示。从图中 *i* 国的总产出、GDP 和 *j* 国、*z* 国的总产出和 GDP 的脉冲响应图形可见，*i* 国和 *j* 国的总产出联动和 GDP 联动随着贸易成本的下降再逐渐加强，而且与此同时，*i* 国和 *j* 国的传统贸易与增加值贸易随着贸易成本的下降在扩大，从而表明随着两国传统贸易或增加值贸易的增加经济周期的正向联动就越强烈。*i* 国和 *z* 国的情形亦是如此，因此，即使技术冲击过程中存在技术溢出现象，国际经济周期的贸易传导渠道仍然有效。

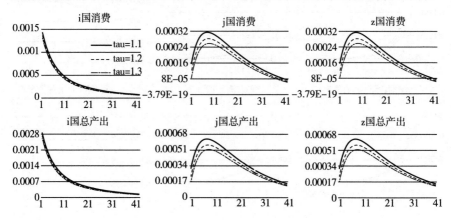

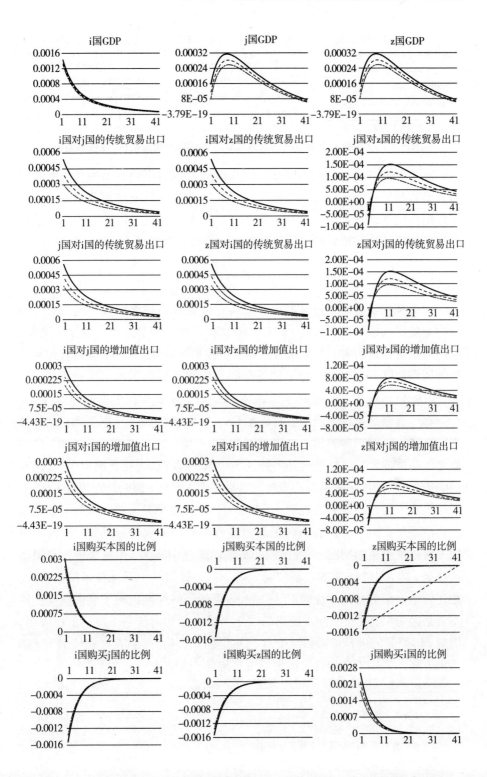

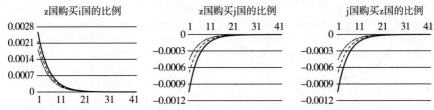

图集 6 - 3　i 国技术冲击下不同双边贸易成本的脉冲响应图（存在技术溢出）

综上分析可知，在三国模型下同样验证了两国模型得出的传统贸易或增加值贸易均可以传导经济周期，并且双边传统贸易或增加值贸易越大经济周期正向联动越强烈的结论。那么，接下来将通过三国模型探究传统贸易和增加值贸易在传导经济周期过程中的差异，以期理论验证经验事实。

（二）传统贸易和增加值贸易对国际经济周期传导的影响差异

本部分主要通过一种极端情形来探究传统贸易和增加值贸易对经济周期传导的影响差异，即假定 i 国和 z 国没有直接的贸易往来，那么 i 国和 z 国的传统贸易就为零，然后进行脉冲响应模拟，验证 i 国和 z 国是否还存在经济周期的联动。因此，为了实现两国的传统贸易为零可以通过设定 i 国和 z 国的贸易成本尽可能的大，故本书选取 i 国和 z 国的贸易成本 $\tau_{iz} = \tau_{zi} = inf$，其余两两国家间的贸易成本 $tau = 1.1$，然后假定 i 国受到正向的技术冲击进行脉冲响应模拟，结果如图集 6 - 4 所示。首先观察 i 国和 z 国相互之间的传统贸易可以发现几乎处于零状态，可以认为在此模拟中，i 国和 z 国相互之间的传统贸易没有发生。然后观察 i 国和 z 国的总产出和 GDP 发现均出现了联动，最后再观察 i 国和 z 国的增加值贸易发现两国的增加值贸易均出现了正向响应，表明两国的增加值贸易仍在发生。可见，在没有直接发生传统贸易的情况下，i 国的经济波动通过中间国 j 由增加值贸易渠道传导至 z 国，引起 z 国的经济波动。由于这是极端情形且无技术溢出模拟，相比较于上一部分的一般情形，i 国和 z 国的经济周期出现了反向联动，这主要是因为 i 国受技术冲击的影响致使出口商品相对价格下降，故而吸引 j 国对 i 国商品的进口增加而减少对 z 国的进口，从而导致在极端情形下 z 国产出下降，但这不影响得出增加值贸易传导 i 国经济波动的结论①。

---

　　① 在第七章的模型稳健性检验中，通过引入资本变量，当 i 国受到无技术溢出的技术冲击时，z 国的总产出和 GDP 脉冲响应最终为正向联动了，可见本章出现负向联动主要是因为基准模型的缘故，消费者在没有资本的情况下无法实现跨期替代。

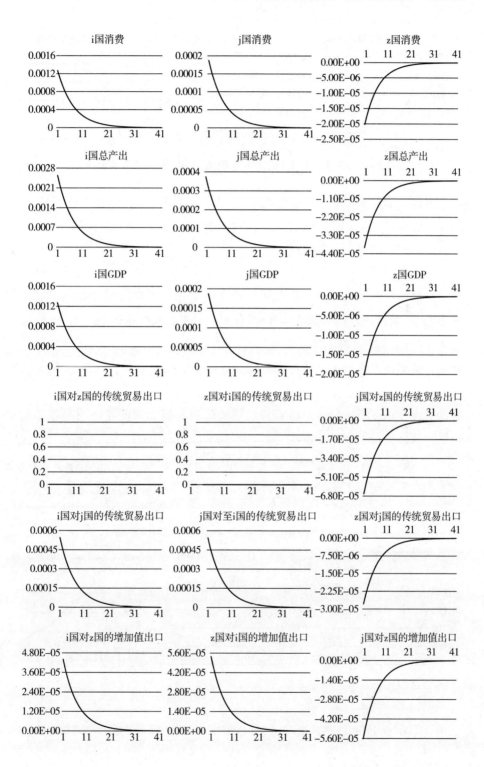

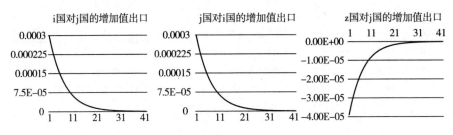

图集 6-4　极端情形下 i 国技术冲击的脉冲响应图（无技术溢出）

那么，接下来将进一步在极端情形，即在 i 国和 z 国之间无传统贸易时，验证双边增加值贸易越大经济周期联动就越强这一结论。因此，在维持 $\tau_{iz} = \tau_{zi} = inf$ 不变的同时，对比分析 $\tau_{ij} = \tau_{jz} = \tau_{ji} = \tau_{zj} = 1.2$ 和 $\tau_{ij} = \tau_{jz} = \tau_{ji} = \tau_{zj} = 1.1$ 的脉冲响应结果。由于无技术溢出造成反向联动，所以接下来主要研究存在技术溢出时是否存在双边增加值贸易越大经济周期联动就越强的结论[①]。具体模拟结果如图集 6-5 所示，其中，实线描述的是 $\tau_{ij} = \tau_{jz} = \tau_{ji} = \tau_{zj} = 1.1$ 的脉冲响应，虚线描述的是 $\tau_{ij} = \tau_{jz} = \tau_{ji} = \tau_{zj} = 1.2$ 的脉冲响应。根据图中各变量的脉冲响应趋势，可以发现随着贸易成本的下降，i 国和 z 国之间的增加值贸易在增加，与此同时，z 国的总产出和 GDP 均呈现脉冲响应波动逐渐增强，意味着双边增加值贸易越大两国经济周期联动就越强，从而证实了该经验事实。

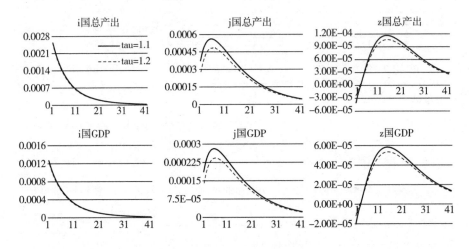

---

① 无技术溢出的对比分析放在了引入资本的稳健性检验模型中，详见第七章引入资本的三国模型。

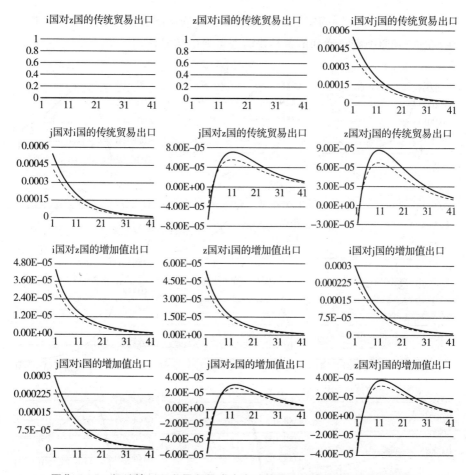

图集 6 – 5　极端情形下世界贸易成本变动的脉冲响应图（存在技术溢出）

最后，本部分将进一步探究在极端情况下改变 j 国和 z 国的贸易成本是否会影响 i 国和 z 国之间的经济周期联动性，也就是说在 i 国和 z 国没有直接的贸易往来条件下，j 国和 z 国的贸易成本变动是否会对 i 国和 z 国的经济周期联动产生影响。因此，在维持 $\tau_{iz} = \tau_{zi} = inf$ 和 $\tau_{ij} = \tau_{ji} = 1.1$ 不变的同时，比较 $\tau_{jz} = \tau_{zj} = 1.1$ 和 $\tau_{jz} = \tau_{zj} = 1.2$ 的脉冲响应结果。具体如图集 6 – 6 所示，其中实线描述的是 $\tau_{jz} = \tau_{zj} = 1.1$ 的脉冲响应，虚线描述的是 $\tau_{jz} = \tau_{zj} = 1.2$ 脉冲响应。根据图中各变量的脉冲响应趋势，可以发现，随着 j 国和 z 国之间贸易成本的下降，i 国和 z 国的增加值贸易相应地增加，同时 z 国的产出和 GDP 脉冲响应相应增强，表明随着 i 国和 z 国增加值贸易的增加经济周期联动也相应的增强了。可见，即使 i 国和 z 国没有产生直接贸易，j国和z国之间的贸易成本变动也会影响i国和z国的经济周期联动性，而究其原因则是增加值贸易扮演着重要的传导作用。

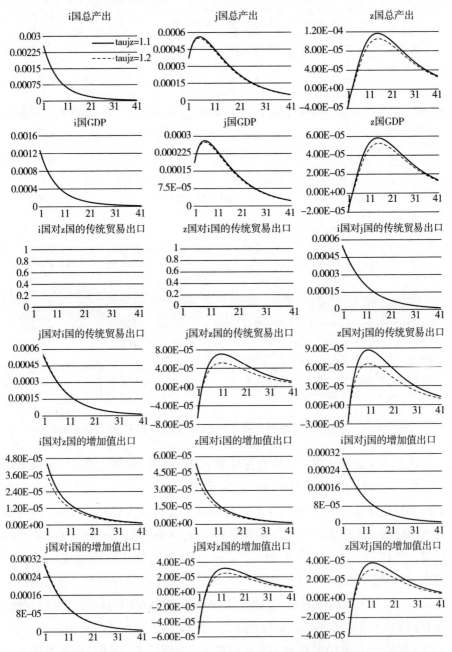

图集 6 - 6 极端情形下 j 国和 z 国贸易成本变动的脉冲响应图（存在技术溢出）

综上分析可以发现，在两国没有直接传统贸易的极端情形下，一国的经济周期仍可以通过中间国以增加值贸易的渠道传导至目的国，而且随着世界贸易成本下降，两国增加值贸易增加则同时伴随着经济周期联动性的增强，从而验证了实证研究的经验事实，即增加值贸易对经济周期联动性的影响稳健且显著，而传统贸易则是非稳健性的影响。此外，还通过模拟仅改变中间国和目的国的贸易成本同样发现会增加两国的增加值贸易进而产生更强的经济周期联动，即意味着其他国家之间的贸易成本变动也会通过影响两国的增加值贸易进而对两国经济周期联动造成影响。

第四节　本章小结

本章首先针对两国模型无法解释增加值贸易与传统贸易对国际经济周期联动性的影响差异，而这差异主要体现在两种贸易的影响作用是否稳健，对两国模型进行扩展，构建了一个具有三国情形的动态随机一般均衡模型。然后对三国动态理论模型进行均衡分析，探讨增加值贸易影响国际经济周期联动性的传导机制。最后，通过对模型所有参数进行校准，分两种情形对本章三国模型进行了脉冲响应分析，其中第一部分的脉冲响应主要为了验证两国模型的研究结论以及实证研究得出的增加值贸易和传统贸易均能对国际经济周期联动性产生影响的经验事实；第二部分则是为了揭示增加值贸易和传统贸易在传导国际经济周期时的影响差异，验证实证研究得出的增加值贸易具有稳健且显著的影响作用而传统贸易的影响作用不稳健的结论。

因此，通过以上研究过程，本章得出如下结论：

第一，三国动态理论模型的均衡分析发现增加值贸易不仅可以通过双边直接贸易产生，也可以通过中间贸易国产生，进而共同影响经济周期的联动。

第二，在三国情形下，一国可以通过增加值贸易和传统贸易的传导渠道同时和其余两国产生经济周期联动。

第三，在三国情形下，通过同时改变世界贸易成本仍可验证双边增加值贸易或传统贸易越大经济周期联动性就越强的经验事实。

第四，在三国情形下，通过阻断本国和目的国的传统贸易后发现，该两国仍可以通过增加值贸易传导渠道产生经济周期的联动，意味着即使不存在双边传统贸易，两国的经济周期仍能产生联动。

第五，在阻断本国和目的国传统贸易后，通过同时改变该两国与第三国之间的贸易成本仍可验证双边增加值贸易越大经济周期联动性就越强的经验事实。

第六，在阻断本国和目的国传统贸易后，仅改变目的国与中间国的贸易成本，也会影响本国同目的国之间的经济周期联动，意味着增加值贸易的传导效应不仅受世界共同贸易成本的影响，也会受目的国和中间贸易国之间贸易成本的影响。

第七，基于三国情形的理论分析，由于两国模型无法实现增加值贸易的间接贸易渠道，从而导致无法区分传统贸易和增加值贸易传导经济周期的差异，故而在研究国际经济周期贸易传导效应时存在不足和缺陷，可能影响最终结论的稳健性。

第八，基于以上分析，增加值贸易才是国际经济周期贸易传导的核心渠道，从而验证了经验事实三。

最后，考虑到本章和上一章研究结论的稳健性[1]，类似于实证研究中的稳健性检验[2]，本书将在下一章主要通过在基准模型中引入资本市场对已得研究结论进行系统且全面的稳健性检验。

---

[1] 本章和上一章构建的是基准模型，为了确保研究结论的稳健性，需要对研究结论进行稳健性检验。

[2] 实证研究通常采用样本内和样本外进行稳健性检验，而针对理论模型则通常改变模型内部结构，例如引入资本市场、经济开放等。

第七章　增加值贸易影响国际经济周期联动：模型稳健性检验

第一节　两国理论模型稳健性检验

一、引入资本市场的两国理论模型构建

假定世界上只有两个国家，分别是国家 i 和国家 j，$n = \{i,j\}$，每个国家中都只有一个无限期存活的代表性家庭和两个生产部门。两个生产部门分别是可贸易品生产部门，即利用生产要素和中间品进行生产，和最终品生产部门，即购买可贸易中间品生产最终商品。模型中的时间轴是无限且离散的，而某一时期是由字母 $t = 0,1,\cdots$ 来表示。由于存在生产的异质性，可贸易品生产部门生产的单个可贸易商品是存在差异的，所以由 ω 来表示。当然，商品市场是完全竞争的。此外，当变量下面同时出现国家 i 和 j 时，第一个字母代表商品来源国，第二个字母代表商品目的国。

(一) 代表性家庭

每一个国家中的代表性家庭在每一期提供 $L_{n,t}$ 单位的劳动用于国内商品生产。代表性家庭通过劳动可以获取一定的工资收入，并将收入用以购买消费品。对于代表性家庭而言，消费均能提高其效用水平，而劳动则会降低效用水平。因此，每个国家的代表性家庭的效用函数可以表示为：

$$U_{n,t} = ln\, C_t - \chi L_t^{1+\frac{1}{\varphi}} \Big/ \left(1 + \frac{1}{\varphi}\right) \qquad (7-1)$$

其中，$C_{n,t}$ 表示国家 n 的代表性家庭在 t 期的消费；$L_{n,t}$ 表示国家 n 的代表性家庭在 t 期所提供的劳动；参数 $\chi \in (0,1)$ 表示劳动在代表性家庭的效

用中所占的份额；参数 $\varphi > 0$ 表示代表性家庭的跨期替代弹性。

那么，代表性家庭最大化其预期终生效用可以表示为：

$$Max\ E_{n,t} \sum_{t=0}^{\infty} \beta^t \left(ln\ C_t - \chi\ L_t^{1+\frac{1}{\varphi}} / \left(1 + \frac{1}{\varphi} \right) \right) \qquad (7-2)$$

其中，$E_{n,t}$ 定义为对所有时间过程的预期；$\beta \in (0,1)$ 表示代表性家庭的折现因子。

一国的代表性家庭在每一期通过提供劳动获得工资收入，通过租赁资本获取资本收入，然后收入可以用于购买价格为 $P_{n,t}$ 的最终商品和投资品，最终商品用于消费获取效用，投资品用于资本生产。那么，代表性家庭在每一期的预算约束为：

$$w_{n,t}\ L_{n,t} + r_{n,t}\ K_{n,t} = P_{n,t}(C_{n,t} + I_{n,t}) \qquad (7-3)$$

其中，$w_{n,t}$ 表示国家 n 在 t 期的工资价格，$r_{n,t}$ 表示国家 n 在 t 期的资本价格，$K_{n,t}$ 表示国家 n 在 t 期租赁的总资本，$I_{n,t}$ 表示国家 n 在 t 期用于投资的最终商品数量。

此外，家庭拥有的资本在使用过程中会产生折旧，令折旧率为 δ，那么，资本的变动过程可以表示为：

$$K_{n,t+1} = (1 - \delta)\ K_{n,t} + I_{n,t} \qquad (7-4)$$

因此，代表性家庭的决策问题可以描述为在预算约束的条件下，如何选择消费、劳动和资本来最大化其预期终生效用水平。所以，由一阶条件可知：

$$\chi\ C_{n,t}\ L_t^{\frac{1}{\varphi}} = \frac{w_{n,t}}{P_{n,t}} \qquad (7-5)$$

$$\frac{C_{n,t+1}}{C_{n,t}} = \beta \frac{r_{n,t+1} + P_{n,t+1}(1 - \delta)}{P_{n,t+1}} \qquad (7-6)$$

(二)最终商品生产部门

最终商品生产部门主要通过进口和国内采购的方式购买连续且异质的单个可贸易中间品 $q_{i,t}(\omega)$，然后采用对称的 Spence – Dixit – Stiglitz 加总法进行生产，且不需要劳动等生产要素投入。最终商品生产部门生产的最终商品一方面可以直接用于消费，另一方面也可以用作中间投入品再进行生产。其生产函数为：

$$Q_{n,t} = \left[\int_0^{\infty} q_{n,t}(x)^{\frac{\eta-1}{\eta}} \Phi(x)\,dx \right]^{\frac{\eta}{\eta-1}} \qquad (7-7)$$

其中，$\Phi(x)$ 是国家 i 和国家 j 的特定商品生产技术联合密度，也是"商品 x"的联合密度。

任何厂商或部门都会追求利润最大化，与之对应的则是生产的成本最小化。那么，最终商品生产部门的生产成本最小化问题就为如下表达式：

$$Min\int_0^\infty p_{i,t}(x)\, q_{i,t}(x)\,\Phi(x)\,dx \qquad (7-8)$$

据此，最终商品生产部门的决策问题就可以描述为在其产出约束条件下，即 $Q_{n,t} = \left[\int_0^\infty q_{n,t}(x)^{\frac{\eta-1}{\eta}}\Phi(x)\,dx\right]^{\frac{\eta}{\eta-1}}$，如何选择商品 x 的数量 $q_{n,t}(x)$ 来最小化其生产成本。所以，由一阶条件可知：

$$P_{n,t} = \left[\int_0^\infty p_{n,t}(x)^{1-\eta}\Phi(x)\,dx\right]^{\frac{1}{1-\eta}} \qquad (7-9)$$

$$q_{n,t}(x) = \left(\frac{P_{n,t}}{p_{n,t}(x)}\right)^\eta Q_{n,t} \qquad (7-10)$$

其中，$P_{n,t}$ 表示 t 期国家 n 的最终商品价格指数。

(三)可贸易中间品生产部门

可贸易中间品生产部门通过购买劳动 $L_{n,t}$、资本 $K_{n,t}$ 和最终商品 $Q_{n,t}$ 来生产可贸易中间品，生产的中间品则销往国内市场和国外市场。假定可贸易中间品生产部门采用柯布道格拉斯生产技术，那么，对于某一特定的中间品 x，其具体的生产函数形式为：

$$q_{n,t}(x) = A_{n,t}\, x_n^{-\theta}\,(L_{n,t}(x)^\eta\, K_{n,t}(x)^{1-\eta})^\alpha\, q_{m,n,t}(x)^{1-\alpha} \qquad (7-11)$$

其中，$q_{n,t}(x)$ 表示 n 国可贸易中间品生产部门生产的中间品 x 的产出；$A_{n,t}$ 表示 n 国的外生技术冲击，满足一阶自回归过程，即：$ln A_{n,t} = \rho ln A_{n,t-1} + \epsilon_{n,t}$；$x_n$ 表示 n 国的特定商品技术；$L_{n,t}(x)$ 表示 n 国可贸易中间品生产部门在生产中间品 x 中投入的劳动量；$K_{n,t}(x)$ 表示 n 国可贸易中间品生产部门在生产中间品 x 中投入的资本量；$q_{m,n,t}(x)$ 表示 n 国可贸易中间品生产部门在生产中间品 x 中投入的最终商品数量；参数 α 表示中间品 x 的生产过程中生产要素的投入份额；参数 η 表示生产要素投入中劳动的投入份额。

那么，可贸易中间品生产部门生产中间品 x 的成本最小化问题就为如下表达式：

$$Min\ w_{n,t}\ L_{n,t}(x) + r_{n,t}\ K_{n,t}(x) + P_{n,t}\ q_{m,n,t}(x) \tag{7-12}$$

据此，可贸易中间品生产部门的决策问题就可以描述为在其产出约束条件下，即 $q_{n,t}(x) = A_{n,t}\ x_n^{-\theta}\ (L_{n,t}(x)^\eta\ K_{n,t}(x)^{1-\eta})^\alpha\ q_{m,n,t}(x)^{1-\alpha}$，如何选择劳动、资本和最终商品投入来最小化其生产成本。所以，由一阶条件可知：

$$p_{n,t}(x) = \frac{x_n^\theta}{A_{n,t}} \left(\frac{w_{n,t}^\eta r_{n,t}^{1-\eta}}{\beta\ (1-\eta)^{1-\eta}\ \eta^\eta} \right)^\alpha \left(\frac{P_{n,t}}{1-\alpha} \right)^{1-\alpha} \tag{7-13}$$

令 $Y = \alpha^{-\alpha}\ (1-\alpha)^{\alpha-1}, G = ((1-\eta)^{1-\eta}\ \eta^\eta)^{-\alpha}$，那么，单个中间品 x 的价格变为：

$$p_{n,t}(x) = YG\ \frac{x_n^\theta}{A_{n,t}}\ (w_{n,t}^\eta r_{n,t}^{1-\eta})^\alpha\ P_{n,t}^{1-\alpha} \tag{7-14}$$

（四）最终商品价格指数

在开放贸易之后，国与国之间就会产生商品的进出口贸易。根据本章对商品贸易的设定，只有单个可贸易中间品 $q_{n,t}(x)$ 进行了贸易，所以，最终商品生产部门会以进口或国内采购的方式购买中间品。在 E-K 模型中，商品市场是完全竞争的，那么一国的最终商品生产部门在采购中间品 x 时就只会挑选最低价格的中间品 x，由此可知一国购买单个可贸易中间品 x 的购买价格可以表示为（以 i 国代表第一身份国）：

$$p_{i,t}(x) = \min\{\tau_{ii}p_{i,t}(x),\ \tau_{ji}p_{j,t}(x)\} \tag{7-15}$$

其中，τ_{ij} 表示国家之间商品贸易的冰山运输成本，意味着 τ_{ij} 单位的商品从国家 i 运输至国家 j 时，最终只有一单位商品到达，即 $\tau_{ij} > 1$。等式左边的 $p_{i,t}(x)$ 指代 i 国最终商品生产部门购买中间品 x 的购买价格，等式右边的 $p_{i,t}(x)$ 和 $p_{j,t}(x)$ 分别指代 i 国和 j 国的中间品生产部门出售中间品 x 的出厂价格。

根据可贸易中间品生产部门的决策问题可知出售中间品 x 的出厂价格，然后代入上述购买价格表达式，可进一步推得 i 国最终商品生产部门的购买价格为：

$$p_{i,t}(x) = \min\left\{ YG\ \frac{(w_{i,t}^\eta r_{i,t}^{1-\eta})^\alpha\ P_{i,t}^{1-\alpha}\ \tau_{ii}}{A_{i,t}}\ x_i^\theta, YG\ \frac{(w_{j,t}^\eta r_{j,t}^{1-\eta})^\alpha\ P_{j,t}^{1-\alpha}\ \tau_{ji}}{A_{j,t}}\ x_j^\theta \right\}$$

$$\tag{7-16}$$

即：

$$p_{i,t}(x)^{\frac{1}{\theta}} = \min\left\{ \left(YG\frac{(w_{i,t}^{\eta}r_{i,t}^{1-\eta})^{\alpha}P_{i,t}^{1-\alpha}\tau_{ii}}{A_{i,t}} \right)^{\frac{1}{\theta}}x_i, \left(YG\frac{(w_{j,t}^{\eta}r_{j,t}^{1-\eta})^{\alpha}P_{j,t}^{1-\alpha}\tau_{ji}}{A_{j,t}} \right)^{\frac{1}{\theta}}x_j \right\}$$

令 $g_{ij,t} = \left(YG\dfrac{(w_{i,t}^{\eta}r_{i,t}^{1-\eta})^{\alpha}P_{i,t}^{1-\alpha}\tau_{ij}}{A_{i,t}} \right)^{\frac{1}{\theta}}$，则：

$$p_{i,t}(x)^{\frac{1}{\theta}} = \min\{g_{ii,t}x_i, g_{ji,t}x_j\} \qquad (7-17)$$

根据指数分布的特性，$p_{i,t}(x)^{\frac{1}{\theta}}$ 是服从参数为 $(\varphi_{ii,t}+\varphi_{ji,t})$ 的指数分布，其中，$\varphi_{ij,t} = \dfrac{T_i}{g_{ij,t}}$。

然后，令 $u_{i,t} = p_{i,t}(x)^{\frac{1}{\theta}}$，则 $p_{i,t}(x) = u_{i,t}^{\theta}$，代入最终商品的价格指数公式，得出：

$$P_{i,t}^{1-\eta} = \int_0^{\infty} u_{i,t}^{\theta(1-\eta)}(\varphi_{ii,t}+\varphi_{ji,t})e^{-(\varphi_{ii,t}+\varphi_{ji,t})u_{i,t}}d\,u_{i,t} \qquad (7-18)$$

并令 $r_{i,t} = (\varphi_{ii,t}+\varphi_{ji,t})u_{i,t}$，则：

$$P_{i,t} = (\varphi_{ii,t}+\varphi_{ji,t})^{-\theta}\left[\int_0^{\infty} r_{i,t}^{\theta(1-\eta)}e^{-r_{i,t}}dr_{i,t}\right]^{\frac{1}{1-\eta}} \qquad (7-19)$$

令 $T(\theta,\eta) = \left[\int_0^{\infty} r_{i,t}^{\theta(1-\eta)}e^{-r_{i,t}}dr_{i,t}\right]^{\frac{1}{1-\eta}}$，即：

$$T(\theta,\eta)^{1-\eta} = \int_0^{\infty} r_{i,t}^{\theta(1-\eta)}e^{-r_{i,t}}dr_{i,t} \qquad (7-20)$$

其中，令 $\xi = 1+\theta(1-\eta) > 0$，则等式右边就是 Gamma 函数：

$$\Gamma(\xi) = \int_0^{\infty} r_{i,t}^{\xi}e^{-r_{i,t}}dr_{i,t} \qquad (7-21)$$

因此，i 国国内的最终商品价格指数最终可以表示为：

$$P_{i,t} = T\left[T_i\left(YG\frac{(w_{i,t}^{\eta}r_{i,t}^{1-\eta})^{\alpha}P_{i,t}^{1-\alpha}\tau_{ii}}{A_{i,t}} \right)^{-\frac{1}{\theta}} + T_j\left(YG\frac{(w_{j,t}^{\eta}r_{j,t}^{1-\eta})^{\alpha}P_{j,t}^{1-\alpha}\tau_{ji}}{A_{j,t}} \right)^{-\frac{1}{\theta}} \right]^{-\theta}$$

$$(7-22)$$

类似的，j 国国内的最终商品价格指数最终可以表示为：

$$P_{j,t} = T\left[T_i\left(YG\frac{(w_{i,t}^{\eta}r_{i,t}^{1-\eta})^{\alpha}P_{i,t}^{1-\alpha}\tau_{ij}}{A_{i,t}} \right)^{-\frac{1}{\theta}} + T_j\left(YG\frac{(w_{j,t}^{\eta}r_{j,t}^{1-\eta})^{\alpha}P_{j,t}^{1-\alpha}\tau_{jj}}{A_{j,t}} \right)^{-\frac{1}{\theta}} \right]^{-\theta}$$

$$(7-23)$$

(五)贸易平衡

在金融独立的条件下，两国会在任何时期均处于贸易平衡的状态，即 i 国向 j 国购买的商品支出一定等于 j 国向 i 国购买的商品支出。

定义支出比例 $D_{ij,t}$，具体代表在 t 期国家 j 购买国家 i 的商品支出占 j 国总支出的比例，即：

$$P_{j,t} \, Q_{j,t} \, D_{ij,t} = \int_{B_{ij,t}} p_{ij,t}(x) \, q_{ij,t}(x) \, \Phi(x) \, dx \qquad (7-24)$$

其中，$B_{ij,t}$ 代表 t 期国家 j 从国家 i 购买的商品种类集合，$p_{ij,t}(x) = p_{i,t}(x) \, \tau_{ij}$ 表示 t 期国家 j 向国家 i 购买商品 x 的价格，$q_{ij,t}(x)$ 表示 t 期国家 j 向国家 i 购买商品 x 的数量。

那么，支出比例 $D_{ji,t}$ 就代表在 t 期国家 i 购买国家 j 的商品支出占 i 国总支出的比例，即：

$$P_{i,t} \, Q_{i,t} \, D_{ji,t} = \int_{B_{ji,t}} p_{ji,t}(x) \, q_{ji,t}(x) \, \Phi(x) \, dx \qquad (7-25)$$

其中，$B_{ji,t}$ 代表 t 期国家 i 从国家 j 购买的商品种类集合，$p_{ji,t}(x) = p_{j,t}(x) \, \tau_{ji}$ 表示 t 期国家 i 向国家 j 购买商品 x 的价格，$q_{ji,t}(x)$ 表示 t 期国家 i 向国家 j 购买商品 x 的数量。

因此，贸易平衡条件可以表示为：

$$P_{i,t} \, Q_{i,t} \, D_{ji,t} = P_{j,t} \, Q_{j,t} \, D_{ij,t} \qquad (7-26)$$

由于市场是完全竞争的，其实 $D_{ij,t}$ 也如在 E－K 模型中所描述那样，代表 j 国会购买 i 国商品的概率，换言之就是 j 国进口 i 国商品 x 的进口价格小于其国内售价的概率，即：

$$D_{ij,t} = Pr\{p_{ij,t}(x) \leqslant p_{jj,t}(x)\} = Pr\{p_{i,t}(x) \, \tau_{ij} \leqslant p_{j,t}(x) \, \tau_{jj}\}$$
$$(7-27)$$

因为价格 $p_{i,t}(x)$ 和 $p_{j,t}(x)$ 可由各国的中间品生产部门的一阶条件可知，那么，代入具体表达式，可推得：

$$D_{ij,t} = Pr\{g_{ij,t} \, x_i \leqslant g_{jj,t} \, x_j\} \qquad (7-28)$$

进而由指数分布的性质可推得：

$$D_{ij,t} = \frac{T_i / g_{ij,t}}{T_i / g_{ij,t} + T_j / g_{jj,t}} \qquad (7-29)$$

即：

$$D_{ij,t} = \frac{\varphi_{ij,t}}{\varphi_{ij,t} + \varphi_{jj,t}} \qquad (7-30)$$

那么，$D_{jj,t} = \frac{\varphi_{jj,t}}{\varphi_{ij,t} + \varphi_{jj,t}}; D_{ji,t} = \frac{\varphi_{ji,t}}{\varphi_{ji,t} + \varphi_{ii,t}}; D_{ii,t} = \frac{\varphi_{ii,t}}{\varphi_{ji,t} + \varphi_{ii,t}}$。

最终，贸易平衡条件可以表述为：

$$P_{i,t} Q_{i,t} = P_{i,t} Q_{i,t} D_{ii,t} + P_{j,t} Q_{j,t} D_{ij,t} \qquad (7-31)$$

$$P_{j,t} Q_{j,t} = P_{i,t} Q_{i,t} D_{ji,t} + P_{j,t} Q_{j,t} D_{jj,t} \qquad (7-32)$$

（六）市场出清

当经济体处于均衡状态时，商品市场会处于出清状态，即：

$$Q_{n,t} = q_{m,n,t} + C_{n,t} + I_{n,t} \qquad (7-33)$$

假设 $B_{n,t}$ 代表国家 n 生产的可贸易中间品种类，那么，一国的总劳动：

$$L_{n,t} = \int_{B_{n,t}} L_{n,t}(x) \Phi(x) dx \qquad (7-34)$$

一国的总资本：

$$K_{n,t} = \int_{B_{n,t}} K_{n,t}(x) \Phi(x) dx \qquad (7-35)$$

总中间品投入：

$$q_{m,n,t} = \int_{B_{n,t}} q_{m,n,t}(x) \Phi(x) dx \qquad (7-36)$$

最后，经济体的总收入也将等于总支出，即：

$$w_{n,t} L_{n,t} + r_{n,t} K_{n,t} = P_{n,t}(C_{n,t} + I_{n,t}) \qquad (7-37)$$

（七）模型均衡

对于国家 i 和国家 j 组成的这个世界经济体，在每一期内，代表性家庭实现了效用最大化，生产部门实现了成本最小化以及市场处于出清状态，那么称该种状态为经济的均衡状态，也即代表性家庭的一阶条件、所有生产部门的一阶条件以及市场出清条件在每一期均得到了满足。

二、传统贸易与增加值贸易的理论推导

（一）传统贸易的理论推导

那么，根据两国的贸易平衡等式就可以直接得出两国的各自出口额分别是：

$$EX_{ij,t} = P_{j,t} Q_{j,t} D_{ij,t} \qquad (7-38)$$

$$EX_{ji,t} = P_{i,t} Q_{i,t} D_{ji,t} \qquad (7-39)$$

(二)增加值贸易的理论推导

首先，根据 C - D 形式的单个可贸易中间品的生产函数性质，可知：

$$P_{i,t} q_{m,i,t}(x) = (1 - \alpha)(p_{i,t}(x) q_{i,t}(x)) \qquad (7-40)$$

$$w_{i,t} l_{i,t}(x) + r_{n,t} K_{n,t} = \alpha(p_{i,t}(x) q_{i,t}(x)) \qquad (7-41)$$

因为生产的可贸易中间品不是用于国内最终商品的生产就是用于出口，所以：

$$P_{i,t} q_{m,i,t} = (1 - \alpha)\left[\int_{B_{ii,t}} p_{ii,t}(x) q_{ii,t}(x) \Phi(x) dx + \int_{B_{ij,t}} p_{ij,t}(x) q_{ij,t}(x) \Phi(x) dx\right] \qquad (7-42)$$

$$w_{i,t} L_{i,t} + r_{n,t} K_{n,t} = \alpha\left[\int_{B_{ii,t}} p_{ii,t}(x) q_{ii,t}(x) \Phi(x) dx + \int_{B_{ij,t}} p_{ij,t}(x) q_{ij,t}(x) \Phi(x) dx\right] \qquad (7-43)$$

那么，结合两国之间的贸易平衡条件和一国的收支平衡条件，可得：

$$P_{i,t} q_{m,i,t} = (1 - \alpha) P_{i,t} Q_{i,t} \qquad (7-44)$$

$$P_{i,t} C_{i,t} + P_{i,t} I_{i,t} = \alpha P_{i,t} Q_{i,t} \qquad (7-45)$$

进而可知(国家 j 亦是如此)，

$$q_{m,i,t} = (1 - \alpha) Q_{i,t} \qquad (7-46)$$

$$C_{i,t} + I_{i,t} = \alpha Q_{i,t} \qquad (7-47)$$

所以，在最终商品的总产出中，α 比例的最终商品用于消费和投资，$(1 - \alpha)$ 比例的最终商品用作中间投入品继续投入生产。因此，根据以上条件，贸易平衡等式可以进一步改写为：

$$P_{i,t} Q_{i,t} = (1 - \alpha)P_{i,t} Q_{i,t} D_{ii,t} + (1 - \alpha)P_{j,t} Q_{j,t} D_{ij,t} + \alpha P_{i,t} Q_{i,t} D_{ii,t} + \alpha P_{j,t} Q_{j,t} D_{ij,t} \qquad (7-48)$$

$$P_{j,t} Q_{j,t} = (1 - \alpha)P_{i,t} Q_{i,t} D_{ji,t} + (1 - \alpha)P_{j,t} Q_{j,t} D_{jj,t} + \alpha P_{i,t} Q_{i,t} D_{ji,t} + \alpha P_{j,t} Q_{j,t} D_{jj,t} \qquad (7-49)$$

依据第五章的推导过程，可得：

$$VA_{ij,t} = \alpha b_{ii,t} y_{ij,t} + \alpha b_{ij,t} y_{jj,t} = \frac{\alpha^2 D_{ij,t}}{[1 - (1 - \alpha) D_{ii,t}][1 - (1 - \alpha) D_{jj,t}] - (1 - \alpha)^2 D_{ij,t} D_{ji,t}} P_{j,t} Q_{j,t} \qquad (7-50)$$

$$VA_{ji,t} = \alpha b_{ji,t}\, y_{ii,t} + \alpha b_{jj,t}\, y_{ji,t} =$$

$$\frac{\alpha^2 D_{ji,t}}{\left[1-(1-\alpha)\,D_{ii,t}\right]\left[1-(1-\alpha)\,D_{jj,t}\right]-(1-\alpha)^2\,D_{ij,t}\,D_{ji,t}}\,P_{i,t}\,Q_{i,t}$$

$$(7-51)$$

三、两国理论模型的动态模拟分析

(一) 参数校准

由于模型中引入了资本，所以新增资本投入份额参数 $(1-\eta)$ 以及资本折旧率参数 δ。参考标准 IRBC 模型对这些参数的设定，本书最终设定模型参数值如表 7-1 所示。

表 7-1　引入资本市场的两国模型所有参数校准值及释义汇总表

参数	值	描述
η	2	可贸易中间品之间的替代弹性
ε	2	消费者的跨期替代弹性
φ	4	劳动供给弹性
α	0.5	生产要素投入份额
θ	0.25	异质性部分对生产率的变化率
η	0.64	生产要素中劳动投入份额
δ	0.0025	资本折旧率
χ	0.8056	劳动带来负效用的权重
τ_{ii}、τ_{jj}	1	各国国内贸易成本
τ_{ij}、τ_{iz}、τ_{jz}、τ_{ji}	1.1、1.2、1.3	两两国家间跨国贸易成本

(二) 脉冲响应分析

因为本部分研究重点在于验证之前理论模拟研究结论的稳健性，所以仅针对研究结论做相关脉冲响应分析，研究过程围绕改变贸易成本来展开。依据第五章的研究路径，分别在不同贸易成本下模拟国内技术冲击下的脉冲响应，其中贸易成本分别取 tau=1.1 和 tau=1.2，并用两种不同的线条进行描述，具体脉冲结果如图集 7-1 所示。根据图中所示结果可以发现，

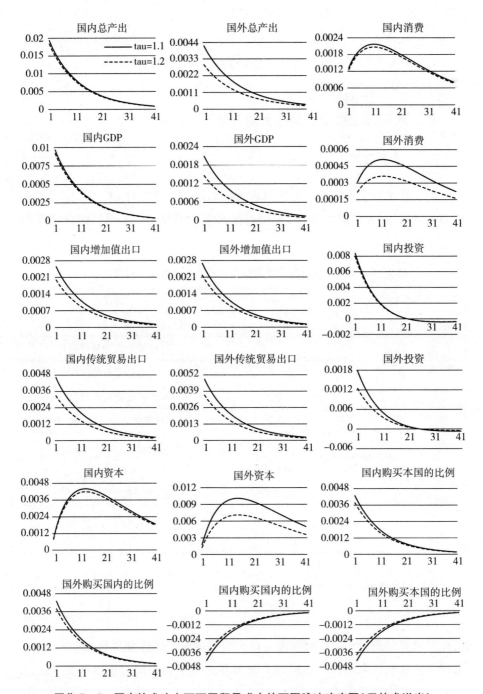

图集 7-1 国内技术冲击下不同贸易成本的两国脉冲响应图(无技术溢出)

在两国模型中引入资本变量，国内外总产出和 GDP 同样会随着增加值贸易和传统贸易的增加逐渐呈现出较强的正向联动，不仅表明了增加值贸易和传统贸易均能传导经济周期，也预示着双边增加值贸易或传统贸易越大，经济周期的联动就越大。

此外，同样也在技术溢出情形下进行了脉冲响应模拟，具体结果如图集 7－2 所示。图中总产出、GDP 以及增加值贸易、传统贸易都有些相同的脉冲响应结果，表明基准两国模型的结论在引入资本变量后同样成立，意味着结论是稳健的。

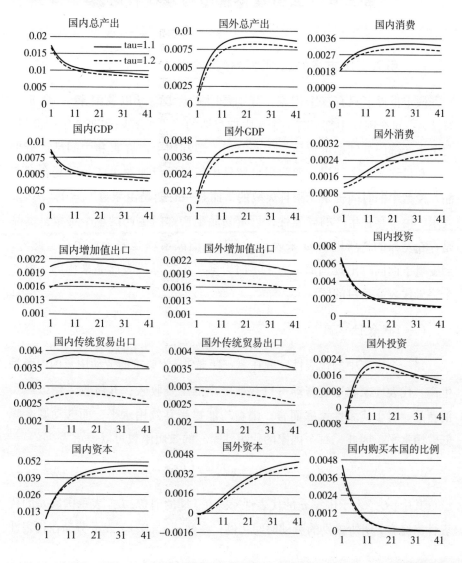

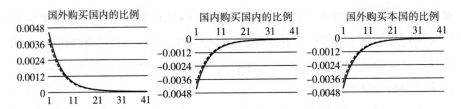

图集 7 - 2　国内技术冲击下不同贸易成本的两国脉冲响应图（存在技术溢出）

第二节　三国理论模型的稳健性检验

一、引入资本市场的三国理论模型构建

假定世界上只有三个国家，分别是国家 i，国家 j 以及国家 z，令 $n = \{i,j,z\}$，每个国家中都只有一个无限期存活的代表性家庭和两个生产部门。两个生产部门分别是可贸易品生产部门，即利用生产要素和中间品进行生产，和最终品生产部门，即购买可贸易中间品进行加总生产一种复合型商品。模型中的时间轴是无限且离散的，而某一时期是由字母 $t = 0,1,\cdots$ 来表示。由于存在生产的异质性，可贸易品生产部门生产的单个可贸易商品是存在差异的，所以由 ω 来表示。当然，商品市场是完全竞争的。此外，当变量下面同时出现国家 i、j 和 z 时，第一个字母代表商品来源国，第二个字母代表商品目的国。

（一）代表性家庭

每一个国家中的代表性家庭在每一期提供 $L_{n,t}$ 单位的劳动用于国内商品生产。代表性家庭通过劳动可以获取一定的工资收入，并将收入用以购买消费品。对于代表性家庭而言，消费均能提高其效用水平，而劳动则会降低效用水平。因此，每个国家的代表性家庭的效用函数可以表示为：

$$U_{n,t} = ln\, C_t - \chi L_t^{1+\frac{1}{\varphi}} \Big/ \Big(1 + \frac{1}{\varphi}\Big) \tag{7-52}$$

其中，$C_{n,t}$ 表示国家 n 的代表性家庭在 t 期的消费；$L_{n,t}$ 表示国家 n 的代表性家庭在 t 期所提供的劳动时间比例；参数 $\chi \in (0,1)$ 表示劳动在代表性家庭的效用中所占的份额；参数 $\varphi > 0$ 表示代表性家庭的跨期替代弹性。

那么，代表性家庭最大化其预期终生效用可以表示为：

$$Max\, E_{n,t} \sum_{t=0}^{\infty} \beta^t \left(ln\, C_t - \chi\, L_t^{1+\frac{1}{\varphi}} / \left(1 + \frac{1}{\varphi}\right)\right) \qquad (7-53)$$

其中，$E_{n,t}$ 定义为对所有时间过程的预期；$\beta \in (0,1)$ 表示代表性家庭的折现因子。

一国的代表性家庭在每一期通过提供劳动获得工资收入，通过租赁资本获取资本收入，然后收入可以用于购买价格为 $P_{n,t}$ 的最终商品和投资品，最终商品用于消费获取效用，投资品用于资本生产。那么，代表性家庭在每一期的预算约束为：

$$w_{n,t}\, L_{n,t} + r_{n,t}\, K_{n,t} = P_{n,t}(C_{n,t} + I_{n,t}) \qquad (7-54)$$

其中，$w_{n,t}$ 表示国家 n 在 t 期的工资价格，$r_{n,t}$ 表示国家 n 在 t 期的资本价格，$K_{n,t}$ 表示国家 n 在 t 期租赁的总资本，$I_{n,t}$ 表示国家 n 在 t 期用于投资的最终商品数量。

此外，家庭拥有的资本在使用过程中会产生折旧，令折旧率为 δ，那么，资本的变动过程可以表示为：

$$K_{n,t+1} = (1 - \delta)\, K_{n,t} + I_{n,t} \qquad (7-55)$$

因此，代表性家庭的决策问题可以描述为在预算约束的条件下，如何选择消费、劳动和资本来最大化其预期终生效用水平。所以，由一阶条件可知：

$$\chi\, C_{n,t}\, L_t^{\frac{1}{\varphi}} = \frac{w_{n,t}}{P_{n,t}} \qquad (7-56)$$

$$\frac{C_{n,t+1}}{C_{n,t}} = \beta\, \frac{r_{n,t+1} + P_{n,t+1}(1 - \delta)}{P_{n,t+1}} \qquad (7-57)$$

（二）最终商品生产部门

最终商品生产部门主要通过进口和国内采购的方式购买连续且异质的单个可贸易中间品 $q_{i,t}(\omega)$，然后采用对称的 Spence – Dixit – Stiglitz 加总法进行生产，且不需要劳动等生产要素投入。最终商品生产部门生产的最终商品一方面可以直接用于消费，另一方面也可以用作中间投入品再进行生产。其生产函数为：

$$Q_{n,t} = \left[\int_0^\infty q_{n,t}(x)^{\frac{\eta-1}{\eta}} \Phi(x) dx \right]^{\frac{\eta}{\eta-1}} \qquad (7-58)$$

其中，$\Phi(x)$ 是国家 i 和国家 j 的特定商品生产技术联合密度，也是"商品 x"的联合密度。

任何厂商或部门都会追求利润最大化，与之对应的则是生产的成本最小化。那么，最终商品生产部门的生产成本最小化问题就为如下表达式：

$$Min \int_0^\infty p_{i,t}(x) q_{i,t}(x) \Phi(x) dx \qquad (7-59)$$

据此，最终商品生产部门的决策问题就可以描述为在其产出约束条件下，即 $Q_{n,t} = \left[\int_0^\infty q_{n,t}(x)^{\frac{\eta-1}{\eta}} \Phi(x) dx \right]^{\frac{\eta}{\eta-1}}$，如何选择商品 x 的数量 $q_{n,t}(x)$ 来最小化其生产成本。所以，由一阶条件可知：

$$P_{n,t} = \left[\int_0^\infty p_{n,t}(x)^{1-\eta} \Phi(x) dx \right]^{\frac{1}{1-\eta}} \qquad (7-60)$$

$$q_{n,t}(x) = \left(\frac{P_{n,t}}{p_{n,t}(x)} \right)^\eta Q_{n,t} \qquad (7-61)$$

其中，$P_{n,t}$ 表示 t 期国家 n 的最终商品价格指数。

(三) 可贸易中间品生产部门

可贸易中间品生产部门通过购买劳动 $L_{n,t}$、资本 $K_{n,t}$ 和最终商品 $Q_{n,t}$ 来生产可贸易中间品，生产的中间品则销往国内市场和国外市场。假定可贸易中间品生产部门采用柯布道格拉斯生产技术，那么，对于某一特定的中间品 x，其具体的生产函数形式为：

$$q_{n,t}(x) = A_{n,t} x_n^{-\theta} (L_{n,t}(x)^\eta K_{n,t}(x)^{1-\eta})^\alpha q_{m,n,t}(x)^{1-\alpha} \qquad (7-62)$$

其中，$q_{n,t}(x)$ 表示 n 国可贸易中间品生产部门生产的中间品 x 的产出；$A_{n,t}$ 表示 n 国的外生技术冲击，满足一阶自回归过程，即：$ln A_{n,t} = \rho ln A_{n,t-1} + \epsilon_{n,t}$；$x_n$ 表示 n 国的特定商品技术；$L_{n,t}(x)$ 表示 n 国可贸易中间品生产部门在生产中间品 x 中投入的劳动量；$K_{n,t}(x)$ 表示 n 国可贸易中间品生产部门在生产中间品 x 中投入的资本量；$q_{m,n,t}(x)$ 表示 n 国可贸易中间品生产部门在生产中间品 x 中投入的最终商品数量；参数 α 表示中间品 x 的生产过程中生产要素的投入份额；参数 η 表示生产要素投入中劳动的投入份额。

那么，可贸易中间品生产部门生产中间品 x 的成本最小化问题就为如下表达式：

$$Min\ w_{n,t}\ L_{n,t}(x) + r_{n,t}\ K_{n,t}(x) + P_{n,t}\ q_{m,n,t}(x) \qquad (7-63)$$

据此，可贸易中间品生产部门的决策问题就可以描述为在其产出约束条件下，即 $q_{n,t}(x) = A_{n,t}\ x_n^{-\theta}\ (L_{n,t}(x)^{\eta}\ K_{n,t}(x)^{1-\eta})^{\alpha}\ q_{m,n,t}(x)^{1-\alpha}$，如何选择劳动、资本和最终商品投入来最小化其生产成本。所以，由一阶条件可知：

$$p_{n,t}(x) = \frac{x_n^{\theta}}{A_{n,t}} \left(\frac{w_{n,t}^{\eta}\ r_{n,t}^{1-\eta}}{\beta\ (1-\eta)^{1-\eta}\ \eta^{\eta}} \right)^{\alpha} \left(\frac{P_{n,t}}{1-\alpha} \right)^{1-\alpha} \qquad (7-64)$$

令 $Y = \alpha^{-\alpha}\ (1-\alpha)^{\alpha-1}, G = ((1-\eta)^{1-\eta}\ \eta^{\eta})^{-\alpha}$，那么，单个中间品 x 的价格变为：

$$p_{n,t}(x) = YG\ \frac{x_n^{\theta}}{A_{n,t}}\ (w_{n,t}^{\eta}\ r_{n,t}^{1-\eta})^{\alpha}\ P_{n,t}^{1-\alpha} \qquad (7-65)$$

（四）最终商品价格指数

在开放贸易之后，国与国之间就会产生商品的进出口贸易。根据模型对商品贸易的设定，只有单个可贸易中间品 $q_{n,t}(x)$ 进行了贸易，所以，一国的最终商品生产部门会从另外两国进口或从本国国内采购的方式购买中间品。在 E－K 模型中，商品市场是完全竞争的，那么一国的最终商品生产部门在采购中间品 x 时就只会挑选最低价格的中间品 x，由此可知一国购买单个可贸易中间品 x 的购买价格可以表示为（以 i 国代表第一身份国）：

$$p_{i,t}(x) = \min\{\tau_{ii}\ p_{i,t}(x), \tau_{ji}\ p_{j,t}(x), \tau_{zi}\ p_{z,t}(x)\} \qquad (7-66)$$

其中，τ_{ij} 表示国家之间商品贸易的冰山运输成本，意味着 τ_{ij} 单位的商品从国家 i 运输至国家 j 时，最终只有一单位商品到达，即 $\tau_{ij} > 1$。同时，为了防止套利行为的出现，假定 $\tau_{ij} < \tau_{iz}\ \tau_{zj}$，即非套利条件。等式左边的 $p_{i,t}(x)$ 指代 i 国最终商品生产部门购买中间品 x 的购买价格，等式右边的 $p_{i,t}(x)$、$p_{j,t}(x)$ 和 $p_{z,t}(x)$ 分别指代 i 国、j 国和 z 国的中间品生产部门出售中间品 x 的出厂价格。

根据各国可贸易中间品生产部门的决策问题可知出售中间品 x 的出厂价格，然后代入上述购买价格表达式，可进一步推得 i 国最终商品生产部门的购买价格为：

$$p_{i,t}(x) = \min\left\{ YG\frac{(w_{i,t}^{\eta}r_{i,t}^{1-\eta})^{\alpha}\,P_{i,t}^{\,1-\alpha}\,\tau_{ii}}{A_{i,t}}x_i^{\theta}, YG\frac{(w_{j,t}^{\eta}r_{j,t}^{1-\eta})^{\alpha}\,P_{j,t}^{\,1-\alpha}\,\tau_{ji}}{A_{j,t}}x_j^{\theta}, \right.$$

$$\left. YG\frac{(w_{j,t}^{\eta}r_{j,t}^{1-\eta})^{\alpha}\,P_{z,t}^{\,1-\alpha}\,\tau_{zi}}{A_{z,t}}x_z^{\theta}\right\} \qquad (7-67)$$

即：

$$p_{i,t}(x)^{\frac{1}{\theta}} = \min\left\{ \left(YG\frac{(w_{i,t}^{\eta}r_{i,t}^{1-\eta})^{\alpha}\,P_{i,t}^{\,1-\alpha}\,\tau_{ii}}{A_{i,t}}\right)^{\frac{1}{\theta}}x_i, \left(YG\frac{(w_{j,t}^{\eta}r_{j,t}^{1-\eta})^{\alpha}\,P_{j,t}^{\,1-\alpha}\,\tau_{ji}}{A_{j,t}}\right)^{\frac{1}{\theta}}x_j, \right.$$

$$\left. \left(YG\frac{(w_{j,t}^{\eta}r_{j,t}^{1-\eta})^{\alpha}\,P_{z,t}^{\,1-\alpha}\,\tau_{zi}}{A_{z,t}}\right)^{\frac{1}{\theta}}x_z\right\} \qquad (7-68)$$

令 $g_{ij,t} = \left(YG\dfrac{(w_{i,t}^{\eta}r_{i,t}^{1-\eta})^{\alpha}\,P_{i,t}^{\,1-\alpha}\,\tau_{ij}}{A_{i,t}}\right)^{\frac{1}{\theta}}$，则：

$$p_{i,t}(x)^{\frac{1}{\theta}} = \min\{g_{ii,t}\,x_i, g_{ji,t}\,x_j, g_{zi,t}\,x_z\} \qquad (7-69)$$

然后，令 $u_{i,t} = p_{i,t}(x)^{\frac{1}{\theta}}$，则 $p_{i,t}(x) = u_{i,t}^{\theta}$，将其代入最终商品的价格指数公式，得出：

$$P_{i,t}^{\,1-\eta} = \int_0^{\infty} u_{i,t}^{\theta(1-\eta)}(\varphi_{ii,t}+\varphi_{ji,t}+\varphi_{zi,t})\,e^{-(\varphi_{ii,t}+\varphi_{ji,t}+\varphi_{zi,t})u_{i,t}}d\,u_{i,t}$$

$$(7-70)$$

并令 $r_{i,t} = (\varphi_{ii,t}+\varphi_{ji,t}+\varphi_{zi,t})\,u_{i,t}$，则：

$$P_{i,t} = (\varphi_{ii,t}+\varphi_{ji,t}+\varphi_{zi,t})^{-\theta}\left[\int_0^{\infty}r_{i,t}^{\theta(1-\eta)}\,e^{-r_{i,t}}dr_{i,t}\right]^{\frac{1}{1-\eta}} \qquad (7-71)$$

令 $T(\theta,\eta) = \left[\int_0^{\infty}r_{i,t}^{\theta(1-\eta)}\,e^{-r_{i,t}}dr_{i,t}\right]^{\frac{1}{1-\eta}}$，即：

$$T(\theta,\eta)^{1-\eta} = \int_0^{\infty}r_{i,t}^{\theta(1-\eta)}\,e^{-r_{i,t}}dr_{i,t} \qquad (7-72)$$

其中，令 $\xi = 1+\theta(1-\eta) > 0$，则等式右边就是 Gamma 函数：

$$\Gamma(\xi) = \int_0^{\infty}r_{i,t}^{\xi}\,e^{-r_{i,t}}dr_{i,t} \qquad (7-73)$$

因此，i 国国内的最终商品价格指数最终可以表示为：

$$P_{i,t} = T(\varphi_{ii,t}+\varphi_{ji,t}+\varphi_{zi,t})^{-\theta} = T\left[T_i\left(YG\frac{(w_{i,t}^{\eta}r_{i,t}^{1-\eta})^{\alpha}\,P_{i,t}^{\,1-\alpha}\,\tau_{ii}}{A_{i,t}}\right)^{-\frac{1}{\theta}} + \right.$$

$$\left. T_j\left(YG\frac{(w_{j,t}^{\eta}r_{j,t}^{1-\eta})^{\alpha}\,P_{j,t}^{\,1-\alpha}\,\tau_{ji}}{A_{j,t}}\right)^{-\frac{1}{\theta}} + T_z\left(YG\frac{(w_{j,t}^{\eta}r_{j,t}^{1-\eta})^{\alpha}\,P_{z,t}^{\,1-\alpha}\,\tau_{zi}}{A_{z,t}}\right)^{-\frac{1}{\theta}}\right]^{-\theta}$$

$$(7-74)$$

类似的，j 国国内的最终商品价格指数最终可以表示为：

$$P_{j,t} = T \left(\varphi_{jj,t} + \varphi_{ij,t} + \varphi_{zj,t} \right)^{-\theta} = T \left[T_i \left(YG \frac{(w_{i,t}^{\eta} r_{i,t}^{1-\eta})^{\alpha} P_{i,t}^{1-\alpha} \tau_{ij}}{A_{i,t}} \right)^{-\frac{1}{\theta}} + \right.$$

$$\left. T_j \left(YG \frac{(w_{j,t}^{\eta} r_{j,t}^{1-\eta})^{\alpha} P_{j,t}^{1-\alpha} \tau_{jj}}{A_{j,t}} \right)^{-\frac{1}{\theta}} + T_z \left(YG \frac{(w_{j,t}^{\eta} r_{j,t}^{1-\eta})^{\alpha} P_{z,t}^{1-\alpha} \tau_{zj}}{A_{z,t}} \right)^{-\frac{1}{\theta}} \right]^{-\theta}$$

$$(7-75)$$

z 国国内商品价格指数最终可以表示为：

$$P_{z,t} = T \left(\varphi_{zz,t} + \varphi_{jz,t} + \varphi_{iz,t} \right)^{-\theta} = T \left[T_i \left(YG \frac{(w_{i,t}^{\eta} r_{i,t}^{1-\eta})^{\alpha} P_{i,t}^{1-\alpha} \tau_{iz}}{A_{i,t}} \right)^{-\frac{1}{\theta}} + \right.$$

$$\left. T_j \left(YG \frac{(w_{j,t}^{\eta} r_{j,t}^{1-\eta})^{\alpha} P_{j,t}^{1-\alpha} \tau_{jz}}{A_{j,t}} \right)^{-\frac{1}{\theta}} + T_z \left(YG \frac{(w_{j,t}^{\eta} r_{j,t}^{1-\eta})^{\alpha} P_{z,t}^{1-\alpha} \tau_{zz}}{A_{z,t}} \right)^{-\frac{1}{\theta}} \right]^{-\theta}$$

$$(7-76)$$

（五）贸易平衡

在没有资本市场的条件下，三国会在任何时期均处于贸易平衡的状态下，即 i 国向世界购买的商品支出一定等于世界向 i 国购买的商品支出。同样定义支出比例 $D_{ji,t}$，就代表在 t 期国家 i 购买国家 j 的商品支出占 i 国总支出的比例，即：

$$P_{i,t} Q_{i,t} D_{ji,t} = \int_{B_{ji,t}} p_{ji,t}(x) \, q_{ji,t}(x) \, \Phi(x) \, dx \qquad (7-77)$$

其中，$B_{ji,t}$ 代表 t 期国家 i 从国家 j 购买的商品种类集合，$p_{ji,t}(x) = p_{j,t}(x) \tau_{ji}$ 表示 t 期国家 i 向国家 j 购买商品 x 的价格，$q_{ji,t}(x)$ 表示 t 期国家 i 向国家 j 购买商品 x 的数量。

那么，贸易平衡条件可以表示为：

$$P_{i,t} Q_{i,t} \sum_n D_{ni,t} = \sum_n P_{n,t} Q_{n,t} D_{in,t} \qquad (7-78)$$

进而可以表述为：

$$P_{i,t} Q_{i,t} = P_{i,t} Q_{i,t} D_{ii,t} + P_{j,t} Q_{j,t} D_{ij,t} + P_{z,t} Q_{z,t} D_{iz,t} \qquad (7-79)$$

$$P_{j,t} Q_{j,t} = P_{i,t} Q_{i,t} D_{ji,t} + P_{j,t} Q_{j,t} D_{jj,t} + P_{z,t} Q_{z,t} D_{jz,t} \qquad (7-80)$$

$$P_{z,t} Q_{z,t} = P_{i,t} Q_{i,t} D_{zi,t} + P_{j,t} Q_{j,t} D_{zj,t} + P_{z,t} Q_{z,t} D_{zz,t} \qquad (7-81)$$

（六）市场出清

当经济体处于均衡状态时，商品市场会处于出清状态，即：

$$Q_{n,t} = q_{m,n,t} + C_{n,t} + I_{n,t} \qquad (7-82)$$

假设 $B_{n,t}$ 代表国家 n 生产的可贸易中间品种类，那么，一国的总劳动：

$$L_{n,t} = \int_{B_{n,t}} L_{n,t}(x)\, \Phi(x)\, dx \qquad (7-83)$$

一国的总资本：

$$K_{n,t} = \int_{B_{n,t}} K_{n,t}(x)\, \Phi(x)\, dx \qquad (7-84)$$

总中间品投入：

$$q_{m,n,t} = \int_{B_{n,t}} q_{m,n,t}(x)\, \Phi(x)\, dx \qquad (7-85)$$

最后，经济体的总收入也将等于总支出，即：

$$w_{n,t} L_{n,t} + r_{n,t} K_{n,t} = P_{n,t}(C_{n,t} + I_{n,t}) \qquad (7-86)$$

（七）模型均衡

对于国家 i、国家 j 和国家 z 组成的这个世界经济体，在每一期内，代表性家庭实现了效用最大化，生产部门实现了成本最小化以及市场处于出清状态，那么称该种状态为经济的均衡状态，也即代表性家庭的一阶条件、所有生产部门的一阶条件以及市场出清条件在每一期均得到了满足。

二、传统贸易与增加值贸易的理论推导

（一）传统贸易的理论推导

根据三国的贸易平衡等式就可以直接得出两两国家之间的传统贸易分别是：

$$EX_{ij,t} = P_{j,t} Q_{j,t} D_{ij,t}; EX_{ji,t} = P_{i,t} Q_{i,t} D_{ji,t} \qquad (7-87)$$

$$EX_{iz,t} = P_{z,t} Q_{z,t} D_{iz,t}; EX_{zi,t} = P_{i,t} Q_{i,t} D_{zi,t} \qquad (7-88)$$

$$EX_{jz,t} = P_{z,t} Q_{z,t} D_{jz,t}; EX_{zj,t} = P_{j,t} Q_{j,t} D_{zj,t} \qquad (7-89)$$

（二）增加值贸易的理论推导

依据第六章的推导过程，可得：

$$VA_{ij,t} = \alpha b_{ii,t}\, y_{ij,t} + \alpha b_{ij,t}\, y_{jj,t} + \alpha b_{iz,t}\, y_{zj,t} =$$

$$\frac{\alpha^2 D_{ij,t}\left[1 - (1-\alpha)\, D_{zz,t}\right] + \alpha^2 (1-\alpha)\, D_{iz,t}\, D_{zj,t}}{B_t}\, P_{j,t}\, Q_{j,t} \quad (7-90)$$

$$VA_{iz,t} = \alpha b_{ii,t}\, y_{iz,t} + \alpha b_{ij,t}\, y_{jz,t} + \alpha b_{iz,t}\, y_{zz,t} =$$

$$\frac{\alpha^2 D_{iz,t}\left[1 - (1-\alpha)\, D_{jj,t}\right] + \alpha^2 (1-\alpha)\, D_{ij,t}\, D_{jz,t}}{B_t}\, P_{z,t}\, Q_{z,t} \quad (7-91)$$

$$VA_{jz,t} = \alpha b_{ji,t}\, y_{iz,t} + \alpha b_{jj,t}\, y_{jz,t} + \alpha b_{jz,t}\, y_{zz,t} =$$

$$\frac{\alpha^2 D_{jz,t}\left[1 - (1-\alpha)\, D_{ii,t}\right] + \alpha^2 (1-\alpha)\, D_{ji,t}\, D_{iz,t}}{B_t}\, P_{z,t}\, Q_{z,t} \quad (7-92)$$

$$VA_{ji,t} = \alpha b_{ji,t}\, y_{ii,t} + \alpha b_{jj,t}\, y_{ji,t} + \alpha b_{jz,t}\, y_{zi,t} =$$

$$\frac{\alpha^2 D_{ji,t}\left[1 - (1-\alpha)\, D_{zz,t}\right] + \alpha^2 (1-\alpha)\, D_{jz,t}\, D_{zi,t}}{B_t}\, P_{i,t}\, Q_{i,t} \quad (7-93)$$

$$VA_{zi,t} = \alpha b_{zi,t}\, y_{ii,t} + \alpha b_{zj,t}\, y_{ji,t} + \alpha b_{zz,t}\, y_{zi,t} =$$

$$\frac{\alpha^2 D_{zi,t}\left[1 - (1-\alpha)\, D_{jj,t}\right] + \alpha^2 (1-\alpha)\, D_{zj,t}\, D_{ji,t}}{B_t}\, P_{i,t}\, Q_{i,t} \quad (7-94)$$

$$VA_{zj,t} = \alpha b_{zi,t}\, y_{ij,t} + \alpha b_{zj,t}\, y_{jj,t} + \alpha b_{zz,t}\, y_{zj,t} =$$

$$\frac{\alpha^2 D_{zj,t}\left[1 - (1-\alpha)\, D_{ii,t}\right] + \alpha^2 (1-\alpha)\, D_{zi,t}\, D_{ij,t}}{B_t}\, P_{j,t}\, Q_{j,t} \quad (7-95)$$

其中，$a_{ii,t} = 1 - (1-\alpha) D_{ii,t}$；$a_{jj,t} = 1 - (1-\alpha) D_{jj,t}$；$a_{zz,t} = 1 - (1-\alpha) D_{zz,t}$；
$B_t = a_{ii,t}\, a_{jj,t}\, a_{zz,t} - (1-\alpha)^2 (a_{ii,t}\, D_{zj,t}\, D_{jz,t} + a_{jj,t}\, D_{zi,t}\, D_{iz,t} + a_{zz,t}\, D_{ij,t}\, D_{ji,t}) - (1-\alpha)^3 (D_{zi,t}\, D_{ij,t}\, D_{jz,t} + D_{zj,t}\, D_{ji,t}\, D_{iz,t})$

三、动态模拟分析

(一)参数校准

三国模型中引入资本同样新增资本投入份额参数 $(1-\eta)$ 以及资本折旧率参数 δ，故而最终设定模型参数值如表 7-2 所示。

表 7-2　引入资本市场的三国模型所有参数校准值和释义汇总表

参数	值	描述
η	2	可贸易中间品之间的替代弹性
ε	2	消费者的跨期替代弹性

参数	值	描述
φ	4	劳动供给弹性
α	0.5	生产中劳动投入份额
θ	0.25	异质性部分对生产率的变化率
η	0.64	生产要素中劳动投入份额
δ	0.0025	资本折旧率
χ	0.8056	劳动带来负效用的权重
τ_{ii}、τ_{jj}、τ_{zz}	1	各国国内贸易成本
τ_{ij}、τ_{iz}、τ_{jz}、τ_{ji}、τ_{zj}、τ_{zi}	1.1、1.2、1.3	两两国家间跨国贸易成本

（二）脉冲响应分析

本部分主要稳健性检验增加值贸易和传统贸易在传导国际经济周期时的影响差异，因为增加值贸易和传统贸易均能传导国际经济周期以及双边增加值贸易或传统贸易越大经济周期联动就越强的结论已经得到了两国模型的稳健性检验，所以在本部分就不加以再次检验。

因此，针对增加值贸易和传统贸易对经济周期传导的影响差异，同样采用设定 i 国和 z 国之间的贸易成本尽可能大的极端情形来进行分析，即假定 i 国和 z 国之间的贸易成本 $\tau_{iz} = \tau_{zi} = inf$，并进而比较分析 $\tau_{ij} = \tau_{jz} = \tau_{ji} = \tau_{zj} = 1.2$ 和 $\tau_{ij} = \tau_{jz} = \tau_{ji} = \tau_{zj} = 1.1$ 的脉冲响应结果，具体模拟结果如图集7.3和图集7.4所示。

其中，图集7-3显示的是 i 国技术冲击不存在技术溢出时的脉冲响应结果。首先，在 i 国和 z 国之间没有直接传统贸易的情形下，i 国的技术冲击显然同样引起了 z 国总产出或GDP的联动，表明增加值贸易同样传导了 i 国的经济波动。但是，相较于无资本情形，将资本引入模型可以使得 z 国最终出现了经济周期的正向联动①。然后，进一步观察发现，当 i 国和 z 国之间的贸易成本下降时，双边增加值贸易随之增加，同时 z 国总产出和GDP也出现了更强的波动，意味着和 i 国总产出和GDP发生了更强的联动

---

① 该结果表明在具体研究 z 国经济周期走势时有必要引入资本，但本书重在探究增加值贸易传导经济周期的渠道作用，因此是否存在资本均无异。

性。因此，在没有技术溢出的情形下，将资本引入模型同样验证了基准三国模型的结论。

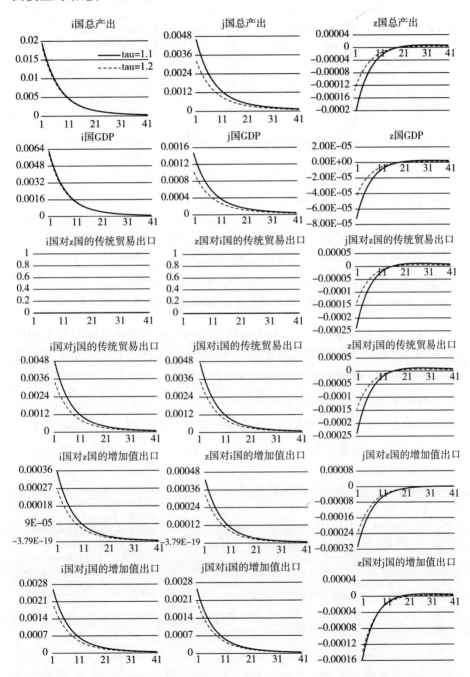

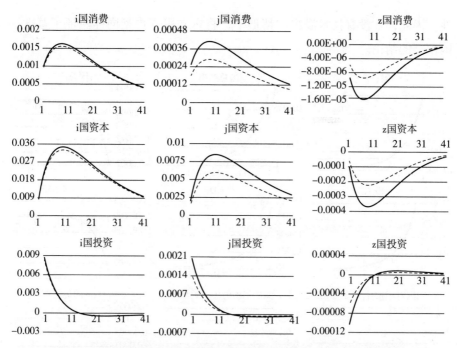

图集 7-3　极端情形下世界贸易成本变动的脉冲响应图(无技术溢出)

当进一步探究 i 国技术冲击存在技术溢出时,具体脉冲响应结果如图集 7-4 所示。技术溢出的效应促使 z 国较早地步入总产出或 GDP 的正向增长,但是随着 i 国和 z 国之间贸易成本的下降,双边增加值贸易仍显著增长,并且 z 国总产出和 GDP 也均产生了较大的正向波动,意味着 z 国在 i 国的经济波动下产生更强的联动性是由增加值贸易引起的,并不是技术溢出产生的。因此,在模型中引入资本后,仍然验证了基准三国模型的结论。

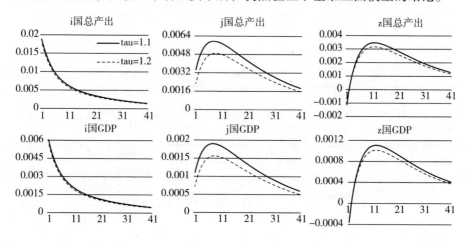

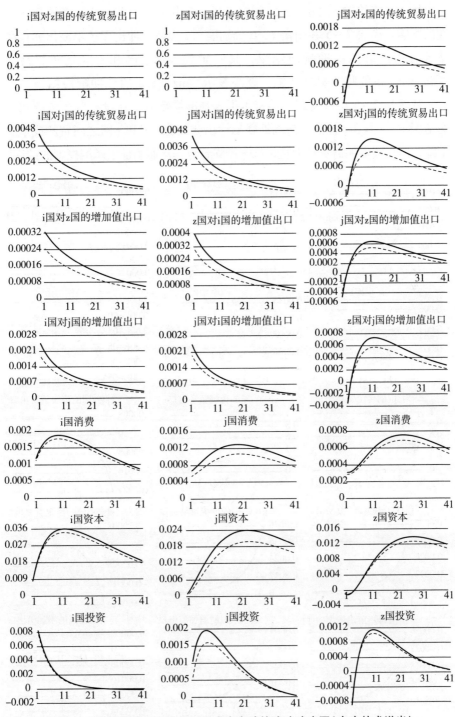

图集 7-4 极端情形下世界贸易成本变动的脉冲响应图（存在技术溢出）

接下来将检验 j 国和 z 国之间贸易成本变化对 i 国和 z 国经济周期联动性的影响。图集 7－5 和图集 7－6 分别展示 i 国技术冲击无技术溢出和存在技术溢出情形的脉冲响应结果，其中实线表示 j 国和 z 国之间贸易成本 taujz ＝1.1 的脉冲响应结果，虚线表示 taujz ＝1.2 的脉冲响应结果。首先，从图集 7－5 可以发现，将资本引入基准模型后，在没有双边传统贸易的情况下，i 国和 z 国的经济周期联动性仍会随着 j 国和 z 国之间贸易成本的下降，即双边增加值贸易增长，呈现增强趋势，从而验证了基准模型的结论。

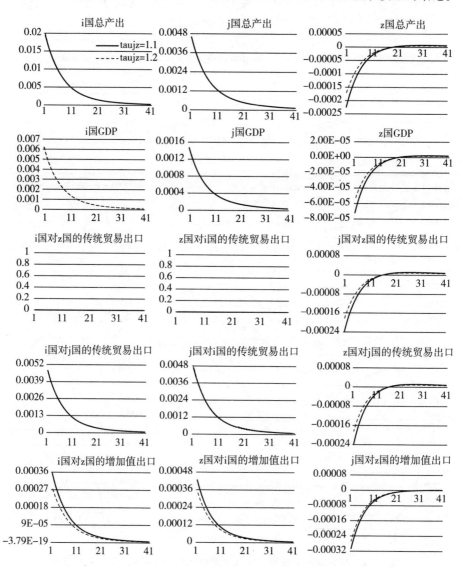

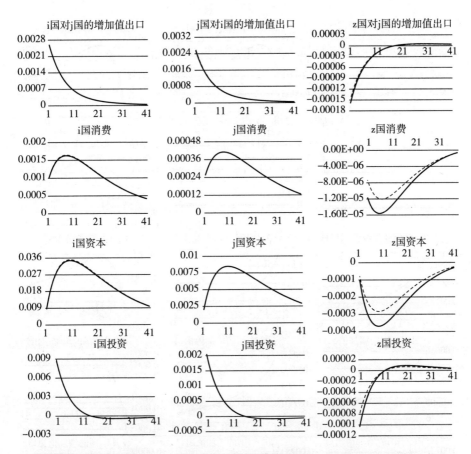

图集7-5 极端情形下 j 国和 z 国贸易成本变动的脉冲响应图(无技术溢出)

然后，从图集7-6也可以发现，随着 j 国和 z 国之间贸易成本的下降，i 国和 z 国的双边增加值贸易显著增加，在没有双边传统贸易情形下，i 国的经济波动仍旧传导至了 z 国，使得 z 国总产出和 GDP 均出现了正向响应，且随着双边增加值贸易的增加响应明显增强，表明 j 国和 z 国之间的贸易成本同样影响着 i 国和 z 国的经济周期联动性，从而再一次验证了基准三国模型的结论。

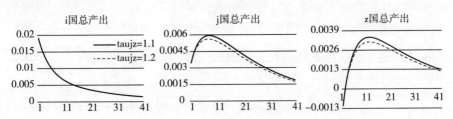

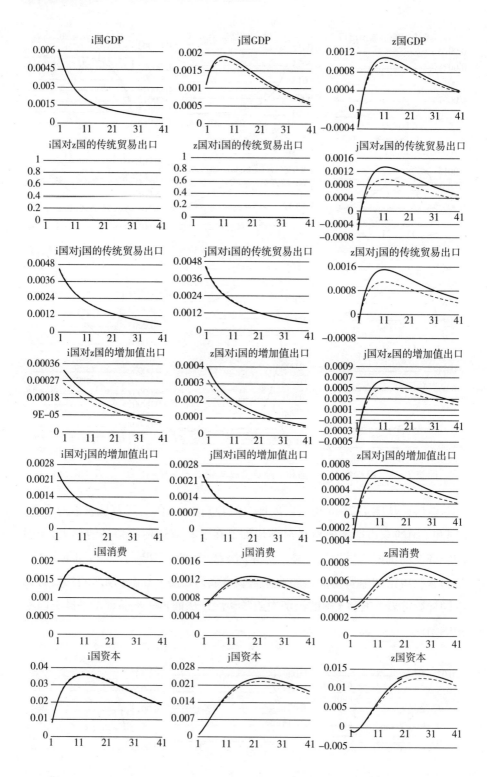

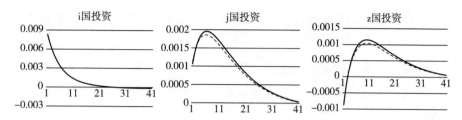

图集7-6　极端情形下 j 国和 z 国贸易成本变动的脉冲响应图(存在技术溢出)

因此，综上所述，通过将资本引入基准三国模型同样得到了相同的结论，即增加值贸易相较于传统贸易在传导国际经济周期时起着核心的传导作用，并且双边增加值贸易越大两国经济周期联动性就越强。此外，引入资本模型同样检验了中间国与目的国之间的贸易成本也会影响双边经济周期联动性。

第三节　本章小结

本章的理论模型稳健性检验类似于实证研究的稳健性检验，主要目的在于确保理论研究结论的稳健性。因此，本章研究内容是继基准两国动态理论模型和三国动态理论模型之后对其结论进行稳健性检验，主要通过分别在基准两国动态理论模型和三国动态理论模型中引入资本市场，并重复之前的动态模拟。其中，第一部分是对基准两国动态理论模型研究结论的稳健性检验；第二部分主要是对三国动态理论模型研究结论的稳健性检验。

因此，通过以上研究过程，本章得出如下几点结论：

第一，基准两国动态理论模型在引入资本市场之后通过了理论模型的稳健性检验。该结论表明即使在基准两国动态理论模型中引入资本市场，之前的研究结论依然成立，即增加值贸易和传统贸易均能传导国际经济周期，以及双边增加值贸易或传统贸易越大，经济周期联动性就越强。

第二，基准两国动态理论模型即使引入资本市场，也无法区分增加值贸易和传统贸易对国际经济周期的影响差异。

第三，基准三国动态理论模型在引入资本市场之后同样通过了理论模型的稳健性检验。该结论表明即使在基准三国动态理论模型中引入资本市场，之前的研究结论依然成立，即增加值贸易才是国际经济周期贸易传导的核心渠道。

第四，基准三国动态理论模型即使引入资本市场，同样验证了目的国与中间贸易国之间贸易成本的变化也会影响本国与目的国之间的经济周期联动性。

第八章 研究结论讨论与政策启示

第一节 主要研究结论

一、研究理路

本书的研究起点基于当前世界经济出现的两大重要现象，即国际分工格局向全球价值链分工模式转型和国际经济周期联动性逐渐增强，构思增加值贸易对国际经济周期联动性影响的研究。同时针对传统贸易影响国际经济周期联动的研究结论不一现象以及传统贸易因全球价值链分工造成的"统计假象"等弊端对传统贸易影响国际经济周期联动进行再研究，以期揭示国际经济周期传导的核心贸易渠道。

针对本书的研究起点，具体研究理路分为三步骤：第一步基于现实数据进行实证研究并总结经验事实，即本书研究的现实基础；第二步构建动态理论模型对经验事实进行动态模拟验证，即本书研究的理论分析；第三步对动态理论模拟验证结果进行稳健性检验。因此，本书的主要研究内容包括三大部分，分别是实证研究、动态理论模拟以及动态理论模拟的稳健性检验。具体研究过程如下：

1. 实证研究

本书的实证研究首先主要采用最新的 2000—2014 年世界投入产出表数据，构建相关研究变量以及工具变量，分别采用 OLS 和 IV 估计方法实证回归增加值贸易和传统贸易对国际经济周期联动性的影响，同时比较分析两种贸易对国际经济周期联动性的影响差异，并确立初步研究结论。之后对初步研究结论分别采用样本内和样本外两种方式进行稳健性检验，其中，样本内稳健性检验主要通过寻找替代变量，样本外稳健性检验则采用相对陈旧的 1995—2011 年的世界投入产出表数据。最后总结实证研究结论，确定本书后续动态理论模拟研究的经验事实。

2. 动态理论模拟

本书的动态理论模拟共分两个模块：

模块一首先是在传统 IRBC 模型的框架下，构建以生产异质性 E－K 模型为微观基础，垂直专业化内生，具有投入产出循环，连续商品的两国动态随机一般均衡模型。然后对理论模型进行参数校准，确定模型中的各参数值。之后引入标准 IRBC 相同的技术冲击过程进行现实经济周期模拟，并同标准 IRBC 和进出与退出结构 IRBC 模型进行二阶矩比较揭示本书构建模型对现实的解释力。再之后从多个视角进行脉冲响应分析研究增加值贸易对国际经济周期联动性的影响，并对比分析同传统贸易的影响差异，验证实证研究得出的经验事实一和经验事实二。最后总结两国动态理论模拟研究结论。

模块二则是基于模块一的研究，将模型扩展至三国动态随机一般均衡模型做进一步分析，从多角度动态理论模拟剖析增加值贸易和传统贸易对国际经济周期联动性的影响差异，验证经验事实三。首先通过脉冲响应分析验证当存在第三国时增加值贸易和传统贸易是否仍存在双边经济周期的传导效应。然后通过掐断两国传统贸易分别采用无技术溢出和具有技术溢出的两种冲击过程进行脉冲响应分析，探究增加值贸易能否继续传导双边经济周期波动。之后主要采用同时改变世界贸易成本的方式进行脉冲响应分析，验证在没有传统贸易的情况下是否仍存在双边增加值贸易越大经济周期联动性越强的经验事实。再之后仅改变中间贸易国和目的国之间的贸易成本进行脉冲响应分析，探究在没有传统贸易的情况下增加值贸易的传导作用是否会受影响。最后总结三国动态理论模拟研究结论。

3. 动态理论模拟稳健性检验

本书的动态理论模拟稳健性检验类似于实证研究中的稳健性检验，因为本书采用理论模拟辅之以实证研究的范式研究[①]增加值贸易对国际经济周期联动性的影响。共分两个部分：第一部分是对两国动态理论模拟结论的

---

① Kose 和 Yi（2003）和 Liao 和 Santacreu（2015）等也均采用理论模拟辅之以实证研究的范式研究贸易与国际经济周期联动。

稳健性检验，主要通过在两国理论模型中引入资本市场，改变模型内部结构，并采用相同的方式对先前研究结论进行再次验证，确保两国动态理论模型研究结论的稳健性。第二部分是对三国动态理论模拟结论的稳健性检验，同样引入资本市场并主要对增加值贸易和传统贸易对国际经济周期联动性的影响差异进行稳健性检验，确保研究结论真实可靠。

本书的研究理路起源于当今世界的重要现象，利用实证研究总结经验事实作为本书研究的现实基础，通过动态理论模拟进行系统且全面的理论验证，最后基于理论模型稳健性检验得出本书最终结论。

二、主要结论

基于以上理论模拟辅之以实证研究的研究理路，本书得到如下几点主要结论：

第一，增加值贸易是国际经济周期贸易传导的核心渠道。本书首先采用最新 2000—2014 年的世界投入产出表实证分析得出增加值贸易对国际经济周期联动具有显著且稳健的正向影响效应，然后分别构建两国动态模型和三国动态模型进行了动态理论模拟验证，最后，对理论模拟结论又进行了一次稳健性检验。该结论表明增加值贸易能够显著且稳健地传导国际经济周期，并且双边增加值贸易越大经济周期联动性就越强。

第二，传统贸易对国经济周期联动性具有正向影响效应，但影响作用不稳健。本书同样也是首先采用最新 2000—2014 年的世界投入产出表实证分析得出该结论，然后构建两国动态模型进行动态模拟验证了此结论，但在之后的三国模型中传统贸易并没有表现出稳健的传导作用，而且最后的动态模型稳健性检验均表明上述结论成立。该结论表明传统贸易能够传导国际经济周期，但在某些情形下传导渠道会失效，从而导致传导作用不稳健。

第三，增加值贸易对国际经济周期的传导作用不仅受双边贸易成本的影响，也受到中间贸易国和目的国之间贸易成本的影响。本书在两国模型和三国模型中分别调整双边贸易成本和中间贸易国与目的国之间的贸易成本，均通过动态模拟发现随着贸易成本的下降，双边增加值贸易增大，两国经济周期联动性就越强。

第四，两国理论模型在研究国际经济周期贸易传导渠道时可以同时验证增加值贸易和传统贸易对国际经济周期联动性的影响，但无法区分两种贸易的影响差异。本书通过构建两国动态理论模型进行模拟研究增加值贸易和传统贸易对国际经济周期的影响差异时，但由于受到两国条件的约束，增加值贸易并没有发挥特有的间接传导属性，而这恰好导致两国模型在研究国际经济周期传导时存在的某些不足或缺陷，从而影响相关经济周期贸易传导的最终结论。

第五，三国理论模型在研究国际经济周期贸易传导渠道时可以区分增加值贸易和传统贸易对国际经济周期联动性的影响差异。本书构建三国动态理论模型实现了增加值贸易的间接贸易传导路径，从而产生了有别于传统贸易的影响效应。

第六，在两国和三国动态理论模型中引入资本市场均通过了理论模型的稳健性检验。该结论表明即使调整基准两国和三国理论模型内部结构，但已有研究结论依然成立，而且是稳健的。

第二节　研究结论讨论

基于以上研究结论，本书接下来将在增加值贸易和国际经济周期联动的范畴内讨论并分析当前中美贸易摩擦的利弊以及中国的应对策略。

一、中美贸易摩擦事件主要发展进程

2017 年 4 月，美国贸易代表办公室依据"232 条款"对进口钢铁，铝进行调查，同年 8 月，特朗普政府依据"301 条款"启动对中国"非法"贸易手段的调查。

2018 年 3 月 22 日，特朗普签署备忘录，拟对价值 600 亿美元的中国商品加征关税。4 月 3 日，宣布拟对中国"500 亿美元"商品加征 25% 的关税，并给出征税清单。6 月 15 日，美方宣布从 7 月 6 日开始对中国出口的 340 亿美元商品征收 25% 的关税，对其余约 160 亿美元商品的加征关税措施将进一步求公众意见，中国随即对等加征关税。

2018 年 7 月 10 日，美国贸易代表办公室公布拟对额外 2000 亿美元中国对美出口商品加征 10% 关税，中方表示将做出必要反制。8 月 1 日，美

方表示对价值 2000 亿美元的中国产品，税率由 7 月 10 日宣称的 10% 提高到 25% 。2018 年 8 月 3 日中国进行反击，宣布拟对美约 600 亿美元商品，加征 25% 、20% 、10% 、5% 不等的关税。

2018 年 8 月 7 日，美方针对之前 500 亿清单中暂未执行加征关税的 160 亿清单进行更新，并称从 8 月 23 日起将对清单上产品征收 25% 的关税。作为反击，中国商务部公布经调整的对美国输华商品加征关税商品清单二（约 160 亿美元），自 2018 年 8 月 23 日 12 时 01 分起实施加征 25% 关税。

2018 年 9 月 17 日，美国特朗普政府正式宣布，将于 9 月 24 日对 2000 亿美元的中国产品加征关税，税率为 10% ，2019 年 1 月 1 日上升为 25% 。

2018 年 9 月 24 日，美国宣布对 2000 亿美元中国出口美国商品实施征税，随即中国回应，对美国 600 亿美元商品实施征税，并发布《关于中美经贸摩擦的事实与中方立场》白皮书。

2018 年 12 月 1 日，G20 布宜诺斯艾利斯峰会，两国元首就展开为期 90 天经贸谈判并在谈判期内新增贸易措施达成重要共识。2019 年 3 月 1 日，美国宣布谈判已有重大进展并延长暂停新增贸易措施的期限。

2019 年 5 月 5 日，美国总统特朗普宣布对另外 2000 亿美元，合计 2500 亿美元的中国商品征收 25% 关税。2019 年 5 月 13 日，中国国务院关税税则委员会宣布对 600 亿美元的美国商品征收 25% 关税。

2019 年 6 月 29 日，两国元首于 G20 大阪峰会达成重要共识，同意重启经贸磋商，美方不再对中方产品加征新的关税。

2019 年 8 月 1 日，美国总统特朗普宣布将在 2019 年 9 月 1 日对余下 3000 亿中国商品加征 10% 关税。8 月 5 日，人民币对美元汇率破 7。同日，美国财政部宣布将中国列入汇率操纵国。

2019 年 10 月 11 日，两国表示达成"实质性第一阶段协议"，协议涵盖知识产权、金融服务，最多 400 - 500 亿美元的农产品购买。

2019 年 11 月 1 日，中国国务院副总理刘鹤与美国贸易代表莱特希泽、财政部长姆努钦通话。会后中方通稿指，双方就妥善解决各自核心关切进行了认真、建设性的讨论，并取得原则共识，双方讨论了下一步磋商安排。会后白宫经济顾问库德洛表示，美国两国贸易谈判进展顺利，第一阶段协议虽然还没有最后完成，但农业、金融服务和货币领域的谈判已经接近完成，两国仍计划本月签署第一阶段贸易协议。

2019 年 12 月 13 日，中美两国就第一阶段经贸协议文本达成一致。1 月 15 日中午，中美在华盛顿白宫的东厅签署了"中美第一阶段经贸协议"。

表 8 - 1　中美贸易谈判进程

轮数	时间	地点	参会人员	主要成果
第一轮	2018. 2. 27 至 2018. 3. 3	华盛顿	刘鹤、莱特西泽、努姆钦	双方进行了坦诚、建设性的讨论。双方认为发展健康稳定的经贸关系对两国至关重要，双方致力于通过对话解决经贸问题
第二轮	2018. 5. 3 至 2018. 5. 4	北京	刘鹤、努姆钦	双方代表团就共同关心的中美经贸问题进行了坦诚、高效、富有建设性的讨论。双方就扩大美对华出口、双边服务贸易、双向投资、保护知识产权、解决关税和非关税措施等问题充分交换了意见，在有些领域达成了一些共识。双方认识到，在一些问题上还存在较大分歧，需要继续加紧工作，取得更多进展
第三轮	2018. 6. 2 至 2018. 6. 3	北京	刘鹤、罗斯	双方就落实两国在华盛顿的共识，在农业、能源等多个领域进行了良好沟通，取得了积极的、具体的进展，相关细节有待双方最终确认。……为了满足人民群众日益增长的美好生活需要，满足经济高质量发展的要求，中国愿意从包括美国在内的世界各国增加进口，这对两国人民和全世界都有益处。……如果美方出台包括加征关税在内的贸易制裁措施，双方谈判达成的所有经贸成果将不会生效
第四轮	2018. 8. 22 至 2018. 8. 23	华盛顿	王受文、马尔帕斯	双方代表团就双方关注的经贸问题进行了建设性、坦诚的交流。双方将就下一步安排保持接触
第五轮	2019. 1. 30 至 2019. 1. 31	华盛顿	刘鹤、莱特西泽	双方在两国元首阿根廷会晤达成的重要共识指引下，讨论了贸易平衡、技术转让、知识产权保护、非关税壁垒、服务业、农业、实施机制以及中方关切问题。双方牵头人重点就其中的贸易平衡、技术转让、知识产权保护、实施机制等共同关心的

轮数	时间	地点	参会人员	主要成果
第五轮	2019.1.30 至 2019.1.31	华盛顿	刘鹤、莱特西泽	议题以及中方关切问题进行了坦诚、具体、建设性的讨论，取得重要阶段性进展。双方还明确了下一步磋商的时间表和路线图。双方同意，将采取有效措施推动中美贸易平衡化发展。中方将有力度地扩大自美农产品、能源产品、工业制成品、服务产品进口，满足中国经济高质量发展和人民美好生活需要。双方就中方具体关切进行了交流，美方将认真回应中方关切。双方一致认为，建立有效的双向实施机制十分重要，有助于确保协商一致的各项举措落地见效。双方已就实施机制的框架和基本要点达成了原则共识，将继续细化
第六轮	2019.2.14 至 2019.2.15	北京	刘鹤、莱特西泽、努姆钦	双方认真落实两国元首阿根廷会晤共识，对技术转让、知识产权保护、非关税壁垒、服务业、农业、贸易平衡、实施机制等共同关注的议题以及中方关切问题进行了深入交流。双方就主要问题达成原则共识，并就双边经贸问题谅解备忘录进行了具体磋商。双方表示，将根据两国元首确定的磋商期限抓紧工作，努力达成一致
第七轮	2019.2.21 至 2019.2.22	华盛顿	刘鹤、莱特西泽、努姆钦	两国经贸团队进行了富有成效的谈判，在贸易平衡、农业、技术转让、知识产权保护、金融服务等方面取得积极进展。下一步，双方将加倍努力，抓紧磋商，完成好两国元首赋予的重大职责
第八轮	2019.3.28 至 2019.3.29	北京	刘鹤、莱特西泽、努姆钦	双方讨论了协议有关文本，并取得新的进展
第九轮	2019.4.3 至 2019.4.5	华盛顿	刘鹤、莱特西泽、努姆钦	双方讨论了技术转让、知识产权保护、非关税措施、服务业、农业、贸易平衡、实施机制等协议文本，取得新的进展。双方决定就遗留的问题通过各种有效方式进一步磋商

续　表

轮数	时间	地点	参会人员	主要成果
第十轮	2019.4.30 至 2019.5.1	北京	刘鹤、莱特西泽、努姆钦	双方按照既定安排,将于下周在华盛顿举行第十一轮中美经贸高级别磋商
第十一轮	2019.5.9 至 2019.5.10	华盛顿	刘鹤、莱特西泽、努姆钦	双方理性坦诚的交换了意见
第十二轮	2019.7.30 至 2019.7.31	上海	刘鹤、莱特西泽、努姆钦	双方按照两国元首大阪会晤重要共识要求,就经贸领域共同关心的重大问题进行了坦诚、高效、建设性的深入交流
第十三轮	2019.10.10 至 2019.10.11	华盛顿	刘鹤、莱特西泽、努姆钦	达成"实质性第一阶段协议",协议涵盖知识产权、金融服务,最多400-500亿美元的农产品购买
第十四轮	2020.1.15	华盛顿	中美代表方	签署"第一阶段经贸协议"

二、中美贸易摩擦起因解析

在国际关系史中,各主要经济体相对实力的变化总会打乱国家间已有的平衡及破坏既定的国际行为模式。当前,这种变化的主要特征就是中国经济实力的大幅度提高,以及美国经济实力的相对衰落。自 2001 年加入世界贸易组织伊始,中国经济实力的迅速增长与对美贸易顺差高速增长是同步的。依据美国中央情报局的数据以购买力等价计算法(purchasing power parity),2017 年中国 GDP 为 \$23.21 万亿,2016 年为 \$21.72 万亿,2015 年为 \$20.35 万亿元,已经位居世界第一,超越了美国的 \$19.49 万亿(2017)、\$19.06 万亿(2016)、\$18.77 万亿(2015)。

2018 年特朗普政府上台以来,频频以关税手段挑起与贸易伙伴国之间的经贸摩擦,其最直接的目的就是为了减少美国的贸易逆差。然而,中美贸易失衡问题长来已久,自然引起了美国方面的注意。对于中美贸易严重失衡问题,从本书的研究观点出发,认为其中原因之一就是当前国际分工向全球价值链分工模式转型造成的,进而导致"出口在中国,附加值在欧美;顺差在中国,利益在欧美"。就如本书所描述的,全球价值链分工模式的不断深化将导致传统贸易核算出现"统计假象"。究其原因主要是传统贸易核算仅统计双边商品进出口贸易额，但是全球价值链分工模式的出现会引起中间品多次来回地跨越国境，从而导致传统贸易核算中中间品的重复计算占比增加。因此，传统贸易的"统计假象"会高估中美的贸易顺差，而若采用增加值贸易进行核算，则中美贸易顺差将会平均下降20%左右。具体如图8-1所示，自2000—2014年期间，中国对美国的贸易顺差的确是在显著地增加，尤其是2007年之前，但2007年之后贸易顺差增长缓慢，而其中主要原因可能是美国受金融危机的影响需求疲软。而且在2000—2014年期间因"统计假象"造成的贸易顺差高估比例基本维持在20%左右。由此可见，美国所谓的针对中国存在巨大贸易逆差需要打个八折才是真实的贸易逆差。

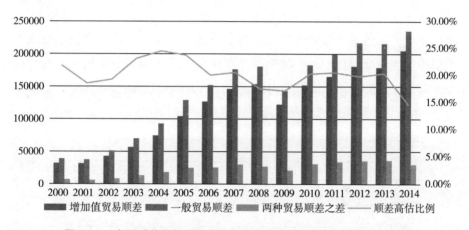

图8-1　中国对美国的增加值贸易顺差和传统贸易顺差比较示意图

那么，首先从本书研究范畴的增加值贸易来看，中美贸易战的持续升级势必会是两败俱伤，但是最终结果是中国仍会保持着贸易顺差。具体如图8-2所示，依据增加值出口可以分为直接增加值出口和间接增加值出口，图中所示可以发现，中国对美国的增加值出口主要是直接增加值出口，以2014年为例，直接出口约是间接出口的3.6倍，而美国对中国的增加值出口逐渐形成直接出口和间接出口的对等，以2014年为例，直接出口仅仅是间接出口的1.3倍。虽然中美贸易战会直接降低中国对美国的出口，而美国也是试图采用这种方式缩小逆差，但间接增加值出口自2001年以来中国始终高于美国，可见，即使中美贸易战最终升级至双边暂停直接贸易往来，中国仍会同美国保持着贸易顺差。因此，美国若不改变中美贸易失衡的根本原因，而试图通过单方面采取贸易保护措施来消除同中国的贸易逆差永远是徒劳的。

然后，从经济周期联动性视角分析，由于中美之间具有大量的双边贸易，所以两国的经济周期联动性非常的强。那么，随着中美之间贸易战的升级，双边贸易逐渐下降，必然会导致中美之间经济周期联动性的下降。而这对于中国而言有利有弊，美国作为以金融为首的虚拟经济国家容易产生系统性风险，例如美国2008年的金融危机，那么经济周期联动性的下降就会减轻美国对中国的负面经济波动传导，与此同时当前美国经济持续低迷、消费市场日渐消退，美国对中国的正面经济波动传导显然乏力。与此相反，中国相对于美国具有较高的经济增长，其实美国反而受益于中国对其的正面经济波动传导，一旦降低了双边贸易，中美经济周期联动性下降，美国享受中国经济增长带来的收益自然下降。因此，从本书研究范畴来看当前中美贸易摩擦对于当今的中国并不是完全处于劣势，从长期来看中国还是具有一定的利好，但短期内由于出口的下降势必影响国内经济的发展。

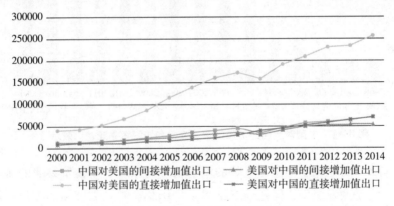

图 8-2　中美之间的直接增加值出口和间接增加值出口发展示意图

三、中国应对之策

为此，基于本书研究结论，提出如下三点建议：

第一，扩大东亚区域以及"一带一路"沿线国家的最终产品贸易。从图8-2已知，中国对美国的增加值出口主要集中在直接出口，意味着中国对美国的出口更多地体现在最终品出口。所以中国需要对最终产品的出口实施多元化、分散化战略，致力于削减区域内物流成本、发展区域贸易合作组织、稳定汇率，携手区域内国家共同发展，实现区域内市场的生产和消费良性循环。此外，中国也需要重视拉美和非洲的最终品市场，树立中国品牌意识，开拓潜在的消费市场，进而最终摆脱对以美国为首的"三角贸易"束缚。

第二，调整增加值出口结构，减少直接增加值出口，扩大间接增加值出口。从图8-2可以发现，美国对中国的间接增加值出口接近于直接增加值出口，其中主要得意于其对世界的中间品出口，而相比较于中国，中国对美国的直接增加值出口远远超过间接增加值出口。因此，其中主要目标应是扩大中间品出口，实现间接增加值出口比重增加。那么，中国需要加大本国国内中间产品市场培育力度，积极采取相应的价格、投资、税收、技术开发、企业融资等优惠政策措施，扶持国内中间品生产企业的发展与壮大，同时对中间品出口调整出口退税等贸易措施，改善中国当前的增加值出口结构，扩大间接增加值出口，从而转移美国对中国存在贸易逆差的注意力，不仅可以减少中美之间的贸易摩擦，也可以降低中国同世界其他国家之间产生贸易争端的风险。

第三，积极发展新兴经济体之间的贸易往来及美国的主要贸易伙伴国。扩大与新兴经济体如印度、巴西等的贸易往来，可以增强同这些国家的经济周期联动，而且这些国家当前经济增长相对于美国具有较大的潜力，中国可以吸收这些国家正向的经济波动，从而利于国内的经济发展。此外，发展同美国主要贸易伙伴国如英国、加拿大以及墨西哥等的进一步贸易往来，不仅可以通过间接增加值贸易扩大对美国的增加值贸易顺差，同时一旦美国发生金融危机等系统性风险，负向经济波动传导至中国也就会相对减弱。

以上基于本书研究结论讨论当前中美贸易战是本书对现实问题的一次解读，也是本书的一次应用价值探讨，以期为我国有关部门决策提供参考依据。

第三节　政策启示

一、中国经济可持续稳态发展的政策启示

中国作为当今世界第一大贸易国已然高度参与全球价值链分工，同世

界经济融为一体，但背后极易受到国际经济波动经增加值贸易传导至国内，对国内经济造成不稳定，影响经济的可持续平稳发展。鉴于此，本书提出如下几点政策启示：

（一）优化中国最终品出口市场结构

最终品出口体现了增加值贸易的直接出口，亦是直接关联，经济周期传导十分迅速。结合当前中国作为"世界工厂"参与全球价值链分工基本上受困于"三角贸易"结构框架中，即欧美发达国家商品设计研发，然后出口至中国进行加工组装，最后将最终品再运回至这些欧美发达国家，形成了一种三角贸易路径，亦称加工贸易。那么，在这种"三角贸易"模式下单一的最终品出口市场使得中国大部分增加值出口仅被这些欧美国家吸收，然这些以金融为首的虚拟经济国家容易产生系统性风险，例如美国 2008 年的金融危机，可见，中国的最终品出口显然依附于脆弱的外部经济威胁之下。鉴于此，中国仍应继续大力推行"一带一路"战略，实施多元化、分散化市场战略推动东亚自由贸易区的构建与扩张，转移部分最终品出口至这些区域内贸易国，实现区域内生产和消费的良性循环。同时，也应重视拉美和非洲市场，这些国家相对生活物资匮乏，对最终品的需求相对平稳，因此，扩大这些国家的最终品市场份额有利于转移欧美等发达国家的经济波动。

（二）培育国内中间品的高质量生产

中国当前处于的"三角贸易"模式使得中国受制于上下游各国经济波动的扰动，致使传导至国内的经济波动复杂而多变。为此，中国应大力发展国内中间品高质量生产，提高国内中间品的采购率。这不仅有利于减轻经济波动过于集中的扰动，也有利于培育国内在制造业中高端价值链环节的竞争力，扩大中间品出口，延伸增加值贸易的间接出口路径，延长经济波动的传导路径，弱化经济波动的影响程度。是故，中国仍需深化供给侧改革，提高供给体系的整体质量，加强水利、铁路、水运、航空、管道、电网、信息、物流等基础设施网络建设，坚持去产能、去库存、去杠杆、降成本、补短板，优化存量资源配置，扩大优质增量供给。此外，积极采取相应的价格、投资、税收、技术开发、企业融资等优惠政策措施助力于国内中间品生产企业的发展，提高出口退税政策优惠、削减物流成本为国内中间品的出口打通贸易通道,引导中间品出口"一带一路"沿线国家和地区。最后,适当调整相关进出口关税政策,如"超国民待遇"政策等,吸引国内跨国公司对国内中间品的采购,或者进一步改善投资环境,协助跨国公司在国内生产中间品。

(三)构建"倒三角贸易"模式

在当前中国同欧美发达国家形成的"三角贸易"模式中,中国始终处于国际经济周期协同作为被迫接受者的不利地位,而构建以中国为主导的"倒三角贸易"模式可以有效地实现国内增加值贸易回流,减缓国际经济波动的传导,摆脱国际经济周期协同的随波者,成为国际经济周期协同的主导者。鉴于此,中国当前急需加快产业结构转型升级,在注重国内高级生产要素培育过程中也要积极引进外资和高技术含量的中间品,发挥其带来的技术溢出效应,为国内转型升级推波助澜。同时积极推动国内产业向东亚及"一带一路"沿线国家转移,支持国内具有技术优势的企业走出去,帮助走出去企业营造海外生产环境,形成海外产业集群,实现国内产业结构从原始设备制造(OEM)向委托设计制造(ODM)、设计制造售后服务(DMS)以及工程制造服务(EMS)迈进,推动中国在全球价值链分工中向上游延伸、向下游拓展,构建以中国为主导的国内生产设计,东亚及"一带一路"沿线国加工组装,最后中国消费的新型"倒三角贸易"模式。

(四)推行以增加值贸易作为制定经济政策的参照标准

由于传统一般贸易因其统计口径的原因在当前全球价值链分工模式下会因中间品的反复进出口产生重复计算,引起"统计假象",而且如果生产过程中投入了进口中间品,那么最终商品的出口额会因存在国外价值增加引起出口额被过度放大,从而导致本国对当前贸易形势的误判,不利于经济政策的有效实施。因此,中国在制定相关经济政策时,需以增加值贸易作为主要的参照标准,而将传统贸易作为辅助参照,认清潜在真实的贸易形势,有利于制定行之有效的针对性政策,提升政策的有效性。此外,中国作为世界第一大贸易国、第二大经济体应积极跟进世界贸易组织等国际机构对增加值贸易统计的倡导,排除贸易逆差国对中国的顾虑,消除传统贸易额"统计假象"带来的误判,为后续的经贸往来营造和谐的环境。

(五)倡导国际经济政策协调

中国作为世界第一大贸易国、第二大经济体已然充分融入全球价值链、同世界经济形成命运共同体，故中国不可能采取"以邻为壑"的保护性经济政策而独善其身。所以，中国可以凭借自身强大的经济实力，以及大力推行的"一带一路"战略，率先以主导者的身份呼吁东亚周边国家或地区以及"一带一路"沿线各国积极参与，诸如中欧、中俄合作机制、G20、G7等区域性合作机制、金砖四国合作机制、东亚合作机制等，优先维护中国同增加值贸易大国之间的政策一致性，同时考虑到中间贸易国和目的国之间贸易成本的变化也会带来中国和目的国之间的经济周期联动，中国也需要积极斡旋中间贸易国和目的国之间的经济政策协调，建立各种双边、多边对话机制，扮演世界贸易的领导者身份。此外，中国也需要积极配合世界银行、国际货币基金组织、国际清算银行等国际机构的协调工作，积极参与国际货币体系新秩序的建设，这不仅有利于提升中国在国际事务协调中的地位和作用，也有利于同世界各国之间的政策协调。

(六)推动形成全面开放新格局

当今世界正处于大发展大变革大调整时期，世界各国经济在全球价值链分工模式下相互联系和依存日益加深，各国经济实力更趋于平衡，但同时受到世界经济增长动力不足，贫富分化日益严重等不稳定因素。为此，中国作为世界第一大贸易国、第二大经济体在奉行独立自主的和平外交政策的同时，积极发展全球伙伴关系，扩大同各国的利益交汇点，推进大国协调和合作，构建总体稳定、均衡发展的大国关系框架，秉承与邻为善、以邻为伴的方针和理念深化同周边国家的关系，加强同发展中国家的团结合作，积极推进"一带一路"国际合作，努力实现政策沟通、设施联通、贸易畅通、资金融通，打造国际合作新平台，增添共同发展新动力。此外，中国要秉持共商共建共享的全球治理观，倡导国际关系民主化，积极发挥负责任大国作用，参与全球治理体系改革和建设，构建全面开放新格局，最终推动人类命运共同体建设，共创人类美好未来。

二、世界经济协同发展的对策启示

(一)有效甄别经济波动,实现世界经济共发展

全球价值链分工模式的深化使得国际经济周期更容易在全球范围内传递,但经济周期的传导必然存在两面性,一方面如若受到外部国际经济周期扩张期的传导则有利于本国充分吸收这种正外部性的扩张效应,另一方面如若受到外部国际经济周期收缩期的传导则不可避免地造成负外部性的不利影响。因此,在当今世界经济"一荣俱荣、一损俱损"的命运共同体状态下,一国可能受到多种经济波动的扰动,可能是正面的也可能是负面的,那么首先就需要通过增加值贸易对有利扰动和不利扰动进行甄别,然后选择性采取一些经济措施扩大或吸收有利扰动,实现最大化的正外部性利好,而对不利扰动则采取相应措施进行抵消或化解,实现最小化的负外部性干扰,从而烫平经济周期波动,促进经济的长久发展,最后实现世界经济共发展的格局。

(二)推行增加值贸易统计标准,化解无端经济碰撞

由于传统一般贸易存在"统计假象",导致世界各国对当前贸易形势的误判,例如以传统贸易额衡量的贸易逆差通常高于增加值贸易,虚高的逆差容易激起一国的敌视,出台一些诸如提高关税等的贸易保护性政策,例如美国近期因长期同中国贸易存在贸易逆差以及国内经济问题强行实施对中国的无端贸易保护行为,这种行为不仅阻碍了世界共发展,也损害了双方经济利益。但以增加值贸易衡量两国之间的贸易平衡,美国的贸易逆差将显著减少。就以 2009 年苹果手机的中美贸易为例,若以增加值贸易核算两国的贸易逆差,那么贸易逆差将从 19 亿美元锐减至 7300 万美元(Meng 和 Miroudot,2011)。因此,传统贸易引起的"统计假象"往往引起各国之间莫须有的经济冲突,推行增加值贸易统计标准可减少此类碰撞的发生。此外,由于增加值贸易具有直接贸易通道和间接贸易通道的本质特性,所以双边的贸易保护行为无法真正切断两国之间的贸易往来,一国创造的价值增加可以通过第三国出口至目的国,而且贸易保护行为的实施同时也阻断了本国增加值的回流,是一种杀敌一千自损八百的非理性行为。因此,在

当前世界经济大环境下，一国试图通过采取贸易保护性政策来摆脱出口国的影响那是徒劳的。

(三)搭建国际经济政策协调平台

无论是中国还是世界其他国家，都要充分认识当前世界经济一体化程度，任何经济体在全球价值链分工模式日益深化的今天都不可能独善其身，不可能通过危害他国利益而无成本的获得自身发展，世界各国命运已然处于"一荣俱荣、一损俱损"的共同体状态。因此，世界各国应积极参与诸如中美战略与经济对话、中欧、中俄合作机制、G20、G7 等区域性合作机制、金砖四国合作机制、东亚合作机制等各种双边、多边对话机制，维护世界整体经济金融秩序。同时，积极配合世界银行、国际货币基金组织、国际清算银行等国际机构的协调工作，积极参与国际货币体系新秩序的建设，谋求世界经济的平稳发展。

参 考 文 献

[1] Alessandria G, Choi H. DoSunk Costs of Exporting Matter for Net Export Dynamics? [J]. The Quarterly Journal of Economics, 2007, 122 (1): 289 – 336.

[2] Alvarez F, Lucas R E, Jr. General Equilibrium Analysis of the Eaton – Kortum Model of International Trade [J]. Journal of Monetary Economics, 2007, 54(6): 1726 – 1768.

[3] Anderson H M, Kwark N S, Vahid F. Does International Trade Synchronize Business Cycles? [J]. Monash Econometrics & Business Statistics Working Papers, 1999, 11(s 1 – 4): 121 – 128.

[4] Anderson J E, Van Wincoop E. Trade Costs [J]. Journal of Economic Literature, 2004, 42(3): 691 – 751.

[5] Arkolakis C, Ramanarayanan A. Vertical Specialization and International Business Cycle Synchronization [J]. Scandinavian Journal of Economics, 2009, 111(4): 655 – 680.

[6] Athukorala P, Yamashita N. Production Fragmentation and Trade Integration: East Asia in a Global Context [J]. The North American Journal of Economics and Finance, 2006, 17(3): 233 – 256.

[7] Backus D K, Kehoe P J, Kydland F E. International Business Cycles: Theory vs. Evidence [J]. The Quarterly Review, 1993, 17(Fall): 14 – 29.

[8] Backus D K, Kehoe P J, Kydland F E. Dynamics of the Trade Balance and the Terms of Trade: The J – Curve? [J]. American Economic Review, 1994, 84(1): 84 – 103.

[9] Backus D K, Kehoe P J, Kydland F E. International Real Business Cycles [J]. Journal of Political Economy, 1992, 100(4): 745 – 775.

[10] Backus D K, Smith G W. Consumption and Real Exchange Rates in Dynamic Economies with Non – Traded Goods[J]. Journal of International Economics, 1993, 35(3 –4): 297 –316.

[11] Baldwin R, Lopez – Gonzalez J. Supply – Chain Trade: A Portrait of Global Patterns and Several Testable Hypotheses[J]. World Economy, 2015, 38 (11): 1682 –1721.

[12] Baldwin R. Global supply chains: Why they Emerged, Why They Matter, and Where They are Going[R]. CEPR Discussion Papers, 2012.

[13] Baxter M, Kouparitsas M A. Determinants of Business Cycle Comovement: a Robust Analysis[J]. Journal of Monetary Economics, 2005, 52(1): 113 –157.

[14] Baxter M. and Crucini M J. Business Cycles and the Asset Structure of Foreign Trade[J]. International Economic Review, 1995, 36(4): 821 –854.

[15] Baxter M. Financial Market Linkages and the International Transmission of Fiscal Policy[R]. University of Rochester – Center for Economic Research (RCER), 1992.

[16] Bernard A B, Eaton J, Jensen J B, Kortum S. Plants and Productivity in International Trade [J]. American Economic Review, 2003, 93 (4): 1268 –1290.

[17] Bilbiie F O, Ghironi F, Melitz M J. Endogenous Entry, Product Variety, and Business Cycles[J]. Journal of Political Economy, 2012, 120(2): 304 –345.

[18] Blackburn K, Ravn M O. Business Cycles in the United Kingdom: Facts and Fictions[J]. Economica, 1992: 383 –401.

[19] Boileau M. Growth and the International Transmission of Business Cycles[J]. International Economic Review, 1996, 37(4): 737 –756.

[20] Broda C M, Greenfield J, Weinstein D E. From Groundnuts to Globalization: A Structural Estimate of Trade and Growth[J]. NBER Working Paper, 2006, w12512.

[21] Broda C, Weinstein D E. Globalization and the Gains from Variety[J]. The Quarterly Journal of Economics, 2006, 121(2): 541 –585.

[22] Burstein A, Kurz C, Tesar L. Trade, Production Sharing, and the International Transmission of Business Cycles[J]. Journal of Monetary Economics, 2008, 55(4): 775 −795.

[23] Calderón C, Fuentes R. Characterizing the Business Cycles of Emerging Economies (Second Version) [J]. Documentos de Trabajo (Instituto de Economía PUC), 2011(371): 1 −56.

[24] Canova F, Dellas H. Trade Interdependence and the International Business Cycle[J]. Journal of International Economics, 1993, 34(1 −2): 23 −47.

[25] Canova F, Ravn M O. International Consumption Risk Sharing [J]. International Economic Review, 1996, 37(3): 573 −601.

[26] Cardia E. The Dynamics of a Small Open Economy in Response to Monetary, Fiscal, and Productivity Shocks [J]. Journal of Monetary Economics, 1991, 28(3): 411 −434.

[27] Cerqueira P A, Martins R. Measuring the Determinants of Business Cycle Synchronization Using a Panel Approach[J]. Economics Letters, 2009, 102(2): 106 −108.

[28] Cho J O, Rogerson R. Family Labor Supply and Aggregate Fluctuations[J]. Journal of Monetary Economics, 1988, 21(2 −3): 233 −245.

[29] Choe J I. An Impact of Economic Integration through Trade: on Business Cycles for 10 East Asian Countries[J]. Journal of Asian Economics, 2001, 12(4): 569 −586.

[30] Christiano L J. Why does Inventory Investment Fluctuate so much? [J]. Journal of Monetary Economics, 1988, 21(2 −3): 247 −280.

[31] Clark T E, Van Wincoop E. Borders and Business Cycles[J]. Journal of International Economics, 2001, 55(1): 59 −85.

[32] Clark T E. Employment Fluctuations in US Regions and Industries: the Roles of National, Region − Specific, and Industry − Specific Shocks [J]. Journal of Labor Economics, 1998, 16(1): 202 −229.

[33] Conze A, Lasry J M, Scheinkman J. Borrowing Constraints and International Comovements[M]. General Equilibrium, Growth, and Trade. Academic Press, 1993: 460 −489.

[34] Daudin G, Rifflart C, Schweisguth D. WhoProduces for whom in the World Economy? [J]. Documents de Travail de l'OFCE, 2009, 44 (4): 1403 – 1437.

[35] De Haan J, Inklaar R, Jong-A-Pin R. Will Business Cycles in the Euro Area Converge? A Critical Survey of Empirical Research[J]. Journal of Economic Surveys, 2008, 22(2): 234 – 273.

[36] Dellas H. AReal Model of the World Business Cycle[J]. Journal of International Money and Finance, 1986, 5(3): 381 – 394.

[37] Dellas H. Cyclical Comovements in Real Economic Activity and Prices in the World Economy[D]. University of Rochester, 1985.

[38] Di Giovanni J, Levchenko A A. Putting the Parts Together: Trade, Vertical Linkages, and Business Cycle Comovement [J]. American Economic Journal: Macroeconomics, 2010, 2(2): 95 – 124.

[39] Duval R, Li N, Saraf R, Seneviratne D. Value-added Trade and Business Cycle Synchronization[J]. Journal of International Economics, 2016, 99(mar.): 251 – 262.

[40] Duval R A, Cheng K C, Oh K H, Saraf R, Seneviratne D. Trade Integration and Business Cycle Synchronization: A Reappraisal with Focus on Asia[J]. Imf Working Papers, 2016, 14(52): 1 – 20.

[41] Eaton J, Kortum S. Technology, Geography, and Trade[J]. Econometrica, 2002, 70(5): 1741 – 1779.

[42] Eaton, J. and Kortum, S. Technology in the Global Economy: A Framework for Quantitative Analysis[R]. Manuscript, Penn State Univesity and Yale University, 2011.

[43] Eichengreen B. Is Europe an Optimum Currency Area? [J]. NBER Working Paper, 1991, w3579.

[44] Escaith H and Inomata S. The Evolution of Industrial Networks in East Asia: Stylized Facts and Role of Trade Facilitation Policies[J]. Production Networks and Enterprises in East Asia. Springer, Tokyo, 2016, pp: 113 – 138.

[45] Feenstra R C. Integration of Trade and Disintegration of Production in the Global Economy[J]. Journal of Economic Perspectives, 1998, 12(4): 31 –

50.

[46] Flam H, Helpman E. Vertical Product Differentiation and North – South Trade[J]. The American Economic Review, 1987: 810 – 822.

[47] Frankel J A, Rose A K. Is EMU more Justifiable ex post than ex ante? [J]. European Economic Review, 1997, 41(3 – 5): 753 – 760.

[48] Frankel J A, Rose A K. The Endogenity of the Optimum Currency Area Criteria[J]. The Economic Journal, 1998, 108(449): 1009 – 1025.

[49] Ghironi F, Melitz M J. InternationalTrade and Macroeconomic Dynamics with Heterogeneous Firms[J]. The Quarterly Journal of Economics, 2005, 120(3): 865 – 915.

[50] Giovannini A. Exchange Rates and Traded Goods Prices[J]. Journal of International Economics, 1988, 24(1 – 2): 45 – 68.

[51] Grilli V, Roubini N. Liquidity and Exchange Rates[J]. Journal of International Economics, 1992, 32(3 – 4): 339 – 352.

[52] Gruben W C, Koo J, Millis E. How much does International Trade Affect Business Cycle Synchronization? [M]. Dallas, TX: Federal Reserve Bank of Dallas, 2002.

[53] Guo J T, Sturzenegger F. Crazy Explanations of International Business Cycles[J]. International Economic Review, 1998, 39(1): 111 – 133.

[54] Hansen G D, Sargent T J. Straight Time and Overtime in Equilibrium [J]. Journal of Monetary Economics, 1988, 21(2): 3.

[55] Hanson G H, Mataloni Jr R J, Slaughter M J. Vertical Production Networks in Multinational Firms[J]. Review of Economics and Statistics, 2005, 87(4): 664 – 678.

[56] Head A C. Country Size, Aggregate Fluctuations, and International Risk Sharing[J]. Canadian Journal of Economics, 1995: 1096 – 1119.

[57] Heathcote J, Perri F. Financial Autarky and International Business Cycles[J]. Journal of Monetary Economics, 2002, 49(3): 601 – 627.

[58] Hsu C C, Wu J Y, Yau R. Foreign Direct Investment and Business Cycle Co – Movements: The panel Data Evidence[J]. Journal of Macroeconomics, 2011, 33(4): 770 – 783.

[59] Hummels D L, Rapoport D, Yi K M. Vertical Specialization and the Changing Nature of World Trade[J]. Economic Policy Review, 1998, 4(Jun): 79 - 99.

[60] Hummels D, Ishii J, Yi K M. The Nature and Growth of Vertical Specialization in World Trade[J]. Journal of International Economics, 2001, 54 (1): 75 - 96.

[61] Hummels D, Levinsohn J. MonopolisticCompetition and International Trade: Reconsidering the Evidence[J]. The Quarterly Journal of Economics, 1995, 110(3): 799 - 836.

[62] Imbs J. The Real Effects of Financial Integration[J]. Journal of International Economics, 2006, 68(2): 296 - 324.

[63] Imbs J. Trade, Finance, Specialization, and Synchronization[J]. Review of Economics and Statistics, 2004, 86(3): 723 - 734.

[64] Imbs, J. Fluctuations, Bilateral Trade and the Exchange Rate Regime [R]. Université de Lausanne, Faculté des HEC, Département d'économie, 1998.

[65] Ishise H. The World Has More Than Two Countries: Implications of Multi - Country International Real Business Cycle Models[J]. IMES Discussion Paper Series, 2014.

[66] Jansen W J, Stokman A C J. Foreign Direct Investment and International Business Cycle Comovement[J]. Working Paper Series, 2004.

[67] Jarko, Fidrmuc. The Endogeneity of the Optimum Currency Area Criteria, Intra - industry Trade, and EMU Enlargement[J]. Contemporary Economic Policy, 2004.

[68] Johnson R C, Noguera G. A Portrait of Trade in Value Added over Four Decades[J]. Review of Economics and Statistics, 2016, 99(5).

[69] Johnson R C, Noguera G. Accounting for Intermediates: Production Sharing and Trade in Value Added[J]. Journal of International Economics, 2012, 86(2): 224 - 236.

[70] Johnson R C, Noguera G. Fragmentation and Trade in Value Added over Four Decades[J]. NBER Working Papers, 2012.

[71] Johnson R C, Noguera G. Proximity and Production Fragmentation

[J]. The American Economic Review, 2012, 102(3): p. 407 - 411.

[72] Johnson R C. Trade and Prices with Heterogeneous Firms - ScienceDirect[J]. Journal of International Economics, 2012, 86(1): 43 - 56.

[73] Johnson R C. Trade in Intermediate Inputs and Business Cycle Comovement[J]. NBER Working Papers, 2012, 6(4): 39 - 83(45).

[74] Johnson R C. Five Facts about Value - Added Exports and Implications for Macroeconomics and Trade Research[J]. The Journal of Economic Perspectives, 2014, 28(2): 119 - 142.

[75] Juvenal L, Monteiro P S. Trade and Synchronization in a Multi - Country Economy[J]. European Economic Review, 2017, 92: 385 - 415.

[76] Kalemli - Ozcan S, Sørensen B E, Yosha O. Economic Integration, Industrial Specialization, and the Asymmetry of Macroeconomic Fluctuations [J]. Journal of International Economics, 2001, 55(1): 107 - 137.

[77] Kenen P. The Theory of Optimum Currency Areas: An Eclectic View [J]. in R. A. Mundell and A. K. Swoboda, eds. , Monetary Problems of the International Economy, Chicago University Press, 1969.

[78] King R G, Plosser C I, Rebelo S T. Production, Growth and Business Cycles: I. The Basic Neoclassical Model[J]. Journal of Monetary Economics, 1988, 21(2 - 3): 195 - 232.

[79] Koopman R, Wang Z, Wei S J. Estimating Domestic Content in Exports when Processing Trade is Pervasive[J]. Journal of Development Economics, 2012, 99(1): 178 - 189.

[80] Koopman R, Wang Z, Wei S J. How much of Chinese Exports is Really Made in China? Assessing Domestic Value - Added when Processing Trade is Pervasive[R]. National Bureau of Economic Research, 2008.

[81] Koopman R, Wang Z, Wei S J. Tracing Value - Added and Double Counting in Gross Exports[J]. American Economic Review, 2014, 104(2): 459 - 94.

[82] Kose M A, Yi K M. Can the Standard International Business Cycle Model Explain the Relation between Trade and Comovement? [J]. Journal of International Economics, 2006, 68(2): 267 - 295.

[83] Kose M A, Yi K M. International Trade and Business Cycles: is Vertical Specialization the Missing Link? [J]. American Economic Review, 2001, 91(2): 371 –375.

[84] Krugman P R. On the Relationship between Trade Theory and Location Theory[J]. Review of International Economics, 1993, 1(2): 110 – 122.

[85] Kumakura M. Trade, Production and International Business Cycle Comovement [J]. International Journal of Applied Economics, 2009, 6 (1): 11 –40.

[86] Kydland F E, Prescott E C. The Workweek of Capital and its Cyclical Implications[J]. Journal of Monetary Economics, 1988, 21(2 –3): 343 –360.

[87] Kydland F E, Prescott E C. Time to Build and Aggregate Fluctuations [J]. Econometrica, 1982, 50(6): 1345 –1370.

[88] Lane, P. R. The New Open Economy Macroeconomics: A Survey. Journal of International Economics, 2001, 54(2), pp, 235 –266.

[89] Lapham B J. A Dynamic General Equilibrium Analysis of Deviations from the Laws of One Price [J]. Journal of Economic Dynamics and Control, 1995, 19(8): 1355 –1389.

[90] Liao W, Santacreu A M. The Trade Comovement Puzzle and the Margins of International Trade [J]. Journal of International Economics, 2015, 96 (2): 266 –288.

[91] Liao W, Shi K, Zhang Z. Vertical Trade and China's Export Dynamics[J]. HKIMR Working Paper, 2010, No. 10.

[92] Long Jr J B, Plosser C I. Real Business Cycles[J]. Journal of Political Economy, 1983, 91(1): 39 –69.

[93] Lucas Jr R E. Liquidity and Interest Rates[J]. Journal of Economic Theory, 1990, 50(2): 237 –264.

[94] Lundvik P. Business Cycles in a Small Open Economy: Sweden 1871 –1987[D]. University of Stockholm, 1990.

[95] Mattoo A, Wang Z, Wei S J. Trade in Value Added: Developing New Neasures of Cross –Border Trade[M]. London: Centre for Economic Policy Research and the World Bank, 2013.

[96] McKinnon R I. Optimum Currency Areas[J]. The American Economic Review, 1963, 53(4): 717 –725.

[97] Melitz M J. The Impact of Trade on Intra – Industry Reallocations and Aggregate Industry Productivity[J]. Econometrica, 2003, 71(6): 1695 – 1725.

[98] Mendoza E G. The Effects of Macroeconomic Shocks in a Basic Equilibrium Framework[J]. IMF Staff Papers, 1992, 39(4): 855 –889.

[99] Mendoza11 E G. Real Business Cycles in a Small Open Economy [J]. The American Economic Review, 1991, 81(4): 797 –818.

[100] Meng B. and Miroudot S. Towards Measuring Trade in Value – Added and other Indicators of Global Value Chains: Current OECD work using I/O tables. Presentation delivered by S. Miroudot at the Global Forum on Trade Statistics, 2 – 4 February 2011, Geneva. Available at: http://unstats.un.org/unsd/trade/s_geneva2011/geneva2011.htm

[101] Mundell R A. A Theory of Optimum Currency Areas[J]. The American Economic Review, 1961, 51(4): 657 –665.

[102] Ng E C Y. Production Fragmentation and Business – Cycle Comovement[J]. Journal of International Economics, 2010, 82(1): 1 –14.

[103] Obstfeld M, Rogoff K. The Six Major Puzzles in International Macroeconomics: is there a Common Cause? [J]. NBER Macroeconomics Annual, 2000, 15: 339 –390.

[104] Otto G, Voss G, Willard L. Empirical Results IRDP 2001 – 05: Understanding OECD Output Correlations[J]. Reserve Bank of Australia Research Discussion Papers, 2001(December).

[105] Pakko M. International Financial Market Structure and Trade Dynamics[J]. Manuscript, University of Rochester, 1993.

[106] Ricketts N, McCurdy T. An International Economy with Country – Specific Money and Productivity Growth Processes[J]. Canadian Journal of Economics, 1995, 28(s1): 141 –162.

[107] Schiavo S. Financial Integration, GDP Correlation and the Endogeneity of Optimum Currency Areas[J]. Economica, 2008, 75(297): 168 –189.

[108] Schlagenhauf D E, Wrase J M. AMonetary, Open – Economy Model

with Capital Mobility[R]. Federal Reserve Bank of Minneapolis, 1992.

[109] Shin K, Wang Y. Trade Integration and Business Cycle Co – Movements: the Case of Korea with other Asian Countries[J]. Japan and the World Economy, 2004, 16(2): 213 – 230.

[110] Stehrer R. Trade in Value Added and the Valued Added in Trade [R]. WIIW Working Paper, 2012.

[111] Stockman A C, Tesar L L. Tastes andTechnology in a Two – Country Model of the Business Cycle: Explaining International Comovements[J]. The American Economic Review, 1995, 85(1): 168 – 185.

[112] Svirydzenka, K. Introducing a New Broad – based Index of Financial Development[J]. IMF Working Papers, No. 16 ⁄5, 2016.

[113] Tesar L L. International Risk – Sharing and Non – Traded Goods [J]. Journal of International Economics, 1993, 35(1 – 2): 69 – 89.

[114] Townsend R M. Information Constrained Insurance: the Revelation Principle Extended[J]. Journal of Monetary Economics, 1988, 21(2 – 3): 411 – 450.

[115] UNCTAD. Non – Equity Modes of International Production and Development[R]. World Investment Report, 2011.

[116] UNCTAD. Global Value Chains: Investment and Trade for Development[R]. World Investment Report, 2013.

[117] Vries G D, Foster – McGregor N, Stehrer R. Value Added and Factors in Trade: A Comprehensive Approach[R]. WIIW Working Paper, 2012.

[118] Wang Z, Wei S J, Zhu K. Quantifying International Production Sharing at the Bilateral and Sector Levels[R]. National Bureau of Economic Research, 2013.

[119] Zimmermann C. International Real Business Cycles among Heterogeneous Countries[J]. European Economic Review, 1997, 41(2): 319 – 356.

[120] Zlate A. Offshore Production and Business Cycle Dynamics with Heterogeneous Firms[J]. Journal of International Economics, 2016, 100(MAY): 34 – 49.

[121] 邓军. 中国出口中增加值的来源地和目的地——基于增加值贸

易的视角[J]. 浙江社会科学, 2014(08): 18 – 31 + 155.

[122] 刘恩专, 刘立军. 东亚经济周期协动性的贸易传导——贸易三元边际视角的一个实证[J]. 国际贸易问题, 2014(03): 156 – 166.

[123] 刘恩专, 刘立军. 贸易边际与经济周期协同性——基于中国双边贸易数据的实证研究[J]. 南开经济研究, 2012(03): 24 – 38.

[124] 马淑琴, 邵宇佳, 王彬苏. 价值链贸易、全要素生产率与经济周期的联动——来自世界与中国的经验证据[J]. 国际贸易问题, 2017(08): 51 – 61.

[125] 潘文卿, 娄莹, 李宏彬. 价值链贸易与经济周期的联动: 国际规律及中国经验[J]. 经济研究, 2015, 50(11): 20 – 33.

[126] 唐宜红, 张鹏杨, 梅冬州. 全球价值链嵌入与国际经济周期联动: 基于增加值贸易视角[J]. 世界经济, 2018, 41(11): 49 – 73.

[127] 杨继军. 增加值贸易对全球经济联动的影响[J]. 中国社会科学, 2019(04): 26 – 48 + 204 – 205.

[128] 张磊, 徐琳. 全球价值链分工下国际贸易统计研究[J]. 世界经济研究, 2013(02): 48 – 53 + 88.

[129] 邵朝对, 李坤望, 苏丹妮. 国内价值链与区域经济周期协同: 来自中国的经验证据[J]. 经济研究, 2018, 53(03): 187 – 201.

[130] 杨继军. 增加值贸易对全球经济联动的影响[J]. 中国社会科学, 2019(04): 26 – 48 + 204 – 205.

[131] 唐宜红, 张鹏杨, 梅冬州. 全球价值链嵌入与国际经济周期联动: 基于增加值贸易视角[J]. 世界经济, 2018, 41(11): 49 – 73.

[132] 梅冬州, 赵晓军, 张梦云. 贸易品类别与国际经济周期协动性[J]. 经济研究, 2012, 47(S2): 144 – 155.

[133] 马淑琴, 童银节, 邵宇佳. 中间品贸易、最终品贸易与国际经济周期联动性研究——来自世界与中国的经验证据[J]. 国际经贸探索, 2019, 35(07): 4 – 20.

[134] 陈慧芳, 岑丽君. FDI, 产业结构与国际经济周期协同性研究[J]. 经济研究, 2010(9): 17 – 28.

[135] 杜群阳, 朱剑光. 产业内贸易对东亚经济周期协动性影响的实证研究[J]. 国际贸易问题, 2011(12): 83 – 88.

[136] 黄欢立，李坤望，黎德福. 中国地区实际经济周期的协同性[J]. 世界经济，2001(9)：19-41.

[137] 雷磊，宋伟. 我国金融市场一体化与世界经济周期跨国传导研究[J]. 经济问题，2014(08)：38-43.

[138] 李海燕. 东亚域经济一体化与经济周期协同性研究[D]. 吉林：吉林大学，2001.

[139] 李浩，钟昌标. 贸易顺差与中国的实际经济周期分析：基于开放的 RBC 模型的研究[J]. 世界经济，2008(9)：60-65.

[140] 李磊，张志强，万玉琳. 全球化与经济周期同步性——以中国和 OECD 国家为例[J]. 世界经济研究，2010(01)：14-20.

[141] 肖威，刘德学. 垂直专业化分王与经济周期的协同性——基于中国和主要贸易伙伴的实证研究[J]. 国际贸易问题，2013(03)：35-37.

[142] 于震，李晓，丁一兵. 东亚经济周期同步性与区域经济一体化[J]. 数量经济技术经济研究，2014，31(8)：21-38.

[143] 喻旭兰. 经济周期同步性与东亚金融合作的可行性研究[J]. 经济研究，2007(10)：82-94.

附 录

附录一：第四章采用 1995—2011 年世界
投入产出表的样本外稳健性检验

附表 1　增加值贸易与经济周期联动的 OLS 回归结果（GDP 标准化）

	GDP_corr（OLS）			
	(1)	(2)	(3)	(4)
lnVA_GDP	0.0826 * * *	0.0826 * * *	0.0744 * * *	0.0743 * * *
	(0.0066)	(0.0066)	(0.0070)	(0.0070)
POS_APL		0.4744	0.5615	0.6413
		(0.4024)	(0.4050)	(0.4040)
SIS			0.3506 * * *	0.2857 * * *
			(0.0813)	(0.0850)
IIT				0.1653 * * *
				(0.0614)
_cons	1.3907 * * *	1.3855 * * *	1.4544 * * *	1.3593 * * *
	(0.1294)	(0.1294)	(0.1291)	(0.1352)
N	12480	12480	12480	12480
R - sq	0.2179	0.218	0.2195	0.2199

注：(1) * * *、* *、*分别表示在1%、5%、10%的显著性水平下显著；(2)括号中为标准误。

附表 2　增加值贸易与经济周期联动的 IV 回归结果（GDP 标准化）

	GDP_corr（2SLS）			
	(1)	(2)	(3)	(4)
lnVA_GDP	0.1495 * * *	0.1497 * * *	0.1432 * * *	0.1385 * * *
	(0.0095)	(0.0095)	(0.0103)	(0.0101)

续　表

GDP_corr (2SLS)			
	(1)	(2)	(3)	(4)
POS_APL		0.5243	0.5637	0.6420
		(0.4027)	(0.4048)	(0.4037)
SIS			0.1663 * *	0.1148
			(0.0836)	(0.0874)
IIT				0.1627 * * *
				(0.0615)
_cons	1.8594 * * *	1.8549 * * *	1.8692 * * *	1.7479 * * *
	(0.1378)	(0.1379)	(0.1374)	(0.1416)
N	12480	12480	12480	12480
Year	Yes	Yes	Yes	Yes
FE	Yes	Yes	Yes	Yes
rk LM	1797.53 * * *	1795.42 * * *	1670.64 * * *	1744.10 * * *
Wald F	3514.41 * * *	3513.23 * * *	3075.76 * * *	3226.74 * * *
rk Wald F	2558.61 * * *	2567.21 * * *	2306.19 * * *	2441.44 * * *
HansenJ	15.66 * * *	15.63 * * *	16.10 * * *	16.72 * * *

注：(1) * * *、* *、* 分别表示在 1%、5%、10% 的显著性水平下显著；(2) 括号中为标准误；(3) lnVA_GDP 的工具变量为引力变量(common board, common language and distance)。

附表 3　增加值贸易与经济周期联动的 OLS 回归(产出标准化)

GO_corr (OLS)			
	(1)	(2)	(3)	(4)
lnVA_GO	0.0783 * * *	0.0785 * * *	0.0709 * * *	0.0708 * * *
	(0.0059)	(0.0059)	(0.0063)	(0.0063)
POS_APL		0.6567 *	0.7354 * *	0.7916 * *
		(0.3557)	(0.3580)	(0.3574)
SIS			0.3167 * * *	0.2712 * * *
			(0.0740)	(0.0767)

	GO_corr (OLS)			
	(1)	(2)	(3)	(4)
IIT				0. 1165 * *
				(0. 0555)
_cons	1. 4428 * * *	1. 4358 * * *	1. 4926 * * *	1. 4250 * * *
	(0. 1074)	(0. 1073)	(0. 1071)	(0. 1132)
N	12480	12480	12480	12480
R − sq	0. 2157	0. 2158	0. 2174	0. 2176

注：(1) * * * 、* * 、* 分别表示在 1% 、5% 、10% 的显著性水平下显著；(2)括号中为标准误。

附表 4　增加值贸易与经济周期联动的 IV 回归(产出标准化)

	GO_corr (2SLS)			
	(1)	(2)	(3)	(4)
lnVA_GO	0. 1280 * * *	0. 1284 * * *	0. 1212 * * *	0. 1179 * * *
	(0. 0084)	(0. 0084)	(0. 0090)	(0. 0089)
POS_APL		0. 6940 *	0. 7373 * *	0. 7910 * *
		(0. 3554)	(0. 3572)	(0. 3566)
SIS			0. 1832 * *	0. 1479 *
			(0. 0754)	(0. 0784)
IIT				0. 1116 * *
				(0. 0555)
_cons	1. 8235 * * *	1. 8177 * * *	1. 8286 * * *	1. 7431 * * *
	(0. 1164)	(0. 1163)	(0. 1160)	(0. 1199)
N	12480	12480	12480	12480
Year	Yes	Yes	Yes	Yes
FE	Yes	Yes	Yes	Yes
rk LM	1796. 24 * * *	1794. 09 * * *	1673. 47 * * *	1747. 09 * * *
Wald F	3625. 90 * * *	3624. 67 * * *	3178. 57 * * *	3316. 52 * * *

GO_corr (2SLS)				
	（1）	（2）	（3）	（4）
rk Wald F	2637.40＊＊＊	2646.64＊＊＊	2385.21＊＊＊	2514.47＊＊＊
HansenJ	15.43＊＊＊	15.37＊＊＊	15.81＊＊＊	16.24＊＊＊

注：（1）＊＊＊、＊＊、＊分别表示在1%、5%、10%的显著性水平下显著；（2）括号中为标准误；（3）*lnVA_GO* 的工具变量为引力变量（common board, common language and distance）。

附录二：三国模型中国家 i 和国家 j 之间的贸易成本 τ_1 的临界值证明

以下证明通过 Matlab 函数赋值计算得出，由于求解过程繁琐，现用图形进行描述。

$(2(x+7)^3+432x^2(2x+4)+36x(x+7)(x+16))/(2abs((x+7)^2+12x(x+16))^{1.5})$

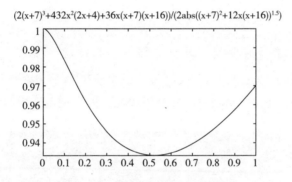

附图 1　传统贸易和增加值贸易关系

该图描述的是将购买比例矩阵 **D** 代入传统贸易和增加值贸易关系式，并且令 $\tau_2 = \tau_3 = 1$，判断 $\tau_1 > 1$ 时的单调性。可见，传统贸易和增加值贸易关系式在 0.5 附近达到谷底并之后是单调递增的。

$2.0x^{30}-7.5x^{20}-16.5x^{10}-5.0$

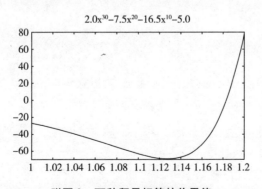

附图 2　两种贸易相等的临界值

　　该图描述的是对传统贸易和增加值贸易关系式赋值求两种贸易相等的临界值，即上图曲线等于零的水平轴数值，即为 1.1831。

后　记

本书是在我的博士论文基础上修改完成的。对于博士论文，相信每一位博士都有一段刻骨铭心的记忆，我也不例外。对我而言，确定博士论文选题的那段经历才是最令人难忘的。还记得刚读博士的时候，我就听说DSGE 模型很厉害，学会之后可以发表厉害的学术论文。于是，经过一番了解之后就毅然决然地踏入了 DSGE 模型的学习征途。但是，等到博士论文开题即将到来时，我的博士论文选题还是一筹莫展，因为据自己当时对DSGE 模型的掌握，该模型还没有在国际贸易领域使用（现在想想就是自己看的文献太少）。随着开题时间步步逼近，整个人都快处于崩溃的边缘，不过好在有两位老师的帮助，不仅顺利完成了开题，还通过了毕业答辩。在此，我不得不深深地感谢这两位恩师，一位是我的博导马淑琴老师，另一位是刘文革老师。

马淑琴老师既是我的博导也是我的硕导。她是我在本科的时候参加一次学术科研竞赛认识的，因机缘巧合而成为了我们科研小组的指导老师。从此，我便和马淑琴老师结下了不解之缘。本科毕业之际，经过我的努力，成功获得了硕士保送资格，而我当然是毅然决然地选择了马淑琴老师作为我的硕士导师，荣幸之至地成为了"马家军"的一员。硕士毕业时又机缘巧合地再次考入"马家军"，成为了马淑琴老师的第一个博士生。细数自 2008年的第一次相识至 2018 年的今日，已有十年时光了。感情至深，深似母子。也正是这十年的教导、十年的关怀、十年的相处，让我明白了为人处世之道、求学治学之道。多年来，马老师高屋建瓴的学术视野、豪爽且透着睿智的举止言谈，总能让我醍醐灌顶般悟出很多道理；马老师敏锐的洞察力、严谨的治学态度以及深入浅出且不乏言辞优美的学术风格更是令我深感敬佩与向往。在此，向我生命中举足轻重的马老师致以深深的谢意，感谢您开启了我的学术潜力，感谢您纠正了我的坏习惯，感谢您对我无微不至的关怀，感谢您对我博士论文的指导，感谢您对我所有所有的好。寥寥数语苦于言表，真情真意铭记于心，日久天长无以为报。

刘文革老师虽然没有给我上过课，但我们因为乒乓球成为球友。我首先要特别感谢刘文革教授对我博士论文开题的帮助，您认真细致地分析令我茅塞顿开、拨云见日，明确了自己的研究方向；其次感谢您在我博士后抉择上的指引，听从了您的建议我才毅然决然地选择了去北京大学做博士后研究。时至今日，我对博士后的选择依然十分肯定。

同时，我也感谢同门陈红师妹、陈文豪师弟、王彬苏师妹、童银节师妹，艰苦读博之路能够有你们的陪伴学习，共同奋斗在经济楼博士生办公室536，必将成为我一生中最难以忘怀的美好记忆；感谢好哥们刘峰，虽然读博期间不在同校，但彼此的互勉互励进一步增进了我们的友谊，愿此友谊天长地久；感谢浙江工商大学经济学院2014级博士班陈龙博士、邓新杰博士、洪昊博士、程芳芳博士、王芯瑞博士、任晓博士等同窗挚友，能够与君同行，幸甚之至；感谢谢杰老师、吴锦宇老师、胡雍老师、邹铁钉老师、郑书法老师、赵眈老师、何大安老师、蔡建华老师、吴莉莉老师、张静老师、郑洪亮老师、王俊老师等，感谢你们在我读博期间的帮助；同时感谢华盛顿大学教授Fabio，谢谢您热心的邮件解惑；感谢朱传奇老师，谢谢您对我DSGE的指导；感谢我的乒乓球球友许一帆、陈波等，有你们才让我走出办公室锻炼身体；最后，感谢大爸爸、顾曾兔叔叔、何鑫饶叔叔和邵敌军叔叔。挂一漏万之处，容后拜谢！

诚然，漫长且艰辛的求学生涯中我曾郁闷、彷徨，也经历沮丧、甚至轻言放弃，而正是父母的无限包容、鼓励和始终如一的支持才使得我最终完成这最高博士学位。在此，我要特别隆重地感谢我的父母：邵文彪先生和孙和平女士。你们艰苦的创业精神、无私的亲情关爱、宽松的经济约束无时无刻不在激励着我前行。

寥寥数语，谨以为谢。献给我悄然已逝的韶华芳年，献给生命中每一位举足轻重的至亲、良师与益友！

至此，我已经博士毕业将近三年了，北大博士后出站也半年有余了，现为商务部国际贸易经济合作研究院助理研究员，从事相关科研工作。从此校园求学之路已成历史，新的人生篇章已经开启，希望在未来能用自己所学为祖国的发展尽绵薄之力。